江西财经大学信毅学术文库
国家社会科学基金项目
《欠发达地区协调发展机制创新研究（20BGL295）》
江西省社会科学规划项目（江西省经济社会发展智库项目）
《城市功能与品质提升的对策研究（19ZK12）》
江西省高校人文社会科学研究项目
《高质量发展背景下资源、环境与经济协调测度研究——以江西省为例（GL19108）》

区域高质量发展研究：理论与实证

余达锦　著

中国财经出版传媒集团
中国财政经济出版社

图书在版编目（CIP）数据

区域高质量发展研究：理论与实证／余达锦著．--
北京：中国财政经济出版社，2022.12
（江西财经大学信毅学术文库）
ISBN 978-7-5223-1416-7

Ⅰ.①区…　Ⅱ.①余…　Ⅲ.①区域经济发展－研究－
中国　Ⅳ.①F127

中国版本图书馆 CIP 数据核字（2022）第 251150 号

责任编辑：彭　波　　　　责任印制：史大鹏
封面设计：王　颖　　　　责任校对：胡永立

中国财政经济出版社 出版
URL：http：//www.cfeph.cn
E-mail：cfeph@cfeph.cn

社址：北京市海淀区阜成路甲 28 号　邮政编码：100142
营销中心电话：010-88191522
天猫网店：中国财政经济出版社旗舰店
网址：https：//zgczjjcbs.tmall.com
北京财经印刷厂印刷　各地新华书店经销
成品尺寸：170mm×230mm　16 开　16.75 印张　267 000 字
2022 年 12 月第 1 版　2022 年 12 月北京第 1 次印刷
定价：88.00 元
ISBN 978-7-5223-1416-7
（图书出现印装问题，本社负责调换，电话：010-88190548）
本社质量投诉电话：010-88190744
打击盗版举报热线：010-88191661　QQ：2242791300

总　序

书籍是人类进步的阶梯。通过书籍出版，由语言文字所承载的人类智慧得到较为完好的保存，作者思想得到快速传播，这大大地方便了知识传承与人类学习交流活动。当前，国家和社会对知识创新的高度重视和巨大需求促成了中国学术出版事业的新一轮繁荣。学术能力已成为高校综合服务水平的重要体现，是高校价值追求和价值创造的关键衡量指标。

科学合理的学科专业、引领学术前沿的师资队伍、作为知识载体和传播媒介的优秀作品，是高校作为学术创新主体必备的三大要素。江西财经大学较为合理的学科结构和相对优秀的师资队伍，为学校学术发展与繁荣奠定了坚实的基础。近年来，学校教师教材、学术专著编撰和出版活动相当活跃。

为加强我校学术专著出版管理，锤炼教师学术科研能力，提高学术科研质量和教师整体科研水平，将师资、学科、学术等优势转化为人才培养优势，我校决定分批次出版高质量专著系列；并选取学校“信敏廉毅”校训精神的前尾两字，将该专著系列命名为“信毅学术文库”。在此之前，我校已分批出版“江西财经大学学术文库”和“江西财经大学博士论文文库”。为打造学术品牌，突出江财特色，学校在上述两个文库出版经验的基础上，推出“信毅学术文库”。在复旦大学出版社的大力支持下，“信毅学术文库”已成功出版两期，获得了业界的广泛好评。

“信毅学术文库”每年选取10部学术专著予以资助出版。这些学术专著囊括经济、管理、法律、社会等方面内容，均为关注社会热点论题或有重要研究参考价值的选题。这些专著不仅对专业研究人员开展研究工作具有参考价值，也贴近人们的实际生活，有一定的学术价值和现实指导意义。专著的作者既有学术领域的资深学者，也有初出茅庐的优秀博士。资深学者因其学术涵养深厚，他们的学术观点代表着专业研究领域的理论前沿，对他们专著的出版能够带来较好的学术影响和社会效益。优秀博士作为青年学者，他们学术思维活跃，容易提出新的甚至是有突破性的学术观点，从而成为学术研究或学术争论的焦点，出版他们学术成果的社会效益也不言自明。一般而言，国家级科研基金资助项目具有较强的创新性，该类研究成果常常在国内甚至国际专业研究领域处于领先水平，基于以上考虑，我们在本次出版的专著中也吸纳了国家级科研课题项目研究成果。

“信毅学术文库”将分期分批出版问世，我们将严格质量管理，努力提升学术专著水平，力争将“信毅学术文库”打造成为业内有影响力的高端品牌。

王　乔

2016 年 11 月

前　言

随着经济的深入发展，城市和工业区迅速向外扩展，产业结构和空间结构渐趋复杂，资源开发利用、生态环境保护、产业优化调整等问题日益凸显。区域发展中出现了速度有余而质量不高、不平衡不充分的现象。党的十九大会议明确指出，我国经济发展已由高速增长阶段转为高质量发展阶段，为今后相当长的一段时间内我国区域发展指明了方向。

当前，高质量发展的概念提出时间尚短，相关研究文献虽然已经比较丰富，但还不够深入，大多还停留在宏观层面上或是较大区域上。对于区域高质量发展更多的微观层面，如城市高质量发展、具体产业或具体行业高质量发展、相关政策对区域高质量发展影响等，以及高质量发展背景下资源、环境和经济等的相关问题，都还有待进一步研究。因此，从理论和实证上研究区域高质量发展的微观层面，既是区域可持续发展的有益探索，也是夺取新时代中国特色社会主义新的伟大胜利的必然要求。

本书理论与实证相结合，研究了区域高质量发展中的相关问题，分为城市篇、海洋产业篇、水利篇、双碳篇和协调篇五部分，共11章。内容包括城市功能与品质高质量发展、海洋产业高质量发展、水利建设对区域高质量发展的影响、碳交易政策对区域高质量发展的影响、高质量发展背景下资源—环境—经济协调测度研究等。各部分的研究都与实际紧密结合，并借助模型进行分析，提出了相关发展建议，以期为区域高质量发展提供理论和数据支持。

本书的研究工作都是在本人主持的国家社会科学基金项目《欠发达地区协调发展机制创新研究（20BGL295）》、江西省社会科学规划项目（江西省经济社会发展智库项目）《城市功能与品质提升的对策研究（19ZK12）》、江西省高校人文社会科学研究项目《高质量发展背景下资源、环境与经济协调测度研究——以江西省为例（GL19108）》等支持下完成的，感谢相关课题组成员的热心帮助与支持。

本书的部分内容已经于2020～2021年在“*Journal of Cleaner Production*”（SCI/SSCI TOP期刊，2021年影响因子9.297）、“*Journal of Coastal Research*”（SCI期刊）、“*Water Supply*（SCI期刊）和《生态经济（核心期刊）》等四个期刊上发表。另有部分内容在智库内刊《江财智库专报》发表后，被中共江西省委办公厅内参《参阅信息》全文转载，并送相关主要领导圈阅。

本书研究期间，得到了同课题组成员、江西财经大学校长邓辉教授的鼎力支持和无私指导，在此表示感谢。我的硕士研究生漆俊、李锦、林海城、曾惠红、叶远帆、李佳、张燕飞、蒋梦和陈亮等参与了相关资料搜集、文献分析、课题调研、数据处理或内容的写作，为本书的出版做了相关工作。我的17级经济统计专业本科生邹政伟（现已保送厦门大学经济学院21级应用统计专业硕士研究生学习）也参与了相关内容的研究。同时特别感谢中共江西省委办公厅信息处和江西省人民政府研究室的部分领导、江西财经大学科研处长刘满凤教授、《生态经济》杂志社执行主编冯胜军先生等对本书相关内容研究上的关心和支持。

本书得到了江西财经大学“信毅学术文库”学术专著出版资助项目全额资助，使其得以顺利出版。书中引用了国内外众多专家学者的成果，在此一并向他们深致谢忱。

区域高质量发展既是一个十分深奥的理论问题，又是复杂的现实社会问题。相关研究本人也仅仅是一个开始，对许多问题的认识和研究尚需深入。此外，由于本人的见识和水平有限，书中难免会有疏漏和错误，敬请广大专家学者批评指正。

余达锦

2021年9月8日一稿

2022年3月7日二稿

2022年5月9日三稿

目　　录

城市篇

海洋产业篇

水利篇

双碳篇

协调篇

第1章 绪　　论

改革开放40多年来，中国经济实现了高速跨越式增长，综合国力显著增强，GDP排名跃居世界第二位，中国也已成为世界第二大经济体。然而在经济迅猛发展、人民生活水平不断提升的同时，一些弊端也逐渐显现出来，如社会矛盾加剧、贫富差距大、思想文化匮乏、资源的浪费以及环境污染等。陈诗一和陈登科（2018）认为中国经济增长出现了投入要素浪费、经济效率不高、环境污染严重等一系列问题。李强和魏巍（2016）也发现区域与城乡差距过大、科技创新能力不强、资源环境代价高、对外贸易依存度过高、内需不足等问题已经影响到了中国经济持续健康发展，指出数量型增长模式不可持续，粗放型发展方式将会阻碍中国社会现代化进程。

在党的十九大会议上，习近平总书记明确指出我国经济发展已由高速增长阶段转变成为高质量发展阶段，大力提高经济发展质量应当成为各地区下一步经济工作的重点。在中央财经委员会第五次会议中，习近平总书记又强调要根据各地区的实际条件，走合理分工、优化发展的路子，落实主体功能区战略，完善空间治理，形成优势互补、高质量发展的区域经济布局。此后，在党的十九届五中全会中，习近平总书记再次强调高质量发展，并首次高瞻远瞩地对高质量发展内涵做出了细致、深刻、精辟、完整的论述，指出“高质量发展就是体现新发展理念的发展，是经济发展从‘有没有’转向‘好不好’”。奋进新时代，开启新征程，高质量发展已经成为当前做好各项工作的根本遵循。研究高质量发展中的若干问题，把新发展理念贯穿经济发展全过程和社会民生各领域，对于全面建设小康社会意义重大。

1.1　区域高质量发展提出的背景

21 世纪的世界处于百年之未有的大变局中。面对纷繁复杂、激荡多变的国际国内环境，中国一直重视各区域的发展，出台了各种经济政策，使各区域经济发展条件得以改善，人民生活水平不断提升，经济发展动力得以进一步增强，经济增长也呈现出良好势头。与此同时，区域发展不断迈向协调，良性互动的发展新格局也日臻完善。特别是党的十八大以来，以习近平同志为核心的党中央高瞻远瞩，审时度势，不断加强顶层设计，谋划未来，陆续提出了京津冀协同发展、长江经济带发展、粤港澳大湾区建设、长三角一体化发展以及黄河流域生态保护和高质量发展等一系列区域高质量发展战略。

1.1.1　国内背景

首先，中国经济进入新常态，区域高质量发展应运而生。改革开放之初，我国 GDP 总量在世界各国位居第十，仅有 3645 亿元。经过几十年的不断发展，2010 年我国国内生产总值达到了 40 万亿元，一跃成为仅次于美国的世界第二大经济体，人均 GDP 也由 8592 元猛增到 29670 元。2021 年我国 GDP 总量更是达到了 114.37 万亿元，经济实力显著增强。中国经济在这几十年间始终维持稳定增长。改革开放之初，中国经济百废待兴，劳动力、土地等资源与发达国家相比较为便宜，并且当时我国的科学技术水平不够发达，为了追求经济高速增长，采用的生产方式是粗放型生产方式，不惜牺牲环境换发展，这显然对于当时中国的状况是卓有成效的。然而，近年来随着我国人口红利消失，人口老龄化程度也不断加剧，劳动力、土地等要素价格上升，传统的以要素投入驱动经济发展的生产模式不再适用。数据显示，近些年来我国经济增长速度已经开始下降，一些负面影响也开始显现。为遏制住经济增长速度下滑过急过快，也为维持经济绿色稳定可持续发展，以质量第一、效益优先、合理速度、科技创新、低碳发展和绿色消费等为特征的高质量发展必须成为我国未来经济建设的主旋律。

其次，我国的社会主要矛盾也发生了变化。党的十九大以后，我国社会的主要矛盾由人民日益增长的物质文化需要与落后的社会生产之间的矛盾转化为人们日益增长的美好生活需要与不平衡不充分的发展之间的矛盾。人民生活水平逐渐提高，对于更高美好生活的需求也愈发强烈。人民追求的不单单是温饱，更多的是更高质量的生活品质。中国市场经过近几十年的发展，早在2018年，就已经超越美国国内市场，成为世界上最大的消费市场。人们对美好生活的需求永无止境，我国巨大的国内市场足以支撑高质量发展要求。

最后，我国科技实力日益增强，与发达国家相比还有较大的差距但在逐渐缩小。从专利数量和质量上来看，我国已经跻身于知识产权创新与创造大国行列，实现了从模仿到创新的质的飞跃。2020年世界知识产权组织公布的“全球创新指数”数据表明，我国科技创新能力已跃居全球第14名。我国在通讯设备、航天、人工智能、新能源汽车、超级计算机、核能等领域都处于世界领先水平。从人力资源看，经过40多年来的高等教育改革与实践，我国知识型人才基数大、层次丰富、结构合理，为产业结构向高端迈进和持续提升创新能力提供了有力保障。统计数据显示，2021年我国科技研究人力资源总数达7512万人，其中大学本科及以上学历的科研人员占比高达42.2%。科技实力的增强，为高质量发展奠定了坚实基础。

1.1.2 国际背景

首先，世界格局在不断变化，“一超多强”局面已然终结。过去几十年间，美国在各种重要的国际事务上享受着说一不二的独特话语权。近些年来，我国在国际上的地位不断上升。美国为了维持自己的超级大国地位，其单边主义和霸权主义开始复苏，不断宣扬所谓的“中国威胁论”，妄图阻碍新兴发展中国家的高质量发展道路。为保持美国高新技术领域的竞争优势，控制全球价值链的顶端，美国不断加强对中国的高科技的封锁，推动与中国的“技术脱钩”。中美两国在高科技领域的竞争愈演愈烈。

其次，科学技术的快速发展在打破了传统全球治理框架的同时，也重新构建着世界贸易规则的边界。新一轮技术革命正在蓬勃兴起，目前国内外的科技发展势不可挡，大数据、人工智能、云计算和工业互联网等领域日新月异。与此同时，要素和产业组织的高度信息化和国际化，也不断推动新的全球治理机制演进与形成。2014 年，习近平总书记在国际工程科技大会上主旨演讲曾指出：“未来几十年，新一轮科技革命和产业变革将同人类社会发展形成历史性交汇。”这里所谓的“历史性交汇”就是人类社会发展与科技革命相互促进，科技革命深刻影响并改变着人类生产与生活方式。科技革命是推动人类进步的根本力量。正如邓小平同志说的那样，“科学技术是第一生产力。”在新一轮科技革命的推动下，当今世界经济呈现数字化、网络化、智能化等趋势，使全球的科技、经济和贸易联系日益紧密。因此，转变发展方式，已经成为适应新时代的必然要求。

1.2　区域高质量发展的国内外研究综述

随着经济的纵深发展，区域高质量发展已逐渐成为国内外研究学者热门研究主题。现有文献分析发现，目前众多学者对于区域高质量发展的研究大多从以下四个方面入手：一是区域高质量发展的主要内涵研究；二是区域高质量发展的实现路径研究；三是区域高质量发展的影响因素研究；四是区域高质量发展的评价研究。

1.2.1　区域高质量发展的主要内涵研究

对区域高质量发展进行研究时，不少学者认为首先应该侧重研究区域高质量发展的内涵与特征。分析相关研究发现，区域高质量发展的内涵研究最先主要从经济学角度，之后由于新发展理念的提出，更多学者也关注于新发展理念下的高质量发展的内涵。

经济学角度研究方面。任保平和李禹墨（2018）认为经济高质量发展的内涵包括经济发展的高质量、改革开放的高质量、城乡发展的高质量、生态环境的高质量和人民生活的高质量等五大块。冯丽和曹霞（2018）认为高质量发展就是要转变发展方式，调整经济结构，树立生态经济理念，注重经济与社会生态的协同发展，实现循环经济、绿色经济和生态经济。

李香菊和杨欢（2019）认为高质量发展是商品和服务质量的提高、投入产出效率的提高和经济结构协调性的提升。马茹等（2019）指出高质量发展是具有优质高效供给体系的发展，是以高质量需求为主要内生动力的发展，是更有效率、更可持续的发展，是更具稳定性和安全性的发展，是坚持更高层次和更高水平对外开放的发展。王永昌和尹江燕（2019）认为高质量发展是一种生产要素投入少、资源配置效率高、资源环境成本低、经济社会效益好的可持续发展。

新发展理念角度研究方面。杜爱国（2018）立足于新制度经济学的制度逻辑，认为高质量发展就是创新为第一动力、协调为内生特点、绿色为普遍形态、开放为必由之路、共享为根本目的的发展。张军扩等（2019）指出区域高质量发展不仅是高效率、公平和绿色可持续的发展，也是经济建设、政治建设、文化建设、社会建设和生态文明建设"五位一体"的协调发展。赵剑波等（2019）从系统平衡观、经济发展观和民生指向观三个角度理解，认为高质量发展既是发展观念的改变，又是增长模式的转型，更是对民生水平的关注，是以满足人们美好生活需要为目的的发展。白谨豪等（2020）提出区域高质量发展的内涵不仅要包括经济层面的发展，又要包含以"人的发展"为中心的社会和平和发展，并且要包括资源的可持续发展。高帆（2021）基于现阶段人们美好生活需求与不平衡不充分发展的社会主要矛盾现状，提出了高质量发展是包含创新、协调、绿色、开放和共享五个关键词的内涵体系。马雪松和冯修青（2022）指出高质量发展不仅是国家阶段性目标，并且还彰显着增长和民生、平衡速度和效率以及绩效和民生的价值取向。

1.2.2 区域高质量发展的实现路径研究

当前，中国经济持续健康增长遇到"瓶颈"，众多学者越来越关注这一问题，将他们的研究重点放在如何实现区域高质量发展，从理论层面和实证层面对区域高质量发展现状和特征进行分析，研究相关数据背后的发展规律，提出相对应的对策建议。

理论层面分析方面。向国成和李真子（2016）基于新兴古典经济学视角，提出深化分工能有效推动实现区域经济高质量稳定发展。沈坤荣和赵倩（2018）指出人才是第一生产要素，留住各类人才，因人制宜，发挥出各类人才的用处，这是实现江苏省高质量发展的第一要素。张俊山（2019）立足于马克思主义政治经济学角度，指出要实现区域高质量发展，必须从技术基础、部门功能和比例、国家和政府作用、振兴农业基础以及转变消费方式等方面多做努力。廖耀华和徐凯赟（2019）提出了强化要素支撑，突破区域协调发展，优化推进机制，探索多重难题的系统化求解方案，建立都市圈基本框架、促进区域协调高质量发展的路径选择。戴翔（2019）研究指出主动扩大进口是推动区域高质量发展的有效实现路径之一。陈爱东和修凯（2021）研究认为要实现西藏经济高质量发展必须强化对创新驱动的支持，创新驱动是实现西藏新旧经济动能转化的重要途径。袁保瑚和李继伟（2021）对山东省区域差异、发展质量、产业结构、财力保障、营商环境、园区支撑、外向型程度和要素依赖八个方面进行分析，并针对山东省等发展中存在的短板问题提出相对应的山东省经济高质量发展路径。

实证层面研究方面。吴士炜和余文涛（2019）基于空间杜宾模型，研究发现增加政府补贴并实施严格的环境税费，有助于治理环境污染，促进区域经济高质量发展。刘家旗和茹少峰（2019）运用 Lasso 回归模型和固定效应模型进行实证分析，研究表明西部地区经济增长仍然是粗放型发展方式，并据此提出西部地区实现经济高质量发展的路径选择。任保平和宋雪纯（2020）提出构建人才制度优势，加快创新体制机制改革，优化能源结构和生产方式是“十四五”时期经济高质量发展的培育路径。汪侠和徐晓红（2020）采用技术优化的 Malmquist-Luenberger 指数对长江经济带 108 个城市的面板数据进行分析，研究发现实现区域高质量发展的动力源泉是技术进步。王佳明和余志林（2021）从政府引导、突出优势，点面结合、协同规划，分类实施、系统提升，构建现代化经济体系四个方面提出针对沿黄地区中心城市及城市群高质量发展的政策建议。符建华和曹晓晨（2021）分析探究了人口老龄化对区域经济高质量发展的影响机制，据此给出了因地制宜制定产业政策、提升人力资本水平、提升技术创新水平以助力区域经济高质量发展的政策建议。任保平和杜宇翔（2021）对黄河中游地区所存在的一系列问题进行系统分析，并从推进绿色发展、注重协同发展、促进产业发展、加强共建共享、弘扬黄河文化和加快城市群建设六个层面做出黄河中游地区生态保护和高质量发展战略设计。

1.2.3 区域高质量发展的影响因素研究

众多学者在寻求区域高质量发展实现路径时，都在尝试从不同角度探究影响高质量发展的因素，并尝试从这些影响因素出发，希望能据此完善或找出更加合理和有效的方法来实现区域高质量发展。

专注于单一影响因素研究方面。陈冲和吴炜聪（2019）研究发现消费结构升级，对东、西部地区发展质量提升具有显著的正向作用，而对中部地区的拉动作用不是特别显著。刘伟江和王虎邦（2018）研究发现地方政府债务对区域高质量发展质量形成间接非线性平滑迁徙效益。马茹等（2019）通过对2001~2015年中国各省科技人才规模现状和发展趋势进行测算分析，结果表明科技人才对提高区域经济高质量发展存在显著的推动作用。赵丽霞和阿拉腾额古乐（2019）通过构建科技创新能力和经济高质量发展的SEM模型，深入剖析了科技创新能力对经济高质量发展的影响路径。何冬梅和刘鹏（2020）基于中介效应模型，研究发现人口老龄化对于区域高质量发展存在显著的负向作用。高志刚和张毅（2021）基于实证分析研究表明区域经济差距对于西部区域经济高质量发展存在负向影响，并且该负向影响大体呈现“V”形趋势变动。

多个影响因素研究方面。肖周燕（2019）基于经济和社会发展视角研究发现高质量发展并不只是经济增长，缩小收入差异也能够提高区域发展质量。上官绪明和葛兵华（2020）采用构造的空间Durbin模型和工具变量法探究发现科技创新和环境规制都有助于提升区域经济发展质量。赵儒煜和常忠利（2020）指出区域高质量发展的影响因素有城市化水平、经济规模、投资水平、消费水平、外资利用水平以及政府干预。吕炜和邵娇（2020）基于277个地级市数据的实证分析，研究发现转移支付对区域经济高质量发展存在负向作用，而直接税占比提高对区域经济高质量发展存在显著的正向作用。化祥雨等（2021）以浙江省为例，综合运用耦合协调、空间关联分析和地理加权回归模型，探求浙江省县域高质量发展影响因素，研究表明经济实力、聚集能力、政府财政支持和基础设施对区域高质量发展的作用强度依次递减。李梦程等（2022）利用探索性空间分析和地理加权回归模型分析发现科技创新能够有效推动黄河流域协调高质量发展，工业聚集对黄河流域高质量发展的影响已由正向变成负向。

1.2.4 区域高质量发展的测度研究

为了更好地实现区域高质量发展，就需要对各区域高质量发展水平进行精准测度。当前国内外学者对于区域高质量发展水平测度指标选取看法不一，还没有形成较为统一的高质量发展水平评价指标体系。

基于经济社会发展等进行测度研究方面。冷崇总（2008）提出应从经济发展的有效性、充分性、协调性、持续性、创新性、稳定性和分享性出发，充分考虑科学发展观的要求，据此构建经济发展质量评价指标体系。Diefenbacher（2010）使用国家福利指数以及区域福利指数来测度国家经济发展水平。钞小静和任保平（2011）从经济增长的结构、经济增长的稳定性等四个方面来构建区域经济增长质量评价体系，并进行实证分析，发现东部地区近年来经济质量增长水平较高。袁瑛等（2013）提出从经济、生态、制度、社会和心理五个维度，选取经济增长率、人均 GDP、CPI 指数、居民消费增长率、现代服务业增加值比重、产业结构比、投资效果系数等常用经济指标来系统地考察区域经济发展质量。宋明顺等（2015）则是从竞争质量、民生质量、生态质量三个方面选取了八个指标来测度区域经济发展质量，并采用国际杠杆比对法对该指标体系进行检验。Zhang 和 Kong（2010）、Mei 和 Chen（2016）从全要素生产率的角度对区域高质量发展水平进行测度分析。张军扩等（2019）提出从高效、公平和可持续三个方面来测度高质量发展水平。马茹等（2019）从高质量供给、高质量需求、发展效率、经济运行和对外开放五个层面对区域经济高质量发展水平进行测度，研究得出中国经济高质量发展大致呈现东部、中部和东北部、西部依次递减的区域非均衡态势。袁晓玲等（2019）则是从城市发展角度，以空气污染程度出发，分别从空气污染时空分布及其驱动因素、城镇化对空气污染的影响、空气污染对城镇化的影响和空气污染治理四个方面探究区域高质量发展水平。

基于新发展理念进行测度研究方面。杨新洪（2017）基于五大发展理念，从创新、协调、绿色、开放和共享五个层面构建区域高质量发展综合评价指标体系。金碚（2018）提出可以将创新、协调、绿色、开放、共享以及效率、质量、结构、安全、可持续等因素进行科学量化和指标化，从而构建出一套科学合理的区域高质量发展评价指标体系。李梦欣和任保平（2019）基于五大发展理念构建了15个分项指数，42个具体指标的中国高质量发展评价指标体系。李金昌等（2019）则是基于对高质量发展内涵的深度考察，构建了包含经济活力、创新效率、绿色发展、人民生活和社会和谐五个层面的区域高质量发展综合评价指标体系。郑耀群和葛星（2020）基于新发展理念构建了包括经济发展、科技创新、民生改善、社会发展和绿色生态五个方面19个子系统共44项指标的综合评价指标体系。

1.2.5 文献述评

上述梳理可以发现，作为当前的研究热点，区域高质量发展的研究已经具备了丰富的文献基础，但是仍存在以下几点不足：

其一，目前学术界关于区域高质量发展的驱动机制研究缺乏系统性的梳理和归纳，缺乏统一的分析框架；而且相关的实证研究力度不足，多倾向于对某一具体的驱动机制进行分析，对多种机制的作用关系和影响程度的研究较为匮乏。

其二，目前学术界对于区域高质量发展的研究大多局限于特定几个区域（黄河流域和长三角等地区），接下来应该重点对其他区域的发展质量进行分析研究，特别是欠发达地区。

其三，尽管已有较多学者构建了一系列评价指标体系对区域高质量发展进行评价，但分析发现，现有指标选取大多是参考测度经济高速增长的评价指标。然而区域高质量发展较经济高速增长更为全面、要求更高，部分指标已然不再适用，也有些指标体系贪大求全，现有评估模型和测度方法的适用范围也有待于商榷。对区域高质量发展的精细化评价已成为当前研究的共识。

其四，高质量发展的概念提出时间尚短，区域高质量发展的研究还不深入，大多还停留在宏观层面上，对于区域高质量发展更多的微观层面，如城市高质量发展、具体产业高质量发展、具体行业高质量发展、相关政策对区域高质量发展影响等，都还有待进一步研究。

1.3 本书总体框架

本书理论与实证相结合，研究了城市功能与品质高质量发展、海洋产业高质量发展，分析了水利建设、碳交易政策对区域高质量发展的影响，并以江西为例进行了高质量发展背景下资源、环境与经济协调测度研究。本书分为城市篇、海洋产业篇、水利篇、双碳篇和协调篇五部分，共11章：

第1章绪论。主要分析了区域高质量发展提出的背景，对区域高质量发展的国内外相关文献从主要内涵研究、实现路径研究、影响因素研究、评价研究等四个方面进行了综述，给出了本书的总体框架。

第2章区域城市高质量发展研究——以江西为例。首先以南昌市为例对南昌城市功能与品质发展的现状与局势分析，其次对江西省城市功能与品质发展的差异性进行了分析，在梳理了城市功能与品质发展国际国内的实践与经验基础上，研究了江西省高质量发展的内涵，分析了高质量背景下江西城市功能与品质发展的短板。

第3章高质量发展背景下江西城市功能与品质发展评价。本章以江西省11个地级市为样本，利用实证数据，从城市生态质量、服务质量、经济质量、文化质量、生活质量、管理质量六个维度构建城市发展品质评价指标体系，对高质量背景下江西城市功能与品质发展进行了评价与分析，提出江西城市功能与品质提升对策。

第4章海洋产业高质量发展研究。首先分析了海洋产业高质量发展研究现状，然后从海洋经济总体运行、海洋产业结构、各海洋产业发展等方面对我国海洋产业发展现状进行了分析，研究了海洋产业高质量发展影响因素，提出构建海洋科技创新体系、大力培养海洋产业高质量就业人员、加强海洋产业转型的金融支持、促进海陆联动协同发展、坚持绿色可持续发展战略等海洋产业高质量发展路径。

第5章海洋科技创新与海洋经济高质量发展的互动性研究——以海南省为例。以海南海洋产业发展为例，建立VAR模型对海洋科技创新与海洋经济发展间互动关系进行研究，提出海南海洋经济高质量发展建议。

第6章水利建设对区域高质量发展影响机制研究。本章分析了我国水利建设现状，结合创新、协调、绿色、开放、共享五大发展理念，分析水利建设影响区域高质量发展的影响机制，提出我国水利建设对区域高质量发展水平提升发展路径。

第7章高质量发展理念下水库管理现代化评价研究。本章以江西六大水库发展为例，从安全化、经济化、科学化、绿色化四个方面构建了包含16项指标的水库管理现代化评价指标体系，建立AHP-Fuzzy模型，对高质量发展理念下水库管理现代化进行评价，提出相关发展建议，以期为区域水库高质量发展提供理论和数据支持。

第8章双碳背景下碳交易政策对区域高质量发展影响研究。本章在已有研究的基础上，从五大发展理念入手，探究碳交易政策影响区域高质量发展的传导机制关系。分析发现，五大发展理念概括起来是从经济发展效应、技术革新、环境效应和人民幸福效应四条路径对区域高质量发展产生影响。在此基础上构建了碳交易政策对区域经济高质量发展影响“四位一体”机制，并提出以下双碳背景下区域经济高质量发展促进政策建议。

第9章高质量发展背景下中国碳交易政策的就业效应评估。本章在分析碳交易政策对劳动力影响机制和验证碳交易政策存在空间溢出效应的前提下，放宽经典的STUVA条件，基于2008～2017年沪深A股上市公司的面板数据，构建三重差分模型评估碳交易政策对企业劳动力需求的影响效应，对比在有无溢出效应条件下碳交易政策的就业平均效应、溢出效应和总效应的不同，并使用合成控制法对比分析不同试点地区碳交易政策的就业效应差异。研究结果表明，碳交易政策在实施过程中对试点地区的邻近省份存在约7.3%的正向溢出效应，直接影响效应值约为20%；在考虑个体样本比率计算后得到，碳交易政策的就业总效应约为11.6%。此外，随着实施年限的增加，碳交易政策对就业的影响效应也逐步增大，并且呈现出较大的差异性，与区域的经济强弱和面积大小相关。

第10章高质量发展背景下资源、环境与经济协调理论分析。本章首先分析了区域高质量背景下资源、环境与经济协调研究的背景及意义，从能源、环境与经济关系的研究，协调发展测度方法的研究，区域协调发展的研究，协调发展内容的研究和协调发展的理论、战略创新研究五个方面对资源、环境与经济协调国内外现有研究进行综述，介绍资源、环境与经济协调研究相关概念和理论基础，为后续实证打下基础。

第 11 章高质量发展背景下江西省资源、环境与经济协调测度研究。本章以江西省 11 地市作为研究对象，对高质量发展背景下江西省资源、环境与经济协调测度研究。首先，运用非期望产出的 SBM 模型测度 2011 ~2018 年江西省区域绿色效率，并通过绿色效率来评价各地区协调度；其次，根据投入产出松弛变量与投入产出原始数据比值进一步分析了导致系统间不协调的原因；再次，通过面板 Tobit 模型对江西省资源、环境和经济系统间不协调的影响因素进行了分析；最后，基于研究结果，提出了促进江西省资源、环境与经济协调的发展建议。

城市篇

第2章　区域城市高质量发展研究——以江西为例

区域城市高质量发展对于区域高质量发展至关重要。城市功能与品质提升是在理念、制度、产业、生活等各个领域全面实行社会经济变革的规模宏大的创新工程，决定着区域发展的质量。

为响应习近平总书记“绿水青山就是金山银山”的号召，江西省早在2007年就大力提出并推行了“建设鄱阳湖生态经济区”的重大战略决策，并在两年后通过国务院的审批。鄱阳湖生态经济区建设作为江西省首个被纳为国家发展战略的区域性发展规划，对实现江西绿色崛起，打造“美丽江西样板”起着至关重要的作用，对江西的经济社会发展具有导向性的意义。2016年，江西省又被党中央和国务院列为全国首批国家生态文明建设试验区之一，这是对江西持续推进生态文明示范省建设的充分肯定。自此，江西省走在了全国生态文明体制改革综合试验的前列。

2018年12月，江西省委、省政府印发了《江西省城市功能与品质提升三年行动方案》，指出要大力推进“治脏”“治乱”“治堵”“功能修补”“生态修复”“彰显特色”“亮化美化”和“治理创新”八项行动，解决人民群众最关心、最不满意的实际问题，加快完善城市各项功能设施，提升城市规划建设管理水平，塑造城市好形象，建设“美丽宜居、整洁文明”城市，争取实现“一年有提升，两年上台阶，三年进一流”的总体目标，全力提升全省城市功能与品质。江西作为生态强省，拥有丰富的鄱阳湖生态经济区建设经验和新兴的国家生态文明实验区建设试验，在推进城市功能和品质不断提升的迫切需求之下，如何充分发挥生态文明建设的前期力量，借助国内外城市功能与品质提升的丰富经验助推江西城市功能与品质展现“后发优势”是亟待研究的问题。

2.1 城市功能与品质发展的现状与局势分析：以南昌市为例

南昌市为江西的省会，其城市建设和发展引领着江西的城市发展风向。近年来，随着经济的快速发展，城市固定资产投资增幅喜人，南昌城市功能与品质得到了较大提升。本部分主要以南昌市为例来进行相关分析。

2.1.1 南昌市城市功能与品质发展的现状

分析改革开放以来南昌市的发展历程可以发现，南昌市功能与品质发展的呈现四大现状。

（1）南昌市现有规划问题与矛盾。现有城市整体规划不清晰，引导与统筹效果不明显，存在滞后性和被动性，公众参与弱化，现存矛盾化解难度大。具体来说，①整体规划不清晰。街区空间的质量较差，基础便民设施老化，有的毁损严重；现有街道承载力不足，公共设施缺乏适用性与人文关怀；绿化或人文景观缺乏设计亮点，人造材料使用率高；区域设计忽视民族地域特色及地方文化。②公众参与弱化。城市规划的编制和决策过程中公众参与率低；城市规划忽略市民意愿和真实需求，规划结果认可度低。③现存矛盾化解难度大。不同规划自成体系、内容相差较大，相互衔接缺乏协调；历史城市规划与近期城市规划也存在部分冲突与矛盾；城市规划和土地利用规划之间的矛盾；生态环境保护规划及国民经济和社会发展规划之间的矛盾；省市规划与不同区域间规划之间的不协调现象等。④以路定格局、“功能分区”生硬，大量大体量建筑与周边生态较不协调等空间的冲突现象；重经济发展、轻社会治理，重产业发展、轻居民生活质量，整体居住区建设欠债严重，居住用地比例不合理、居住区设计与建设理念不科学等问题。

（2）南昌市产业发展的现存问题。城市制造业发展动力不足，高科技产业不强，特色产业优势不突出，文化产业尚未繁荣发展。①印刷和记录媒介复制业发展动力不足，文化产业发展尚未繁荣；②汽车制造产业尚未成为中国汽车产业重点的集聚地；③航空制造业创新科技人才不足，特色和品牌效应不显著；④医药和医疗器械制造业发展平稳，生物高技术产业不多；⑤电机制造业培育有待进一步加强，机电产品的信息技术优势不突出。

（3）南昌市旧城改造模式的特征和问题。旧城改造模式以征地拆迁为主导的“拆改留”路径走向有偏差，政府的过度主导产生了负面影响。①以征地拆迁为主导的“拆改留”基本路径走向有偏差，“拆”为主，“留”次之，“改”少见。②一方面，政府在旧城开发、棚户区改造承担了过度的主导作用、资金支持，导致政府在资金、人员、项目推进等方面的负担过重，改造模式存在不可持续性和低效率性；另一方面，导致城市负荷能力达到极限，对历史城区风貌和地方文化造成巨大破坏，加大老城区的交通压力。③城市规划引导与统筹效果不明显。存在滞后性和被动性，缺乏深入研究、忽略民众实际需求。

（4）高质量背景下智慧绿色城市发展存在的问题。高质量背景下低碳城市、智慧城市建设存在产业体系不健全、人才不足等问题。①尚未形成低碳主导的产业体系和全市域碳排放/能源消耗监测平台，碳排放交易市场活跃度有待提高；②低碳技术与新能源研发有限、缺少低碳人才培养等相关平台；③建筑节能技术改造率低、可再生能源与节能材料应用少；④居民低碳生活意识不强，宣传方式单一，倡导力度有待加大；⑤城乡园林设计特色、绿化建设质量等均有待提高。

2.1.2　南昌市城市功能与品质发展面临的局势研究

SWOT 分析法是战略分析中常用的一种方法，其基本思想是将与研究对象密切相关的各种主要内部优势、劣势和外部的机会与威胁等，通过调查列举，依照矩阵形式排列，用系统把各种因素相互匹配起来加以分析，从中得出相关结论。S（Strengths）是优势、W（Weaknesses）是劣势，O（Opportunities）是机会、T（Threats）是威胁。本部分基于可持续发展、生态文明、绿色发展、低碳发展等理念，从城市产业发展、智慧城市及低碳城市建设等方面对南昌城市功能与品质发展竞争优势（S）、竞争劣势

（W）、机会（O）和威胁（T）进行分析。

（1）竞争优势（S）。

① 生态优势。2016 年习近平总书记来江西视察工作时曾指出，江西省最大的优势、品牌和财富是生态。2018 年江西省造林面积共完成 137.2 万亩，全省森林覆盖率达到 63.1%，省级森林城市总数达到 72 个；全省设区市城市建成区绿化覆盖率达 45.22%，绿地率达 42.1%，人均公园绿地面积 14.5 平方米。2018 年南昌市城区绿化覆盖率达 41.11%，城区人均公园绿地面积达 11.8 平方米。截至 2018 年底，南昌市拥有自然保护区 9 个，总面积 13.65 万公顷；拥有园林绿地面积 13489.5 公顷，比上年增加 821.5 公顷；南昌市全市空气质量优良天数达 327 天，优良率为 89.6%，高于上年 7.6 个百分点，上升幅度列全省第一，连续五年在中部省会城市排名第一；南昌市环境空气质量在中部省会城市和省内设区市率先达到国家二级标准。赣江、抚河南昌段共 14 个监测断面水质达标率为 100%，集中式饮用水质水量达标率为 100%。[①]

② 四大特色优势传统产业优势[②]。数据显示，南昌市极具特色的四大优势传统产业包括绿色食品、现代轻纺、新型材料和机电装备制造业。其中，绿色食品产业是南昌市首个千亿产业，截至 2019 年初，全市规模以上食品企业共有 100 多户；现代轻纺产业在全国针织服装产业集群中规模排第 4 位，不仅是全国重要的针织服装出口加工基地，还被授予“中国针织服装名城”等多项荣誉称号。新型材料产业涵盖了钢铁、有色金属、建材和化工等传统产业以及新材料产业，基本形成了包括钢铁产业、铜精深加工产业、铝塑型材产业和钢构产业在内的四大龙头核心产业。机电装备制造产业是南昌市规模超过 500 亿元的产业之一，涵盖范围较广，主要分为家电行业、电力设备行业、矿山与工程机械行业以及机床行业等。

③ 区位和空间上的“比较优势”。随着江浙、上海、广东等发达地区产业提升空间日益狭小，手机、汽车、家电等制造业产业近年来出现了向中西部转移的趋势。与中西部很多城市相比，尽管南昌在优惠政策上并不具备明显优势，但是南昌承东启西，在区位和空间上的“比较优势”，成

① 南昌市政府工作报告 2019。

② 南昌市投资促进局，“4+4+X”新型产业体系，2019-05。

了吸引发达地区产业梯度转移的重要因素。特别是毗邻长珠闽等传统手机、家电等制造研发基地的地理优势，南昌从众多竞争者中脱颖而出。

（2）发展劣势（W）。

① 规划引领作用不突出。基础设施建设依然存在不少堵点难点，相关规划和建设水平有待提高，特别是人工智能、工业互联网、大数据等方面的新型基础设施建设，在建设智能敏捷、绿色低碳、安全可控的综合性基础设施缺少相应规划。功能分区较为僵硬，没有与实际有机结合，整体居住区建设欠债严重。

② 精细化管养机制不完善。智慧城市建设背景下，城市管理、城市交通、治安消防、防震减灾、应急管理、国防动员等功能融合度有限，数据共享、分口应用、“5G”试点、“物联网+”等现代科技手段尚未实现对整个城市全方位、全过程的动态监测。城市管养监管模式现代化科技化还有待进一步加强，缺乏第三方专业机构监督，监测体系建设力度不强。

③ 科技创新能力突破不明显。为落实习近平总书记视察江西时提出的重要工作要求，江西把“创新引领”摆在首位，提出“六大突破、三大提升”，并旗帜鲜明地提出了建设创新型省份的目标①。2018年，江西省R&D经费支出为387.8亿元，仅占全国R&D经费支出1.97%。截至2018年底，沪深两市共有3567家上市公司，其中江西省占比1.15%，有41家，南昌市仅26家。这说明南昌市的科技创新能力严重不足，相关高等院校和科研机构创新能力亟待提升，高业尖等科技企业梯次培育力度有待加强。

（3）面临机遇（O）。

① 规模扩张空间巨大。一方面，南昌抓住航空制造业、新材料制造等机遇，成功引入大批航空产业、LED产业入户，扩张产业规模，加速产业发展转型，促进战略性新兴产业茁壮成长。在振兴制造业、打造先进制造业两方面均展现出强劲态势②；另一方面，随着多项惠企政策的陆续出台，越来越多的企业愿意到南昌投资，有助于南昌推动产业链延伸扩张。

② 创新提升前景广阔。南昌市不断完善以企业为主体的“政产学研融用”六位一体协同创新体系，打造了一大批创新平台，不断深化与国内外

① 2016年2月，习近平总书记在江西视察时强调，要紧紧扭住创新这个“牛鼻子”，推进科技创新、产业创新、产品创新、品牌创新，让创新成为驱动发展新引擎。

② 《江西省“2+6+N”产业高质量跨越式发展行动计划（2019~2023年）》。

高端科研院所的合作。可以预见，未来一段时间，南昌市的产业创新创造水平将会有一个显著提升。

③ 新材料发展需求强劲。新材料是南昌的优势产业。战略新兴产业发展离不开有色新材料的发展。随着高质量发展的纵深发展和“双碳”目标的实现，国家大力发展战略新兴产业进程将会不断推进，未来几年南昌市新材料产业将保持较高的增长势头。

（4）潜在威胁（T）。

① 经济体制中的潜在威胁。当前南昌市经济仍以工业型为主导，南昌市都市圈对第三产业带动力不足，整体功能品质尚未凸显。同时，南昌市现代化产业体系尚未完善，实体经济、金融、人才、科技“四位一体”融合发展有待进一步加快。

② 区域竞争日趋激烈。新一轮科技革命和产业变革浪潮已经席卷全球。作为省会城市的南昌要充分展现省会担当，加快构建四通八达、高效智能便捷的现代化综合立体交通体系，创新交通优势，持续优化区域内道路交通网络，增强区位竞争力。要增创配套能力优势，完善基础设施、人力资源、服务平台等方面的配套，积极承接沿海发达地区有产业转移，推动传统产业改造与优化升级，培育壮大新兴产业，有效提升经济质量。

③ 前沿科技产业发展缓慢。与一线发达城市相比，南昌市在物联网、大数据和人工智能等前沿科技产业方面发展较为缓慢，前沿科技的应用和转型力度有待提升，目前尚未形成“服务业—工业—农业”三产联动和跨界融合的新局面。同时，多角度、多形式应用前沿科技加快传统行业网络化、智能化、现代化转型发展，创新培育新产业、新业态和新模式也应是未来工作的主要重点。

南昌市城市功能与品质发展的SWOT矩阵见表2.1。

表2.1　　南昌市城市功能与品质发展的SWOT矩阵

外部因素	
优势S（Strengths）	劣势W（weaknesses）
1. 生态优势； 2. 四大特色传统产业优势； 3. 区位和空间上的“比较优势”。	1. 规划引领作用不突出； 2. 精细化管养机制不完善； 3. 科技创新能力突破不明显。

续表

内在条件		
机遇 O（Opportunities）	SO 策略（增长型策略）	WO 策略（扭转型策略）
1. 规模扩张空间巨大； 2. 创新提升前景广阔； 3. 新材料发展需求强劲。	1. 加大财政支持力度，助推经济发展方式转变； 2. 在加强区域合作中要主动突围； 3. 加快推进重大项目建设，实现高质量式跨越。	1. 着力改善外经贸结构，提升综合竞争力； 2. 推动加强区域合作，实现资源要素共享，缓解资源瓶颈制约； 3. 利用机遇力促自主创新能力的提升。
威胁 T（Threats）	ST 策略（多元化发展策略）	WT 策略（防御型策略）
1. 经济体制中的潜在威胁； 2. 区域竞争日趋激烈； 3. 前沿科技产业发展缓慢。	1. 以内部竞争优势突围，缓解体制威胁； 2. 大力发展经济，提升产业核心竞争力； 3. 推动内外源经济齐头并进，协调发展。	1. 以整合提升为主要手段，促进产业结构优化升级； 2. 大力推动节能减排，实现绿色 GDP； 3. 突出比较优势，推动区域合作。

2.1.3　南昌市城市发展的潜力分析

本部分从南昌市 2016～2018 年人口流向、上市公司数量和高铁建设三个方面综合判断南昌市的城市发展潜力。

第一，分析南昌市 2016～2018 年的人口流向。根据南昌市国民经济与社会发展统计公报公布的年末常住人口和户籍总人口的相关数据，可以算出南昌市 2016～2018 三年的常住人口增幅和外来人口净流入情况，具体见图 2.1。首先，2016 年末南昌市常住人口达 537.14 万人，2017 年末有 546.35 万人，2018 年末有 554.55 万人，三年的增幅依次为：1.29%、1.71% 和 1.50%。故南昌市的常住人口数仍保持平稳增长的趋势，这有助于南昌市的经济发展。其次，近三年外来人口净流入均为正向流入，流入增幅依次为：2.7%、4.0% 和 4.1%。观察南昌市外来人口净流入增幅曲线可知，2017 年增幅最大，在 2018 年这两项均有所降低，但总的来说，近三年南昌市人口流向为正向。

第二，分析南昌市的上市公司数量变化情况。近五年南昌市的上市公

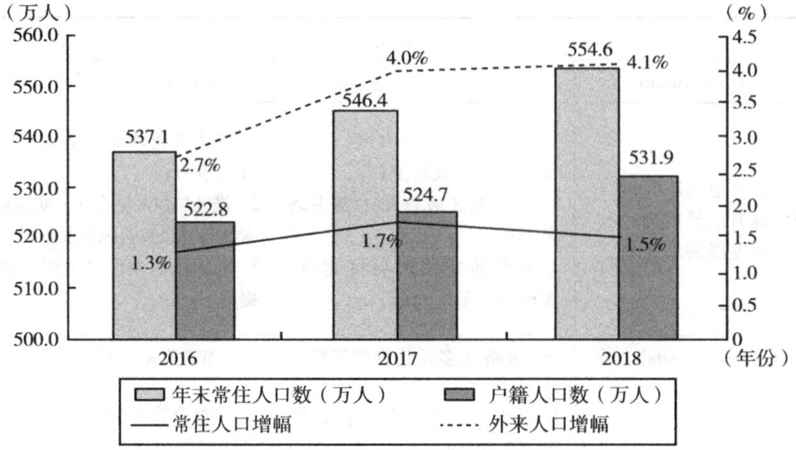

图 2.1　南昌市人口流向（2016～2018 年）

司数量较为稳定，占全省 50% 左右的比例。2018 年南昌有 19 家上市公司[①]，与 2017 年保持一致，比 2012 年仅增加 2 家。与省内其他城市相比，南昌市上市公司的数量最多，占到全省总数近五成；赣州市、新余市和景德镇市分别有 4 家上市公司，位列第二位；上饶市和宜春市均有 3 家上市公司，在全省排名第 5 位；鹰潭市有 2 家上市公司，抚州市和萍乡市各仅有 1 家上市公司，排名末端。总的来说，南昌市上市公司的数量虽然在省内具有一定的优势，但增长趋势较为平缓（见图 2.2）。

第三，分析南昌市的高铁建设情况。近几年，郑州市和武汉市大力发展高铁经济，将各自打造成为全国高铁枢纽，成功拉动区域经济总量提升。与郑州和武汉相比，南昌市和江西省的高铁建设慢了一步。直到 2014 年，国家高铁大动脉沪昆高铁正式通车运行，开启了江西的高铁时代，江西高铁规划的“第一横”写出。沪昆高铁江西段经过上饶市、鹰潭市和新余市，对这 3 座城市经济的贡献不言而喻。2015 年，沪昆高铁与合福高铁在上饶市成功交汇，又一次助力上饶强化地域优势，同时为萍乡融入“长株潭”打下基础，为江西驶入珠三角“5 小时经济圈”提供机会。2019 年，随着昌赣高铁引入南昌铁路枢纽（向莆铁路）下行线施工顺利完成，

① 南昌市上市公司数据来源于《南昌统计年鉴（2018）》。

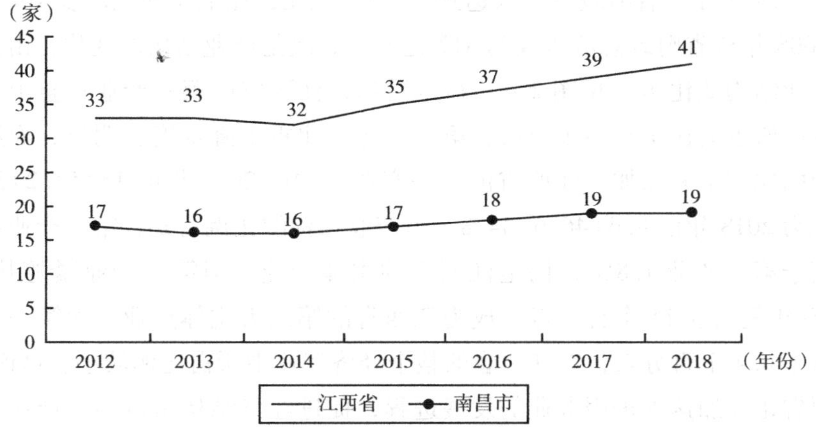

图 2.2　全省及南昌市上市公司数量

万众期待的昌赣高铁正式接入“八纵八横”国家高铁网络①。昌赣高铁已于 2019 年底开通运营，助力追赶郑州和武汉。

2.2　江西省城市功能与品质发展的差异性分析

本部分对江西省城市功能与品质的差异性分析将从两个方面展开，一是整体区域差异性分析，二是对江西及各城市发展质量总体进行分析评估。

2.2.1　江西省经济发展状况

在国家的政策支持和全省的积极配合下，江西省近 10 年来的经济发展出现了较显著的改善与提升。由图 2.3 可看出，首先，江西省经济总量保持稳定增长的趋势。2008 年江西省国民生产总值仅为 6971.05 亿元，2018 年增长到 21984.8 亿元，10 年内翻了 3.2 倍，年平均增长率为 14.46%，全省人均 GDP 由 2008 年的 15900 元增加到 2018 年的 47600 元，增加近 3

① 昌赣高铁正式接入国家高铁网，新华网，2019 年 7 月。

倍；2018年江西省财政总收入达到了3795亿元，比上年同比增长10.1%，而2008年全省财政总收入仅为817亿元。其次是产业结构的变化，由江西省产业结构变化图（见图2.4）可以看出，江西省的第一产业在整个经济产业中所占的比重在逐步降低，第二产业的比重下降幅度也明显，而第三产业的比重不断增加。江西省的经济产业结构由2008年的15∶51.2∶33.8变化为2018年的8.6∶46.6∶44.8。由产业结构的比例可知，第二产业虽占比高于第三产业1.8%，仍是江西省的主体产业，但第三产业紧随其后，在10年间增加11个百分点，成为江西省的第二大主体产业。而第一产业下降了6.4个百分点，在江西省的整个经济产业中所占比例较小。这说明，江西省正在加速推进服务业的发展进程，促进经济结构由以第三产业为主的结构层逐步转换升级。

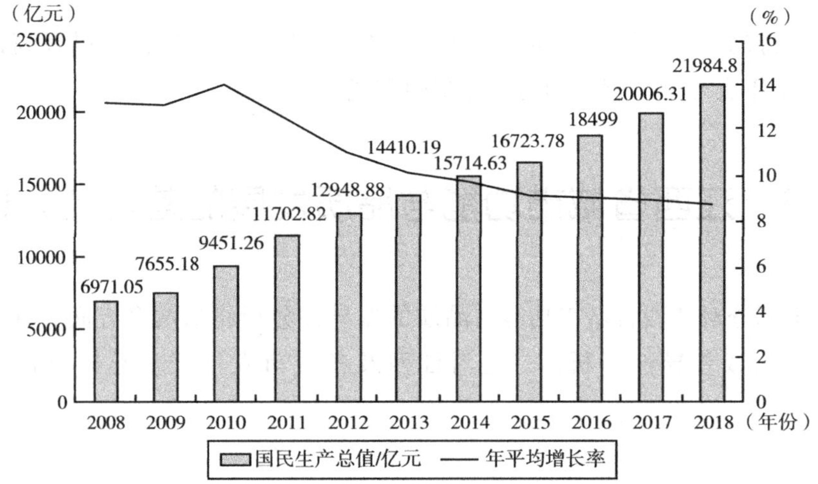

图2.3　江西省地区生产总值变化情况（2008～2018年）

相比于中部地区其他省份的经济总体发展状况可知（见表2.2和图2.5），江西省的经济发展水平仍有待提升。由表2.2和图2.5中部六省三个经济类的指标比较可看出，2018年江西省的GDP总量和人均GDP指标在中部排名第五位，仅略高出最后一名山西省，与排名第一位的河南省总量相差26000亿元，人均相差2707元。GDP增长率排在第5名，仅高出湖南省0.6个百分点。总体来说，江西省仍然是中部六省中的欠发达省份，经济总量小、人均低的明显特征仍有待改变。要想实现江西省在中部地区

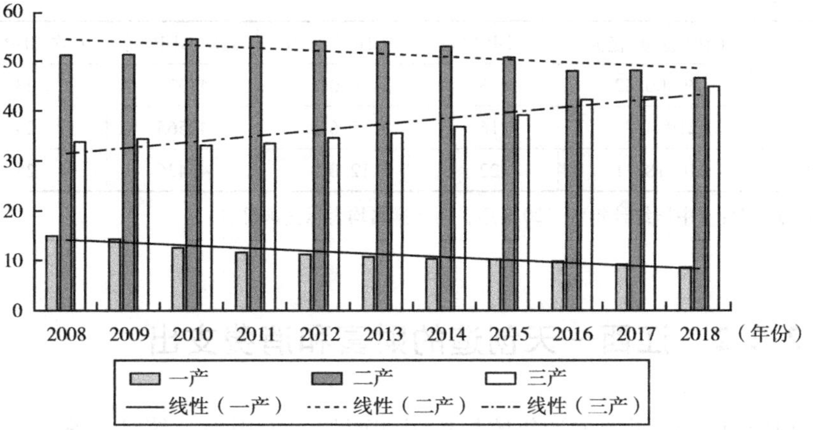

图 2.4　江西省产业结构变化情况（2008～2018 年）

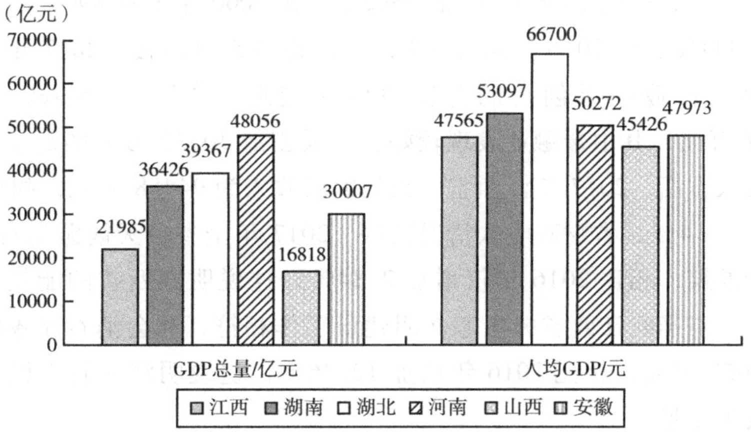

图 2.5　中部六省经济对比（2018 年）

崛起的目标，依旧任重而道远，仍需要凝心聚力，坚持不懈推进经济持续健康发展。

表 2.2　　　　　中部六省经济指标对比（2018 年）

地区	GDP 总量/亿元	GDP 排名	GDP 增长率	人均 GDP/元	人均 GDP 排名
河南	48055.86	5	6.8%	50272	18
湖北	39366.55	7	11.0%	66700	10
湖南	36425.78	8	5.0%	53097	16

续表

地区	GDP 总量/亿元	GDP 排名	GDP 增长率	人均 GDP/元	人均 GDP 排名
安徽	30006.82	13	9.0%	47973	23
江西	21984.8	16	5.6%	47565	24
山西	16818.11	22	12.0%	45426	25

数据来源：《中国统计年鉴（2018）》，两项排名均表示全国排名。

2.2.2 江西一天创造的财富和消费支出

2019 年，江西省统计年鉴提供了江西的一天板块，统计了全省每天创造的财富和每天消费情况。其中，2017 年江西省一天的地区生产总值为 548118 万元，相比 1978 年增加 22892%，比 2000 年增加 899%，比 2010 年增加 111%，比 2016 年增加 9%，增加得越来越缓慢。2017 年第二产业和第三产业一天创造的财富值较为接近，分别为 263780 万元和 234057 万元，其中金融业表现较好，一天创造 30332 万元的财富。在财政总收入方面，2017 年江西省一天的财政收入为 94458 万元，相比 2016 年增加 10.4%，省财政收入情况较好。2017 年全省每天能源消费 24.64 万吨标准煤，相比 2016 年仅增加 2.84%，这说明江西省的能耗增加幅度不大，与当时江西省的生态文明建设工作相符；社会消费品零售总额为 204057 万元，相比 2016 年增加 12.26%，这说明江西省人民的消费需求较为充足。

表 2.3　江西省一天创造的财富和消费支出（1978～2018 年，部分）

指标	1978 年	2000 年	2010 年	2016 年	2018 年
全省每天创造的财富					
地区生产总值（万元）	2384	54879	259822	503797	602323
第一产业	991	13292	32555	49154	51434
第二产业	907	19199	141464	241905	280828
第三产业	486	22388	85803	197784	270061
金融业	32	2708	6616	28940	33802
财政总收入（万元）	335	4704	33596	85562	103994

续表

指标	1978 年	2000 年	2010 年	2016 年	2018 年
财政支出（万元）	446	6123	52692	126504	155275
全省每天消费					
能源消费（万吨标准煤）		6.86	17.41	23.96	25.24
社会消费品零售总额（万元）	930	19312	80992	181771	207299

数据来源：《江西统计年鉴（2018）》。

2.2.3　江西各地区经济与城市功能发展状况

2.2.3.1　江西省各市的城市规模与发展

2014 年国务院印发出台了《关于调整城市规模划分标准的通知》（以下简称《通知》），对原有城市规模划分标准进行了调整，明确了新的城市规模划分标准。《通知》明确，新的城市规模划分标准以城区常住人口为统计口径，将城市划分为五类七档：城区常住人口 50 万以下的城市为小城市，其中 20 万以上 50 万以下的城市为Ⅰ型小城市，20 万以下的城市为Ⅱ型小城市；城区常住人口 50 万以上 100 万以下的城市为中等城市；城区常住人口 100 万以上 500 万以下的城市为大城市，其中 300 万以上 500 万以下的城市为Ⅰ型大城市，100 万以上 300 万以下的城市为Ⅱ型大城市；城区常住人口 500 万以上 1000 万以下的城市为特大城市；城区常住人口 1000 万以上的城市为超大城市。①

截至 2017 年，江西省各地级市城镇人口数如表 2.4 所示。由表中数据可知，2017 年江西省 11 个地级市中大城市数量有 9 个，其中共有 3 个Ⅰ型大城市、6 个Ⅱ型大城市，全省无特大和超大城市；鹰潭市和新余市的城镇人口数量低于 100 万，相对较少，城市规模为中等城市。整体上来说，江西省内缺乏超大城市和特大城市，城市体系出现断层，城市规模有待进一步扩大。

① 《国务院关于调整城市规模划分标准的通知》，百度百科。

表 2.4　　江西省各市 2018 年城市规模

地区	总人口（人）	城镇人口（人）	城市类型
全省	46220636	25236447	—
南昌市	5463538	4005851	Ⅰ型大城市
景德镇市	1664901	1098002	Ⅱ型大城市
萍乡市	1924998	1313041	Ⅱ型大城市
九江市	4873276	2620341	Ⅱ型大城市
新余市	1180699	826607	中等城市
鹰潭市	1167501	689760	中等城市
赣州市	8635583	4207215	Ⅰ型大城市
吉安市	4941941	2439829	Ⅱ型大城市
宜春市	5553748	2671882	Ⅱ型大城市
抚州市	4031037	1943757	Ⅱ型大城市
上饶市	6783414	3420162	Ⅰ型大城市

数据来源：《江西统计年鉴（2018）》。

江西省全省规模以上工业企业单位数共有 11734 个，其中以小型企业数量占比较大，为 9402 个，多达八成；其次是中型企业，有 1868 个，占比约为 16%；大型企业和微型企业数量较少，仅各有两百多个。总体来说，江西省工业分布较为均匀，赣州、九江和宜春的企业数量最多，而省会稍次之，未体现其核心增长极的作用。具体来说，南昌市大型企业有 47 个，在全省排名第一；宜春市以 37 个大型企业位列第二，赣州市大型企业数量为 29 个，排名第三。中型企业排名前三的城市分别是：九江、南昌和宜春。小型企业排名前三的城市分别是：赣州、九江和南昌。微型企业排名前三的城市分别是：赣州、南昌和上饶。

由江西省产业结构变化图（图 2.4）可知，2008 ~ 2018 年，江西省的第一产业在整个经济产业中所占的比例持续降低，且正逐步转向发展粮食作物和多种经营多种形式共存的现代农业。从表 2.5 可知，江西省各地区第一产业以多种经营的形式为主，且粮食作物的产值远低于多种经营。其中，赣州市和宜春市的农林牧渔业总产值均远高于南昌市；赣州市的多种经营占比高达 87.4%；鹰潭、新余、萍乡和景德镇市的第一产业产值在全省排名靠后。

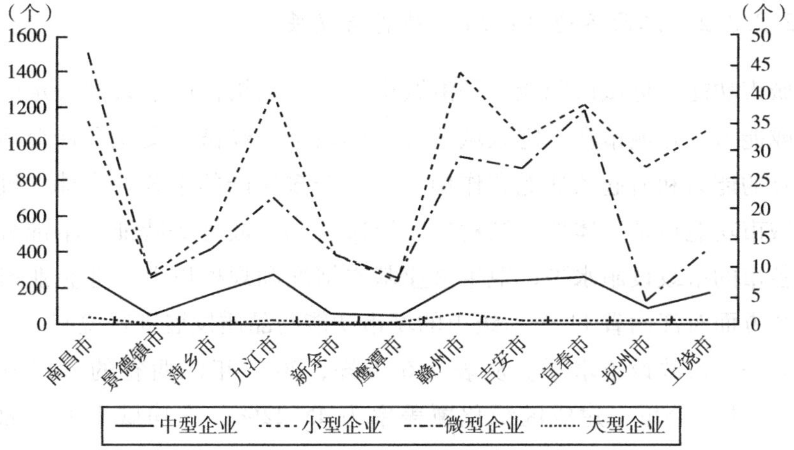

图 2.6　各市规模以上工业企业单位数①（2017 年）

表 2.5　各地区粮食作物和多种经营水平（2017 年）

地区	农林牧渔业总产值/万元	构成百分比	
		粮食作物	多种经营
全省	30690051	18.8	81.2
南昌市	3100446	17.7	82.3
景德镇市	945408	16.0	84.0
萍乡市	939283	13.2	86.8
九江市	2994013	13.5	86.5
新余市	933166	25.0	75.0
鹰潭市	873301	19.7	80.3
赣州市	5355116	12.6	87.4
吉安市	3861691	24.8	75.2
宜春市	4416592	22.5	77.5
抚州市	3349380	20.7	79.3
上饶市	3921655	20.7	79.3

数据来源：《江西统计年鉴（2018）》。

① 大型企业是以次坐标轴为标准制图。

2.2.3.2 江西各地区的城市功能与发展

城市功能又称城市职能，是由城市的各种结构性因素共同决定的城市机能或能力，是城市在一定区域范围内的政治、经济、文化和社会活动中所具有的能力和所起的功能和作用，是一个多功能的系统综合体。健全完善的城市功能包括整体性、结构性、层次性和开放性等特征。本部分从江西省各市的市政设施水平、卫生事业基本情况和规模以上工业企业研发情况三个方面对江西省11个地级市的城市功能与品质发展进行说明。

第一，市政设施水平。从表2.6可知，2017年江西省的人口密度为4740人/平方公里，建成区绿化覆盖率为45.22%，人均城市道路面积为17.9平方米，人均公园绿地面积为14.5平方米，全省11个地市城市用水普及率、燃气普及率和污水处理率均在90%以上。上饶和南昌的人口密度高达7千多人/平方公里，是全省人口密度的1.67倍。吉安和新余的人口密度仅2000多人/平方公里，低于全省水平的3.87倍。景德镇市、九江市、新余市、吉安市、抚州市和上饶市的人均城市道路面积高于全省水平，而南昌市、萍乡市、鹰潭市、赣州市和宜春市的人均城市道路面积低于全省水平。其中以景德镇市的24.31平方米最大，南昌市的人均城市道路面积仅为12.4平方米，在全省范围内最小。萍乡市的人均公园绿地面积和建成区绿化覆盖率均为全省最低，南昌市次之，这说明这两市的绿化水平有待提高。

表2.6　　各地区市政设施水平（2017年）

城市	人口密度	用水普及率	燃气普及率	人均城市道路面积	排水管道密度	污水处理率	人均公园绿地面积	建成区绿化覆盖率
全省	4740	98.11	97.38	17.90	8.84	95.44	14.5	45.22
南昌市	7731	99.06	98.66	12.40	7.19	99.80	12.92	43.94
景德镇市	2660	98.69	95.40	24.31	0.61	94.51	16.05	51.50
萍乡市	5296	100.00	99.18	16.14	0.61	92.71	11.91	42.56
九江市	4321	98.77	98.50	22.01	10.80	89.92	13.93	46.29
新余市	2101	100.00	99.50	24.12	11.31	97.31	18.31	50.25
鹰潭市	3107	97.00	99.83	16.60	6.68	97.05	23.79	46.74

续表

城市	人口密度	用水普及率	燃气普及率	人均城市道路面积	排水管道密度	污水处理率	人均公园绿地面积	建成区绿化覆盖率
赣州市	5062	98.89	99.86	15.89	12.43	91.94	13.89	47.03
吉安市	2040	94.78	95.42	20.65	10.76	93.44	17.09	45.81
宜春市	6689	98.50	96.13	15.72	10.47	95.80	15.14	44.94
抚州市	6222	99.21	99.21	21.12	12.97	97.61	16.17	45.96
上饶市	7899	99.63	95.54	22.96	9.39	90.41	15.56	47.31

数据来源：《江西统计年鉴（2018）》。

第二，卫生事业情况。从表 2.7 可知，2017 年江西省共有卫生机构 37791 个，其中医院和卫生院共有 2259 个；床位数有 233513 张，其中 91.73% 为医生和卫生院的床位；卫生事业人员共有 317816 人。赣州、上饶、吉安和宜春的卫生机构均远高于南昌市的标准，其中赣州市共有 8846 个卫生机构，占全省卫生机构数量的 23.4%，南昌市仅占 5.9%。结合床位数计算可知，赣州市的人均床位为 1.2 张，南昌市的人均床位为 1.5 张，两者较为接近，但是南昌的卫生机构平均有 22 位卫生人员，而赣州市仅有 6 位。这说明，赣州市虽然卫生机构较多，但是卫生人员配备尚未充足；而南昌市的卫生人员较为充足，需要适当增加卫生机构的数量，承担全省卫生事业的核心责任。

表 2.7　　各地区卫生事业基本情况（2017 年）

地区	机构数/个	医院、卫生院数/个	总床位数/张	医院、卫生院床位数/张	人员数/人
全省	37791	2259	233513	214206	317816
南昌市	2222	210	32492	30415	50246
景德镇市	1080	74	8590	7951	12445
萍乡市	1394	80	12210	11051	17069
九江市	2661	259	24582	20756	36485
新余市	1194	46	6035	5423	8728
鹰潭市	898	70	7244	6493	7969
赣州市	8846	408	44965	41613	55094
吉安市	4744	288	24263	22958	29597

续表

地区	机构数/个	医院、卫生院数/个	总床位数/张	医院、卫生院床位数/张	人员数/人
宜春市	4380	220	26185	23134	33169
抚州市	2280	223	13389	12959	22030
上饶市	8092	381	33558	31453	44984

数据来源：《江西统计年鉴（2018）》。

第三，规模以上工业企业研发情况。从表 2.8 可知，2017 年，江西省有 R&D 活动单位数为 2506 个，R&D 人员共有 68877 人，R&D 内部经费支出共 2216865 万元，R&D 项目有 7504 项，研发机构共有 1880 个。赣州、宜春和九江的有 R&D 活动单位数均远高于南昌市，其中赣州市共有 396 个企业参与 R&D 活动，宜春市和九江市各有 378 和 320 个企业参与。赣州和宜春各占全省卫生机构数量的 15%，九江所占比例为 12.8%，而南昌市却仅有 8.1% 的单位参与 R&D 活动。这与南昌占有全省 24% 的 R&D 人员和 25.6% 的 R&D 内部经费支出不相符。未来南昌应加强管理，合理控制 R&D 内部经费支出，提升 R&D 人员的水平和质量，同时积极鼓励各企业设立更多的研发机构，积极参与 R&D 活动。

表 2.8　各地区规模以上工业企业研发情况（2017 年）

地区	有 R&D 活动单位数	R&D 人员	R&D 内部经费支出	R&D 项目数	研发机构数
单位	个	人	万元	项	个
全省	2506	68877	2216865	7504	1880
南昌市	202	16933	567827	1264	159
景德镇市	82	4331	146210	383	33
萍乡市	158	2485	75398	288	56
九江市	320	6569	168603	935	353
新余市	95	4996	147189	572	75
鹰潭市	122	4496	325672	454	35
赣州市	396	6590	246383	760	312
吉安市	260	6815	101401	725	190
宜春市	378	8381	213989	1099	278
抚州市	291	3248	86030	556	262
上饶市	202	4033	138163	468	127

数据来源：《江西统计年鉴（2018）》。

2.3　城市功能与品质发展：国际国内的实践与经验

城市功能与品质提升是在理念、制度、产业、生活各个领域全面实行社会经济变革的规模宏大的创新工程。发达国家和地区的部分城市发展道路值得借鉴和学习。本部分结合发达城市发展历程进行如下研究：①分析相关发达城市发展历程及主要特征；②从城市建设、政务服务、新型产业、科技创新等方面分析相关发达城市的发展特色与创新。

2.3.1　国外城市功能与品质提升的实践

（1）法国洛林大区。

洛林大区是法国的老重工业基地，污染较为严重，并且由于资源和技术条件等持续恶化，洛林煤炭业、钢铁业等传统产业的产量随之急剧下滑。加之因为国际钢铁市场自 1987 年起停发对钢铁业的一切相关补贴，洛林的钢铁业更是雪上加霜。为应对挑战走出困境，洛林大区主动采取了工业转型战略。经过多年的不断努力付出，洛林大区从一个污染重的老型重工业基地变成了设施完备、环境优美的工业新区，完美地完成了从衰退走向新生的蜕变。

首先，洛林对老工业区企业进行全面整顿和改造，关闭区域内能耗大、成本高、污染重和效率低的煤矿、铁矿、炼钢厂等全部企业，并不断加速淘汰亏损企业，制定多项对外开放优惠政策引进大量外资，优化产业结构，保护资源与环境，提升核心竞争力。

其次，洛林以多元发展为目标积极调整和完善原有的单一经济结构，不断推进经济结构向可持续发展模式的转变。下大力气深度开发农业资源，重视发展科技含量高的现代农业，大力推广农业机械化的使用，不断提高农业生产效率。与此同时，依托科学技术的进步，大力培育和助推新兴工业和高新技术产业的发展，改组传统的工业企业，鼓励中小私营企业合并经营或参与相关国有企业的重组，扩大企业规模的同时，增强企业的生机与活力，提升企业的综合竞争力。①

最后，洛林大区重点加强区域转型与土地整治力度，创造优美舒适的工作和生活环境。一方面设立工业专项基金治理修复此前因工业生产或开发带来的土地污染或环境破坏，解决衰退矿区遗留的土地污染等历史问题；另一方面，在治理后的土地上进行植树种草等修复工作，还原生态环境，同时建立厂房、民居等，使闲置的土地资源得到充分开发和利用。

（2）新加坡。

新加坡在发展前期经济基础薄弱，领域面积和内需市场均十分有限。在全球化的趋势下，为适应经济发展并保持竞争力，新加坡快速找准产业发展定位，不断优化政府管理与服务，持续提升产业环境，致力打造特色工业园区，强力推进创新驱动战略等。从单一制造业经济成功转向多元化创新经济的进程中，新加坡共进行了四次重要的经济转型，从最初的原始转口贸易经济到进口替代工业，再转变为出口导向工业，最后发展为创新驱动的新型产业集群，创造了经济史上一个又一个腾飞的奇迹，成为亚洲地区的金融和物流中心以及全球总部经济中心。

进入21世纪后，在知识经济和创新驱动的双重影响下，新加坡顺应经济全球化的发展趋势，充分分析自身特点，明确自身优势，确立了外向型国际中心城市的定位，率先提出了大力发展制造业的构想，并积极引入国际资本，充分利用进口替代工业安排大量劳动力就业。此后，新加坡又审时度势，大力发展现代服务业，成功利用跨国企业的技术转移和溢出效应，转向出口导向型工业和发展效率驱动型的经济结构，提出了由劳动密集型转向资本和技术密集型的发展新思路，进一步增强其国际竞争力。在新加坡的产业发展系统中，政府的管理与服务不断优化，使政府成为产业生产中的重要环节，大大改善了产业环境，推进了产业全面高效发展的目标。

（3）伦敦。

英国伦敦都市圈是指以英国首都伦敦为中心，以“伦敦—利物浦”为

① 李萌．新型城镇化建设中城市经济转型国际经验借鉴与启示［J］．经济与管理评论，2015，31（2）：26－32.

轴线所形成的城市群。千百年来，伦敦都市圈一直是英国最重要的政治、经济核心区，同时也是英国不可或缺的大型生产基地。早在 1944 年，英国政府便着手规划合并伦敦市和伦敦郡，并计划以伦敦为中心，在半径为 48 公里左右的圆形范围内，规划建设城市内环、郊区环、绿带环、乡村外环共 4 个同心圈。两年后，伦敦市拉开了大规模的建设新城的序幕，历经 10 余年的时间，共建成了 8 个卫星城。新城的建设成功地解决了伦敦因城市发展过快带来的人口过度集中、住房条件拥挤、工业发展用地严重紧缺等多方面的问题。①

伴随着城市集群化的深入发展与不断推进，伦敦市作为伦敦都市圈的圆心，发挥了引领带头作用，辐射带动周边卫星城市及小城镇的快速发展，形成了以先进的生产服务业丰富周边主要城市的特色，进一步完善了都市圈的区域综合职能和产业协作度。同时，伦敦政府持续新城建设，分别在距伦敦 35 英里、50 英里和 80 英里的距离建立了 11 座新城，成功分散了伦敦市大量城镇人口，在很大程度上缓解了伦敦市的人口压力以及由过多人口集中导致的交通拥堵、基础设施人均使用率过低等问题。并且在新城规划设计了一定的工业、商业和服务业，在分散城市人口的同时解决了就业这一大难问题。为了保障伦敦市大都市圈健康、高效的发展，伦敦市管理局等颁布了多项法律法规，明确地方政府和各部门管理的职责与义务，设立考核机制从严管理；梳理权力路径，共同落实各项伦敦城市规划等政策，构建和完善伦敦大都市圈协同管理机制，推进伦敦大都市圈协调可持续快速发展。

2.3.2　国内城市功能与品质提升的经验②

2.3.2.1　城市建设换新颜

（1）广州市绿道建设。

绿道一般是指一种线型绿色开放空间，常沿河滨、道路等自然和人工

① 清华大学中国新型城镇化研究院：2018 年中国都市圈发展报告，2019 年 3 月 1 日。

② 国务院办公厅关于对国务院第五次大督查发现的典型经验做法给予表扬的通报，国办发〔2018〕108 号。

廊道建立，内设可供游人和骑行者进入的景观线路，连接主要的公园、风景名胜区、自然保护区、历史人文古迹和城乡居住区。广州市自2010年起结合各项市政道路建设等工程，借助丰富的历史文化和自然格局启动绿道建设。绿道贯通城市公共交通、慢行系统，连接市内各自然与人文景点、运动场所及居民社区，充分发挥绿色低碳出行的功能。同时，在绿道中完善各类服务设施，为游客提供租赁、免费淋浴、免费充电及网络使用等各种便民服务。至2017年，广州市总绿道里程在全国位居前列，累计共贯通绿道3400公里。

广州准确把握绿道建设的内涵，凸显文化、旅游等多项功能，因地制宜、创新理念，打造了一系列有鲜明地方特色的绿道系统，如科学城空中连廊绿道、增江画廊绿道、麓湖环湖绿道、南沙湿地绿道、东涌瓜果绿道、花都湖绿道等。现有绿道的建设及慢行交通系统的打造，一方面满足了人民对美好生活的需求，提升了城市的品位和环境品质；另一方面，助推城乡一体化，优化网络布局，促进经济发展。

（2）长沙市发展与品质并行。

在文明城市创建和城市管理方面，长沙市始终坚持树立包括人本化发展、常态化创建、现代化治理和精细化运作在内的四大先进理念，建设“宜居宜业、精致精美、人见人爱”的品质长沙，引领全市上下共建“山水洲城、品质长沙、文明高地、幸福家园”①；摒弃突击式运动式的文明创建和城市管理，把提升城市文明的工作落到实处，真正做到文明创建常态化；以现代化城市管理和文明创建为目标，推进长沙城市管理体系和能力现代化、法治化；提高城市管理和文明创建工作的精细化程度，缩短长沙与发达城市的差距，提升长沙居民生活的幸福感和满足感。同时，开展多项美德活动丰富人民群众的精神文明建设，大力培育新时代的雷锋榜样；坚持“城市是管出来的”理念，严格推进城市管理的各项工作，大力开展人行道、渣土等专项整治，注重管理措施的实效性；统筹推进绿化、亮化、清洁和畅通城市建设，着力促进城乡融合，加快城乡基础设施的有效对接，建设全域美丽乡村，以更高水准优化城市环境打造品质长沙。开启了三年造绿大行动，提高城区绿化景观设计亮点，淘汰现有老化及毁损严

① 易炼红．强力推动文明创建和城市管理上更高水平［N］．中央文明办简报，精神文明建设．2015年8月．

重的基础便民设施，改造棚户区、“城中村”，提高公共设施建设的实用性及人文关怀，打造高品质长沙，坚定不移地推进城市又快又好发展。

在城市发展方面，2018 年长沙市不断优化城市发展规划，地下综合管廊试点通过国家验收，新增城市公园 84 个、新建绿色建筑 1151 万平方米、修复损毁堤防 53 公里，划定城市有机更新单元 24 个，改造老旧社区 50 个①。深入强化基层管理，提升社会公共治理服务水平，利用数字化有机融合“数字城管”和网格化管理，大力推广“大数据＋靶向治理”交通管理经验，借助多元动力坚持城市转型创新，猛抓开放型经济和现代服务业，持续走改革、开放、创新三大发展之路，经济总量持续上升，成功获批多项战略平台，为长沙市日后更好更快发展提供机遇。长沙市在浪潮中找准了城市定位，担当起省会城市的引领重任，以建设国家中心城市为长期奋斗目标，深入推进现代产业发展和现代化长沙建设，重点打造包括国家智能制造中心、国家创新创意中心和国家交通物流中心在内的多个中心建设；全面抢抓机遇，坚持以智能制造为统领，持续深入推动制造业绿色转型升级，引领制造业、交通物流一体化和智能化高质量发展；升级绿化，实施“新三年造绿大行动”和社区提质提档三年行动，在充分展示更高水准的绿色城市新风貌的同时，增加群众的幸福感、满足感；构建现代化立体交通体系，着力打造平安长沙、智慧长沙、品质长沙。

（3）甘肃临夏“城中村”变身新地标②。

临夏市按照保护为主、开发为辅的思路，坚持不拆一户的原则，统一规划、分步实施。积极引导原住民借助旅游发展农家院、手工艺店等特色产业，帮助群众改造升级店面，以低成本、小投入的方式迅速实现就业，激发居民内力增加收入，真正将八坊十三巷建成了带领群众脱贫致富的“根据地”。与此同时，临夏市将政府持有的公房院落等全部改建为民俗馆、休闲公园等公共文化场所，并切实改善特困群众的住房条件，安置他们到新建的公租楼房居住。另外，按照“景观进巷、商业进院”的原则，充分挖掘丰富的地方文化特色，深度开发商业资源，转变公房为历史文化展馆，改造民居形成休闲消遣场所，保持街区原有整体格局和特色不变，

① 2019 年长沙市政府工作报告。

② 国务院办公厅通报表扬 130 项地方典型经验做法，甘肃 3 项上榜，https：//www. toutiao. com/article/6628160201302213134/。

鼓励居民参与景区街区的运营管理，让居民真正成为庭院的“主人”，更好地保护了历史文化遗产。

临夏市八坊十三巷“城中村”改造项目是文化保护、重大民生和产业培育项目的重要工程，它不仅促进了旅游产业发展，切实改善了困难群众生活，同时对文化遗产的保护和传承作用重大。临夏市以创建国家级历史文化名城为立足点，深挖文化底蕴，借助浓郁的民族特色，立足实际，找准发展定位，坚持“文化为先、利民为本”的基本理念和工作原则，按照“八坊十三巷，巷巷不一样”的改造新思路，真实地呈现给人们一个历史与现代、民族与艺术、人文与休闲巧妙融合的特色旅游景区，成为甘肃旅游的新地标。

（4）天津和平区精细化管控城区污染。

天津市和平区打破常规，利用学校周边停车场的闲置车位建立临时免费停车场，实行半小时内停车不收费，一方面解决了学校周边早晚高峰时的交通严重拥堵问题；另一方面也缓解了汽车尾气排放污染的突出问题，降低了全区氮氧化物浓度，明显改善全区的空气质量。借助垃圾日产日清和24小时视频监控等精细化管理措施，持续改善辖区的空气质量，大幅提升区域空气质量排名。针对施工带来的扬尘问题，和平区建委实地调研充分讨论后，出台了多项管理制度，加大了在工地内部建设扬尘防治网格力度，切实增强了全区施工工地的扬尘管控水平。

天津市和平区以精细管理的方式，对每一项污染物“毫厘必较”，进一步细化管控措施，以更大的视野、更高的角度，深入精细化管控到工作的方方面面。除主要道路采用机扫水洗的方式以外，计划为保洁人员配备便携式吸尘器，有助于在一些无法进入清扫机械的背街里巷进行灰尘清洁工作。与此同时，和平区引入了颗粒物激光雷达设备，通过水平或垂直扫描并分析10公里范围内的颗粒物污染状况，可以清晰发现污染来源和移动路径，有利于进一步落实有针对性的防控管控。

2.3.2.2 政务服务智能化发展

（1）湖南宁乡推进“互联网+”政务服务①。

近年来，湖南省宁乡市以线上线下融合发展的新方式积极推进相关智

① 宁乡这项改革经验获新华社推介，https：//www.toutiao.com/article/6605584160809550343/。

慧政务建设。在线上监管方面，宁乡政务服务部门联合相关技术部门开发了行政审批电子监察系统，全程监督网上受理、办理、办后等环节，公众可在微信公众号上办理房屋租赁备案、在24小时自助机上办理身份证拍照、取证，企业可以在网上完成企业“无纸”登记等服务。在线下监管方面，制定了服务标准、压缩办理时间、优化工作作风。对审批事项的部门严格要求，及时动态调整窗口工作人员，实施延时、预约和上门服务，持续开展服务工作评比活动，营造积极认真的工作氛围。同时整合建设公共服务热线为民服务中心，24小时开放群众咨询投诉举报渠道，完善跟踪督办、调查回访管理等各个环节。

湖南省宁乡市积极塑造“三最”政务服务品牌，优化营商大环境，不断强化线上线下服务效率，建立起企业政务服务的网络，保证政务服务质量，提高事项办理效率，优化服务标准，充分利用“互联网+”技术建设智慧政务，群策群力，在不到两年的时间内基本建成了以智能和便民为理念的创新服务体系，在“互联网+政务服务”改革试点工作中发挥出色，得到了群众和企业的高度赞扬。

（2）深圳福田区“城市大脑”助力改革。

深圳市积极部署新型智慧城市建设工作，提出要以“福田区智慧城市指挥中心”为核心，以“城区大脑”为定位，架构可感知、会思考的新型智慧城区，完善事件分拨、风险监测、可视化展示等多项功能。同时，运用大数据、人工智能等高新科技，推出“智慧福田”App端，打造政务网上自助服务一体化，创造性地更新5×8小时的政务服务为7×24小时不间断的“互联网+服务”，构建共建共治共享的新格局，有助于政府科学化决策，提前防范未知风险，进一步精细化治理社会，提升公共服务水平和效率，不断增强人民群众的获得感、幸福感和安全感。

深圳市福田区依托智慧城市指挥中心，实施纵横向精细化管理，实现全区各部门自建系统全部互联互通，多个职能部门整合和共享上亿条数据。大力开发集监测、预警、分析和可视化功能于一体的经济社会运行监测系统，为首个国内城市经济数据系统，充分运用大数据创新管理理念，融合政务、网络、企业等多方数据，实时对经济运行状况进行综合分析，力求科学监控和准确预测未来经济发展态势。同时以智慧化“城市大脑”的方式助力“放管服”，提升政府治理能力和水平，助推改革提速提质提效。

(3) 珠海横琴新区 V－Tax 远程可视自助办税①。

为实现企业跨境跨区域办税无障碍，珠海市横琴新区税务部门自主研发了 V－Tax 远程可视办税平台，是全国首创的由 PC、手机、自助终端与后台服务多系统运营支撑的自助式办税平台，实现了“远程受理—视频办理—电子税票”的智能化操作。相关企业可以利用电脑端在 V－Tax 平台上一次完成代扣代缴手续费提退、项目登记变更等业务，免去了以往人工送件、申请排号、多次折返的麻烦，帮助企业节约时间成本，获得利益。此外，珠海市横琴新区同时推出包括“套餐式”开业办税服务、涉税不动产登记业务“一窗受理”等在内的一系列便利化实际行动，大幅缩短办税时长，减少小规模纳税人每年申报次数，综合办税效能提升 80% 以上。

2.3.2.3 新型产业助推城市转型

(1) 河北迁安化解钢铁过剩产能②。

河北钢铁大市迁安市紧扣供给侧结构性改革这条主线，从多角度多方面加快钢铁产业向现代装备制造业和耗钢产业延伸，吹响产业升级新号角。从淘汰过剩产能出发逐步向产业优化升级转移，创新设计“指标约束＋末位淘汰”的评价体系，淘汰劣势缺乏竞争力的钢铁企业，集中力量建设优良的钢铁企业。突出多种特色型钢发展方向，大力促进煤化工，壮大包装建材业总量，提升综合品质，不断提升经济发展质量和效益。进而优化产品结构、延伸钢铁产业链条的同时提升价值链条。一方面，迁安市强力化解过剩产能，实施一批钢铁深加工集群项目壮大现代装备制造业；另一方面，不断引进一批节能环保的食品医药等新兴产业项目，培育产业发展新动能，并且出台多项政策进行引导规划，逐步构建形成高端现代装备制造新材料和生物医药等产业板块，成为区域发展新兴产业的重点平台。迁安市提前 3 年完成压减 1000 万吨过剩产能的任务，在转型升级上作出了优秀示范。

(2) 辽宁调兵山市发展循环经济。

近年来，辽宁省调兵山市从加强领导、超前规划、依托产业和项目和统筹城乡四个方面入手，借鉴国内外城市经济转型的优秀经验，致力于建

① 线上“直通”办税大厅跨境办税不再“来回跑”，https：//www.163.com/dy/article/E2OK1VR60550037C.html。

② 迁安市坚决化解钢铁过剩产能，https：//www.toutiao.com/article/6629226789346476558/。

设能源新城，打造锦绣之都。一方面，调兵山市大力发展循环经济，不断深入推进资源型城市转型。立足基础和优势，大手笔谋划、高标准实施，在资源配置、政策支持等各个方面采取了一系列先导型措施，大力发展循环经济，寻求多元化发展，加快推进资源型城市经济转型，在循环经济发展方面取得了显著成绩，明确了循环经济发展定位和建设目标，精心打造循环工业体系、循环型有机农业体系、循环型生态城市体系，逐步确立了“围绕一个目标，实施两个转型，构建三个核心体系”的发展思路，为循环经济发展提供了强有力的组织保障。另一方面，调兵山市以实现经济发展与环境的和谐共赢为目标，促进循环经济的产业和制度转型，逐步从粗放式资源依赖型模式过渡到资源效益型模式，连接政府、企业和公众三方共同参与和协作，制定相关绿色产业政策，完善循环经济服务体系，提供有利的政策环境。在工业园区内建设了一批以“产业共生”和“物质循环”为原理的重大循环经济项目，同时以项目为桥梁，探索形成了不同领域、多层次和大范围内各具特色的循环经济创新发展模式。

（3）黑龙江七台河市构建新型“碳”产业①。

黑龙江省七台河市构建新型“碳”产业，结合自身实际，把石墨新材料产业作为支撑转型发展的主导产业，助推城市成功转型，告别资源枯竭。七台河市统一规划多个产业园区，充分发挥区域内石墨资源储量丰富、品位高的优势，加强基层设计，为产业快速发展提供有力支撑。与此同时，加强并推进与相关高校和科研院所的合作，促进产学研用结合，开展石墨烯下游应用产业链招商，重点推进包括石墨烯应用、负极材料、高端石墨三大产业集群在内的产业园区建设，成功打造了“中国石墨烯小镇”的响亮品牌。七台河市目前正借助生态和资源优势，大力发展特色农业，不断加快建设绿色食品生产基地，持续扩大生产规模，形成区域绿色食品产业体系，全面打造现代“绿”经济。七台河市通过延伸煤炭产业链条，培育壮大新兴产业，打造绿色经济，全力改善民生，进一步将资源型城市的转型工作推上了新的台阶，实现了区域经济、社会、资源和环境的可持续发展，在资源型城市优化经济结构、转型升级上取得了较好的成绩。

---

①　七台河市打造“中国石墨烯小镇”构建新型“碳”产业集群，http：//www.graphene.tv/201811286249/。

2.3.2.4 科技创新驱动区域高质量发展

（1）上海嘉定区以科技创新推动区域高质量发展。

上海市嘉定区大力推动高质量发展，主要从5个方面做起，分别是科技创新、提高经济密度、扩大开放、建立开放型经济新体制和营造良好营商环境。坚持以科学引领科创、以科创提升产业，不断提高经济密度推动高质量发展，让发展质量更高、效率更强。在深入实施产业发展区域统筹机制的同时，强化招商资源库、项目库、数据库等平台的建设，注重普惠均等，进一步提高项目招商质量。

上海市嘉定区稳步做大经济总量规模，同时以实体经济支撑高质量发展，建立开放型经济新体制，追求质量和效益，加快提质增效和动能转换，加速构建现代化经济体系，推动建设产业强区的进程。同时以做深做实区域合作为目标，不断提高跨境电商、外贸产业升级，以良好营商环境保障区域经济高质量发展。加强和人民群众更高质量的民生需求对接，不断深入推动区域社会事业全面发展。进一步深入推进社会治理创新，创新完善共建共治共享平台，努力开创全面化、多元化的对外开放格局。

（2）深圳南山区打造“两链一环”创新高地。

深圳市南山区以质量为引领，大力发展战略性新兴产业集群。整体选用南北走向的“科技创新轴”，建设包括智园、智谷、智城在内的三个新兴产业集聚区。设计重点片区布局发展战略性新兴产业，如新一代信息技术、高端现代装备制造、绿色低碳产业等。创新生态体系，为创新链提供“闭环”支撑。如建立知识产权保护中心，以打造最严格知识产权保护先锋区为目标，保护自主创新，加强协同创新，促进开放创新三种形态；在加强产学研协同创新方面，南山区积极搭建多个平台以及自主创新、产学研合作、高校创业实践等基地，加强高校科技成果的及时转化，大量培养创新创业人才，鼓励高精尖企业孵化。

同时，依托美国硅谷等全球创新高地资源，南山区集聚资本、技术、人才和产业，全力建设国际化开放创新中心，实现引进创新企业孵化到新型产业落地孵化。南山区开展“三区联动”改革行动计划，联合大学校区、产业园区和居民社区三方的力量，实施人才、科技、企业政务、科技金融和双创等五大创新服务，“闭环”支撑两大创新链，平衡创新链融合的综合生态体系。南山创新层级和形态构建完整体系。近几年，南山区在推进创新驱动发展方面，打造了创新形态链，整合优质创新生态之“环”，不断构筑创新发展高地，取得了良好成效。

（3）陕西杨凌打造“一带一路”现代农业①。

陕西省杨凌农业高新技术产业示范区在农业科技创新领域和牛羊良种高效克隆繁育新技术的研究和应用领域均取得优异的成绩，跻身世界前列。近年来，杨凌示范区一方面聚集科技创新人才，致力于加大创新力度，构建完备的创新体系；另一方面，杨凌示范区坚持对外开放的原则，积极融入“一带一路”建设，不断推进“‘一带一路’现代农业国际合作中心”及自由贸易试验区建设，初步形成了形式多样、层次丰富的对外开放格局。在现代农业领域，杨凌农业高新技术产业示范区先后同多达 60 多个国家和地区建立合作关系，并同 20 多个丝绸之路沿线国家签订农业、畜牧业等多个领域的重要合作协议。

作为中国与“一带一路”沿线国家开展农业科技合作的重要中心，杨凌农业高新技术产业示范区创新思路，在援外培训项目上主动跨出国门，率先在非洲开展技术培训和示范，为非洲国家现代农业发展提供了技术支持，大大提高了受援国的农业生产技术水平。与此同时，不断增加培训语种的数量、扩大培训对象的范围、丰富培训内容和领域。通过培训的形式真正做到了把中国的新品种、新技术、新模式输送到世界各地，提升了我国的国际影响力，并助力杨凌示范区打造成为具有国际影响力的现代农业创新高地。

2.4　高质量发展背景下江西城市功能与品质发展分析

2.4.1　江西省高质量发展的内涵

党的十九大报告中指出，我国经济发展进入了新时代，并正在从高速增长阶段转向高质量发展阶段迈进。江西省委也适时提出了“创新引领、

① 杨凌：融入“一带一路”，构筑具有国际影响力的现代农业创新高地，https：//www. toutiao. com/ article/6655423656971207172/。

改革攻坚、开放提升、绿色崛起、担当实干、兴赣富民”工作总方针。这都对江西城市功能与品质发展提出了更高的新的要求。

研究分析表明，江西高质量发展应该从增速稳健、结构优化、动力转换、市场有效、绿色持续、人民共享六个方面来理解。

（1）增速合理。

经济保持一定的发展速度是高质量发展的基础，也是江西城市功能与品质提高的基础。过去几十年来，粗放式发展虽然带来的经济高速增长和国民财富快速增加，但也导致了许多问题，如两极分化、资源浪费、环境破坏、效率低下、影子银行等方面。因此，经济发展不应仅仅追求增长速度，还应在动态中追求增长质量。2000 年以来，江西省经济增速波动明显高于全国水平（见图 2.7）。自 1992 年中共十四大正式提出建立社会主义市场经济体制的目标后，江西省实际 GDP 增长率波动第二次高于全国水平，之后经济增速开始放缓；1998 年房地产市场住房制度改革，在 2000 年开始拉动全国和江西的经济增长速度，从此以后，江西省的经济增长速度基本高于全国的经济增长速度。在 2008 年世界金融危机的冲击下，全国经济增长速度呈现断崖式下滑，但江西经济总体保持稳定。然而自 2010 年开始，江西和全国的实际增长率开始同步下滑。

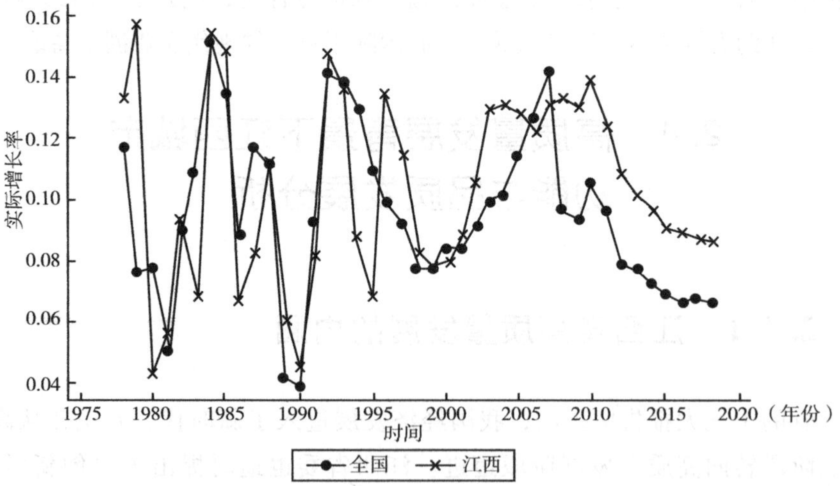

图 2.7　1978～2018 年全国和江西省 GDP 实际增长率

数据来源：中经网。

江西应当保持一定的经济增长速度。经济发展是高质量发展的基石，高质量发展必须建立在经济发展的基础上。因此，江西高质量发展应当将经济增长速度控制在一个合理的区间，GDP 增长速度应该与江西省潜在 GDP 增速大致相当，同时还要保证就业岗位增长率与劳动力增长率相当、价格水平保持稳定，保持经济平稳发展。

（2）结构优化。

产业结构和城乡结构是江西高质量发展和江西城市功能与品质提高的重要抓手。作为中部六省之一，江西省的发展对我国“中部崛起”战略具有巨大意义。江西原本是农业大省，1978～1992 年，江西省以农业为主要产业，农业占江西总产值比重最大；1992 年至今，江西省逐步从以农业为主过渡到以工业为主，农业产值占比越来越低，形成了有色、建材、食品为支柱的工业体系。近几年，受制造业技术落后、传统服务业比重过大以及环境污染的影响，优化升级传统产业、壮大新型产业、培育经济新动能的呼声一浪高过一浪。2018 年 5 月江西省政府发布了《关于深入实施工业强省战略推动工业高质量发展的若干意见》，并在推动有色、建材、食品等传统产业优化升级，壮大航空、装备制造、电子信息等战略性新兴产业，以及培育虚拟现实、物联网、工业设计等新经济新动能方面，出台了一批政策文件，举办了一批重大招商推荐活动，积极促进产业结构优化升级。[①]

2014 年，江西省常住人口城镇化率到达 50.2%，首次超过了农村人口数量，标志着江西城市型社会建立的历史性转变。2018 年江西城镇化率为 56.0%，虽然连年增长，但仍然低于全国 3.6 个百分点。江西高质量发展和城市功能与品质提高，不能只追求工业化或城镇化的数字，而是要形成合理的产业结构和城乡结构，达到产业结构和城乡结构的协调发展（见图 2.8）。

（3）动力转换。

动力转换是城市高质量发展的必然要求，也是江西城市功能与品质提高的必然要求。全要素生产率增长率是指除传统经济增长要素之外（资本、劳动）的因素带来的经济增长率，它往往代表着效率改善、技术进步

① 解读《江西省“2＋6＋N”产业高质量跨越式发展行动计划》，贵溪市人民政府网站。

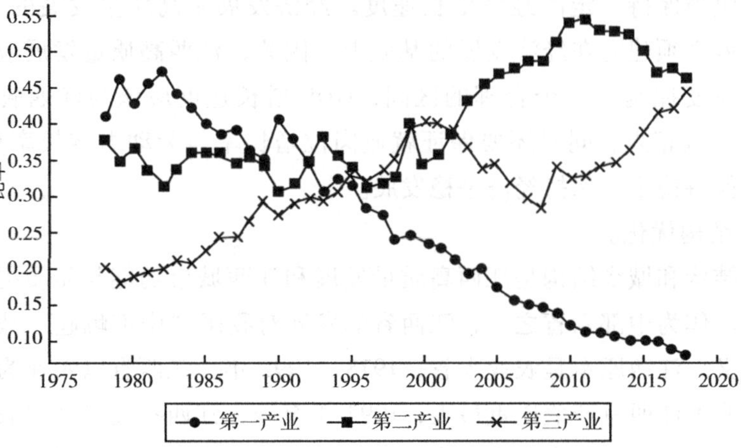

图 2.8　1978～2018 年江西省产业占比变化

数据来源：中经网。

和规模效应的贡献。全要素生产率贡献率的大小取决于经济增长速度和全要素生产率增长速度间的关系。当全要素生产率增长速度不变时，经济增长速度越慢，全要素生产率贡献率越大，而当经济增长速度越慢，则全要素生产率贡献率越小。何锦义（2006）认为，经济增长速度还与基年经济规模有关，经济发展到一定规模之后，很可能无法保持经济规模不变的特性。

本书参考马宇博等（2019）采用的 DEA - Malmquist 方法对 2006～2018 年江西全要素生产率进行测算①②。与中部六省相比，2006～2018 年江西省 TFP 增长率较高，年均增长率为 8.4%，比中部六省高 3.2%，且波动较大；其次，2006～2016 年江西 TFP 对 GDP 增长率的贡献率年均为 58.3%，比中部六省高 21.4%，相较于中部六省其他地区，江西经济增长对要素的依赖性并没有那么强烈。随着土地供需形势变化，生态环境硬约束加强，江西经济必须转化经济发展动能，进一步提高科技进步对经济增长的贡献率（详见表 2.9）。

---

① 本书的产出指标包括 GDP 和一般公共预算收入；投入包括劳动投入（城镇单位就业人员数加上私营企业和个体劳动者），资本投入（全社会固定资产投资完成额），自然资源投入（城市建设用地面积和城市供水总量和），能源消耗投入（各种能源折算成标准煤之后的加总）。

② 数据来源：中经网、《中国城市统计年鉴》《中国城市能源统计年鉴》、国家统计局等。

表 2.9　　2004 ~ 2016 年中部六省和江西 GDP 增长率 TFP 增长率、TFP 贡献率和要素贡献率

年份	中部六省				江西省			
	GDP 增长率	TFP 增长率	TFP 贡献率	要素贡献率	GDP 增长率	TFP 增长率	TFP 贡献率	要素贡献率
2006	0.183	0.07	0.383	0.617	0.17	0.197	1.159	-0.159
2007	0.162	0.078	0.481	0.519	0.19	0.246	1.295	-0.295
2008	0.218	0.086	0.394	0.606	0.2	-0.044	-0.22	1.22
2009	0.209	0.094	0.45	0.55	0.2	0.155	0.775	0.225
2010	0.102	-0.039	-0.382	1.382	0.1	-0.111	-1.11	2.11
2011	0.22	0.107	0.486	0.514	0.23	0.137	0.596	0.404
2012	0.213	0.134	0.629	0.371	0.24	0.126	0.525	0.475
2013	0.113	0.048	0.425	0.575	0.11	0.054	0.491	0.509
2014	0.1	0.014	0.14	0.86	0.11	-0.024	-0.218	1.218
2015	0.084	0.005	0.06	0.94	0.09	-0.001	-0.011	1.011
2016	0.06	-0.017	-0.283	1.283	0.06	-0.106	-1.767	2.767
2017	0.093	0.009	0.097	0.903	0.11	-0.072	-0.655	1.655
2018	0.099	0.108	1.091	-0.091	0.08	0.786	9.825	-8.825
总平均	0.141	0.052	0.369	0.631	0.144	0.084	0.583	0.417

数据来源：中经网。

（4）市场有效。

市场有效是高质量发展的重要法宝，也是江西城市功能与品质提高的重要法宝。自 1992 年社会主义市场经济体制的建立，标志着我国市场化的正式开始，但江西市场化程度处于中等水平。2008 ~ 2016 年，在全国 31 个省（自治区、直辖市）的市场化程度排名中，江西市场化程度排名分别为第 17 名、第 18 名、第 14 名、第 13 名、第 18 名、第 18 名、第 13 名（与湖南省并列）、第 17 名（与黑龙江省并列）、第 17 名，处于全国中间水平。由此可见，江西省市场化还有发展的空间，市场效率还有进一步挖掘的空间。进入高质量发展阶段，江西必须完善相关法律制度，理顺政府、企业、社会、市场之间的关系。要重视经济发展规律，经济调控手段应由以行政手段为主过渡到以法律和经济手段为主，充分发挥市场在经济发展中的主体作用。

（5）绿色持续。

绿色持续是高质量发展的内在要求，也是江西城市功能与品质提高的内在要求。在2012年世界银行的报告中，绿色发展被定义为“经济高质量增长，生产高效清洁且弹性化，最小化污染和环境损害，从而化解环境风险”。2015年10月29日，习近平在党的十八届五中全会第二次全体会议上提出了五大新发展理念，指出绿色发展必须以创新为驱动力，以资源节约、环境友好的方式发展经济，在满足人与自然和谐共生的基础上，满足社会福祉并促进社会公平。

绿色持续发展是江西发展模式转型的基本方向，也是高质量发展的基础。表2.10数据显示，近年来，江西省在环境问题上大下功夫，之前突出的水污染、大气污染、土地污染相关问题均得到了一定程度的缓解。高质量发展是满足人民日益增长美好生活需要的发展，深入持续推进江西高质量发展，必须强调环境质量按照绿色低碳的环境发展理念，从而为人民提供良好的生产生活环境。

表2.10　　　　2017年江西环境质量状况

污染大类	污染明细	具体值
水资源污染	地表水水质优良比例	88.50%
	主要河水水质优良比例	95.20%
大气污染	设区市达标天数比例	83.30%
	可吸入颗粒（PM10）	73微克/立方米
	细颗粒物（PM2.5）	46微克/立方米
土地污染	生态质量为优秀比例	74.50%
	生态质量为良好比例	25.30%
	生态质量为一般比例	0.20%
生态环境	生态环境状况指数	77.38

数据来源：《2017年江西省环境年报》。

（6）民生共享。

民生共享是高质量发展的最终目的，也是江西城市功能与品质提高的最终目的。民生共享的程度主要体现在初次分配和再分配的过程上，具体来说便是可支配收入和公共预算财政收入占地方生产总值的比重上。

一方面，2013～2018年，江西城乡居民的可支配收入总体趋势呈现不断上升趋势，但从全国城乡居民可支配收入水平来看，江西的数据并不乐观。分析可以发现，江西城镇居民可支配收入增速较为缓慢，与全国城乡居民收入绝对差距在不断增大。相比来说，农村城乡居民可支配收入增长较快，与全国城乡居民收入绝对差距不断缩小（见表2.11）。另一方面，2013～2018年，全国和江西的公共预算财政收入与生产总值的比例基本趋于稳定，两者相差不到1%（见图2.9），这代表江西的再分配处在全国平均位置。

表2.11　江西及全国城乡居民可支配收入比较（2013～2018年）

年份	城镇居民可支配收入			农村居民人均可支配收入		
	江西	全国	差距	江西	全国	差距
2013	22119.66	26467	-4347.34	9088.78	9429.56	-340.78
2014	24309.19	28843.85	-4534.66	10116.58	10488.88	-372.3
2015	26500.12	31194.83	-4694.71	11139.08	11421.71	-282.63
2016	28673.28	33616.25	-4942.97	12137.72	12363.41	-225.69
2017	31198.06	36396.19	-5198.13	13241.82	13432.43	-190.61
2018	33819.4	39250.8	-5431.4	14459.9	14617	-157.1

数据来源：中经网。

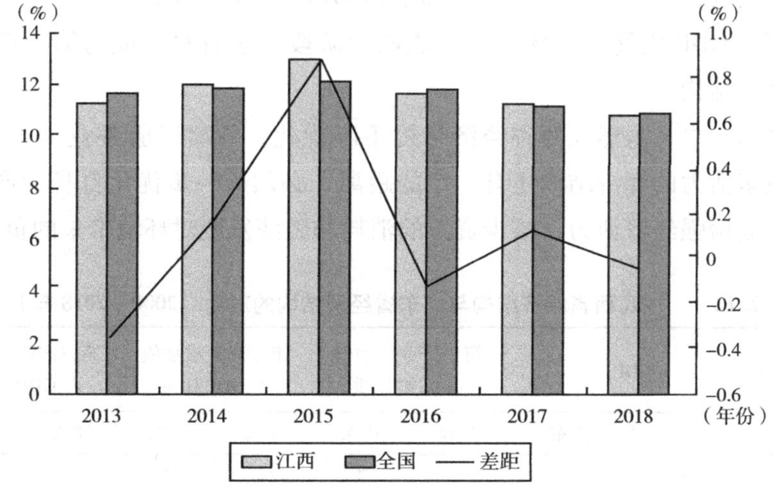

图2.9　全国和江西公共预算财政收入与生产总值的比例（2013～2018年）

我国社会主要矛盾已经发生变化，人民对美好生活的向往要求高质量发展必须让一切改革发展成果由全体人民共享。这要求社会两极分化程度必须得以遏制，各阶层收入和消费水平差距不能过大，初次分配和再分配都必须注重效率和公平，特别是再分配的公平性受到广泛关注。与此同时，在均等化基本公共服务的前提下，高质量的公共服务的供给，将更有利于满足人民群众美好的生活需要。

2.4.2 江西城市功能与品质发展的短板

（1）工业型经济结构突出。

数据分析发现，2000年以来，江西省第二产业占整体比重呈现先上升后下降趋势，而第三产业整体呈现上升趋势，且第二产业占比一直处于领先地位，这表明整体而言江西省经济仍以工业性经济为主导，但重心正朝向第三产业偏移。

2008～2018年，江西省第二产业增加值占GDP比重在51%上下变化，工业增加值占GDP比重介于36.9%～46.24%，第三产业增加值占GDP比重在36%上下浮动，表明现阶段江西省依旧是以工业为主导的经济结构。同一时间段，广东省第二产业增加值占GDP比重在46%左右，第三产业增加值占GDP比重在48%左右，表明现阶段广东省早已成为第三产业主导的经济结构。

总而言之，虽然江西省经济结构不断优化，但离以服务业为主导的、具有更多活力的经济结构还有一定的距离，必须进一步优化自身的产业结构，不断增强经济活力，减少资源的消耗和经济发展对环境带来的负担。

表2.12　江西省经济结构与广东省经济结构的对比（2000～2018年）

年份	GDP		第一产业增加值占GDP比重		第二产业增加值占GDP比重		第三产业增加值占GDP比重	
	江西	广东	江西	广东	江西	广东	江西	广东
单位	亿元	亿元	%	%	%	%	%	%
2000	2003.07	10741.25	24.22	9.31	34.98	45.33	40.8	35.32
2001	2175.68	12039.25	23.3	8.34	36.2	44.37	40.5	35.73

续表

年份	GDP		第一产业增加值占GDP比重		第二产业增加值占GDP比重		第三产业增加值占GDP比重	
	江西	广东	江西	广东	江西	广东	江西	广东
单位	亿元	亿元	%	%	%	%	%	%
2002	2450.48	13502.42	21.87	7.65	38.84	43.96	39.29	35.56
2003	2807.41	15844.64	19.78	6.9	43.36	46.12	36.8	32.98
2004	3456.7	18864.62	20.36	6.6	45.65	47.13	34	31.3
2005	4056.76	22557.37	17.9	6.33	47.3	50.27	34.8	42.55
2006	4820.53	26587.76	16.8	5.93	49.7	50.52	33.5	42.11
2007	5800.25	31777.01	16.5	5.34	51.7	50.16	31.9	42.33
2008	6971.05	36796.71	16.4	5.35	52.7	50.01	30.9	41.64
2009	7655.18	39482.56	14.4	5.09	51.2	49.19	34.4	45.72
2010	9451.26	46013.06	12.8	4.97	54.2	50.02	33	45.01
2011	11702.82	53210.28	11.9	5.01	54.6	49.7	33.5	45.29
2012	12948.88	57067.92	11.74	4.99	53.62	48.54	34.64	46.47
2013	14410.19	62474.79	11.4	4.88	53.5	47.1	35.1	47.52
2014	15714.63	67809.85	10.71	4.67	52.49	46.34	36.8	48.99
2015	16723.78	72812.55	10.6	4.59	50.3	44.79	39.1	50.61
2016	18499	80854.91	10.3	4.57	47.73	43.42	41.97	52.01
2017	20006.31	89705.23	9.17	4.03	48.12	42.37	42.7	53.6
2018	21984.78	97277.77	8.6	3.94	46.6	41.83	44.8	54.23
平均值	9665.2	45022.1	15.2	5.71	48.04	46.9	36.76	43.63

数据来源：中经网。

（2）南昌都市圈带动力不足。

《国家新型城镇化规划（2014～2020年）》指出，“直辖市、省会城市、计划单列市和重要节点城市等中心城市，是我国城镇化发展的重要支撑”。都市圈作为生活圈的基本单元，也是高质量发展所需的重要空间载体。

《江西省政府工作报告2019》中明确提出要“编制大南昌都市圈‘1+5’发展规划，出台支持大南昌都市圈发展的政策措施”。根据《2018年中国都市圈发展报告》数据，2017年南昌市的年平均人口数为304万人，为I

型大城市，其都市圈为培育型都市圈；其次，在全国29个都市圈中，南昌都市圈发展水平排名为20名，说明南昌市经济实力（21名）、人口聚集（17名）、创新能力（20名）、公共服务（29名）和交通设施（16名）均处在全国城市圈中下游水平，有待提高；中心城市贡献度排名为17名，南昌都市圈以南昌为核心，辐射九江、上饶、抚州、宜春等地，其经济辐射力（11名）、人口辐射力（17名）和交通辐射力（19名）还有很大的挖掘潜力；都市圈联系强度得分排名为19名，联系强度较低，主要体现在平均经济联系度（14名）、平均人口联系度（19名）和平均交通联系度（13名）都比较低。南昌都市圈综合发展质量得分在全国排名为19名，处在中下游水平，说明南昌都市圈的发展状态不容乐观，但同时发展潜力巨大。①

南昌市对都市圈GDP总量的贡献力度较低。由图2.10可知，南昌市对整个都市圈GDP总量的贡献率基本处在18%左右；而广州市的贡献率为23%左右，且近17年以来，南昌市GDP贡献提高的相对较为缓慢，仅仅提高了4%左右，而广州市的贡献率提高了5%左右。核心城市对都市圈的作用主要是调节都市圈资源，带动整个都市圈的发展，这要求核心城市应当以第三产业为主，以第三产业带动周边城市和地区第二产业和第一产业的健康发展。

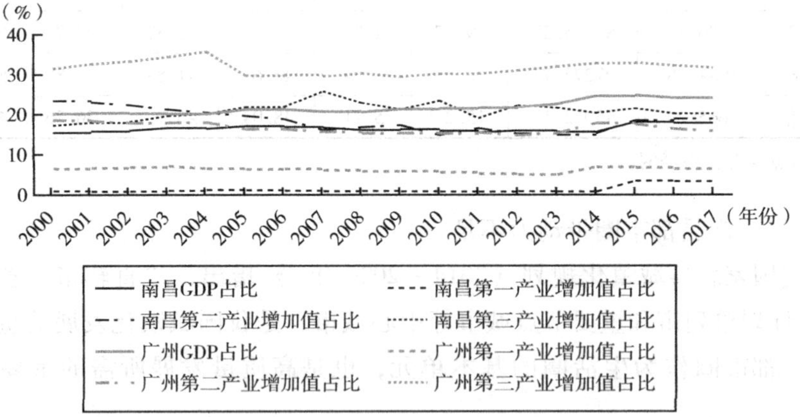

图2.10　南昌都市圈与广东都市圈比较（2000～2017年）

① 清华大学中国新型城镇化研究院.2018年中国都市圈发展报告［R］. 2019-3-1.

通过图2.10可知，广东省对都市圈的贡献更多地集中于第三产业，其第三产业增加值占都市圈第三产业增加值的33%左右，而南昌市仅仅处在23%左右。由此可知，南昌都市圈的带动力不足。

（3）经营环境有待提高。

数据表明，江西的企业经营环境，整体处于全国中下游水平，在2010年、2012年和2016年全国排名依次为第16位、第25位和第14位，排名波动较大，得分①依次为2.97分、2.94分和3.59分。总体而言，经营环境仍需提高。

江西企业在发展中面临较高的经营压力，包括融资、税收、制度、人才压力、市场环境和法制环境。江西企业在经营的过程中面临着较大的融资（排名为13）和税收成本（排名为16），而人才压力（排名为23）和市场环境（排名为20）则显得尤为严重。但近几年政府加大力度优化制度（排名为5），使江西企业的经营环境正逐步好转。

另外，从中国战略文化促进会、中国经济传媒协会、万博新经济研究院和第一财经研究院在“2019中国营商环境研讨会暨城市营商环境指数发布会”上联合发布的《2019中国城市营商环境指数评价报告》中的数据来看，南昌市在全国经济总量前100城市中营商环境运营指数排名为30名。②

（4）公共服务质量有待提高。

从江西省公共服务的现状来看，教育、文化、医疗等基本公共服务已经实现了全覆盖，能够满足人民的基本公共服务需求。但从高质量发展的要求看来，江西省高质量公共服务依旧有较大提高空间。

中经网数据表明，从教育方面来看，2019年江西省每46.22万人共享一所高校，高校数量居中部六省第4位，列全国第23位，教育公共服务有待提高；从文化方面来看，2019年江西省每41.13万人共享一座图书馆，图书馆数量居中部六省第5位，列全国第17位，文化公共服务可以保证。从医疗方面来看，2019年江西省每6.91万人共用一家医疗机构，医疗机构数量居中部六省第1位，列全国第3位，但数据测算表明，江西省每

---

① 3分代表中性评价，高于3分的评分是较为积极的，低于3分的评分代表着较为消极。

② 百城营商环境指数榜出炉，https：//www.toutiao.com/article/6690326027077419531/。

98.89万人共用一家三甲医院，列全国第14位，医疗公共服务质量欠佳，如表2.13所示。

表2.13　　中部六省高质量公共服务基本情况（2019年）

省份	综合服务人数（万人）①			全国质量排名		
	普通高等学校	图书馆	医院	普通高等学校	图书馆	医院
江西省	46.22	41.13	6.91	23	17	3
安徽省	57.49	51	5.55	9	11	7
河南省	71.34	60.03	5.26	3	7	8
湖北省	45.75	51.01	5.94	24	10	6
湖南省	63.29	49.28	4.45	6	12	12
山西省	44.8	36.6	2.67	25	26	31

数据来源：中经网。

（5）人才吸引力不足。

江西省2018届高校毕业生就业质量报告指出②：江西省2018届高校毕业生中生源地为江西的共有210268人，占毕业生总人数的66.12%；且已就业的276449名毕业生里有131980人在省内就业，占就业人数的47.74%。流向逆差为18.38%，这说明总体而言，江西省的人才吸引力不足。

一方面，江西省对高层次人才具有一定的吸引力，主要体现在对博士研究生的流向顺差较大，而硕士研究生的流向逆差较小。表2.14数据显示，博士研究生层次的毕业生中，本省生源占比65.12%，而省内就业占比73.64%，流向顺差为8.52%。硕士研究生层次的毕业生中，本省生源占比为57.75%，省内就业占比为53.43%，流向逆差为4.32%。说明本省对吸纳高层次人才政策方面具有一定成效，社会经济的发展刺激了对博士研究生的需求，对博士毕业生的吸引力较强，但对于普通人才的吸引力不足，对硕士研究生的吸引力有待提高。

① 综合服务人数是指2018年每所机构服务的人数（万人），缺失的数据用2017年代替。
② 江西省2018届高校毕业生就业质量报告。

表 2.14　　江西省 2018 届毕业生就业流向

学历	本省生源占比	省内就业占比	流向差	毕业人数	就业人数
博士	65.12	73.64	8.52	135	129
硕士	57.75	53.43	-4.32	9376	8828
本科	58.03	41.32	-16.71	126952	111711
专科	72.87	52	-20.87	181531	155781

数据来源：2018 届高校毕业生就业质量报告。

另一方面，江西省对劳动力的吸引力不足，主要体现在本科和专科毕业生均存在较大的流向逆差。本科毕业生的就业流向逆差为 16.71%，近 28.8%的江西本科生选择到外地工作，而专业毕业生的流向逆差为 20.87%，近 28.6%的专科毕业生选择到外地工作。除本省外，江西劳动力的主要流向为广东省、浙江省和上海市。

第3章　高质量发展背景下江西城市功能与品质发展评价[①]

本章以江西省11个地级市为样本，利用实证数据，从城市生态质量、服务质量、经济质量、文化质量、生活质量、管理质量六个维度构建城市发展品质评价指标体系，对高质量背景下江西城市功能与品质发展进行了评价与分析，提出江西城市功能与品质提升对策。

3.1　高质量背景下城市功能和品质的内涵

城市是人类文明发展的物质和文化载体，在高质量发展的背景下，现代城市具有生态、服务、发展、文化、生活和行政六大功能，而城市功能实现的程度，决定了城市品质的好坏。

（1）城市生态质量。

城市是人们居住的地方，在人口的不断聚集和城市发展的过程中，必然会对有限的自然资源产生压力，从而产生诸多的负面效应。因此，城市生态质量体现了城市绿色崛起高质量的发展要求，强调人与环境的和谐相处，主要表现为城市在污染废物处理、水源质量、空气质量、声环境以及绿化面积等方面的建设上。

（2）城市服务质量。

城市是提供服务的地方，城市在不断发展的过程中，必须为人们提供更好

---

① 本章3.1、3.2节主要内容以标题《高质量发展背景下城市品质评价研究——以江西为例（作者：余达锦，李锦，林海城）》发表在《生态经济》2020年第11期上；3.3节主要内容以标题《提升江西城市功能与品质需确立五位一体路径和五大思维（作者：余达锦，邓辉）》发表在智库内刊《江财智库专报》2019年第42期上，后被中共江西省委办公厅内参《参阅信息》2019年第95期全文转发，并送省委相关主要领导圈阅。

的服务，从而提高市场效率，城市的发展提供发展的潜力。因此城市的服务质量主要体现了城市市场有效的高质量发展要求，强调城市对人和经济发展的服务，主要表现为在基本生活资源、交通、教育、医疗等方面的供给上。

（3）城市经济质量。

城市是社会发展的地方，城市发展的动力在于经济增长。但原来以工农业为主要动力来源的发展动力和粗放式的发展模式明显已经不适应新时代高质量的发展。因此，城市经济质量主要体现了城市结构优化和动力转化高质量的发展要求，主要表现为第三产业的贡献以及科研贡献。

（4）城市文化质量。

城市是文化发展的地方，城市发展不仅在于物质文化，还有精神文化。与以前单纯强调物质文明不同，高质量的发展注重对精神文化的建设，更加注重精神文化对城市发展的带动作用。因此，城市文化质量主要体现了城市动力转化的高质量发展要求，主要表现为科教文娱的发展和公共服务的建设上。

（5）城市生活质量。

城市是市民生活的地方，城市最原始的功能就是为人们提供一个生活的场所。高质量发展要求始终以人为本，不仅要求人们能生活，还要求人们生活得好。因此，城市生活质量主要体现了城市人民共享的高质量发展要求，主要表现为社会保障的建设上。

（6）城市管理质量。

城市往往还负担着一个地区的管理责任，而我国城市功能和品质的好坏与当地政府的管理息息相关。高质量的发展，更加考验政府的执政管理能力。因此，城市管理质量主要体现在城市功能和品质的提升上，主要表现为以上五个方面的变化程度上。

3.2 城市功能与品质测度的指标体系

3.2.1 城市品质与功能评价指标的选取

基于前面对城市功能的描述，本书根据数据可得性、现有文献和专家建议共构建了包括6个一级指标和45个二级指标在内的城市功能与品质评价体系，如表3.1所示。

表3.1　　　　城市品质与功能评价指标体系

城市生态质量	建成区绿化覆盖率	A1	城市文化质量	教育科技支出比	D1
	城市污水处理厂集中处理率	A2		文化艺术业固定资产投资	D2
	城市工业废水处理率	A3		科教文娱就业比	D3
	重点流域考核断面地区水质达标率	A4		公园个数	D4
	集中式饮用水水源地水质达标率	A5		城市公园面积	D5
	城市工业固体废物处置利用率	A6		图书馆个数	D6
	城市危险废物处置利用率	A7		博物馆个数	D7
	空气质量优良天数比例	A8		文体娱乐固定资产投资	D8
	城市功能区白天噪声点次达标率	A9	城市生活质量	城市用水普及率	E1
	城市功能区夜晚噪声点次达标率	A10		市辖区人均居住用地面积	E2
城市服务质量	城市用水普及率	B1		每万人医师数量	E3
	市辖区人均居住用地面积	B2		城市燃气普及率	E4
	每万人医师数量	B3		电视节目综合人口覆盖率_市辖区	E5
	城市燃气普及率	B4		每万人汽电车运营量	E6
	电视节目综合人口覆盖率_市辖区	B5		市辖区普通高等学校师生比	E7
	每万人汽电车运营量	B6		公共图书拥有量	E8
	市辖区普通高等学校师生比	B7		教育公共预算支出比	E9
	公共图书拥有量	B8	城市管理质量	城市建成区绿化覆盖面积年均增长率	F1
	教育公共预算支出比	B9		城市绿地面积年均增长率	F2
城市经济质量	收入GDP比	C1		城市排水管道长度年均增长率	F3
	第三产业增加占GDP的比重	C2		城市维护建设资金支出年均增长率	F4
	科技公共预算支出比	C3		城镇单位在岗职工平均工资年均增长率	F5
	城区第三产业就业人员占全部城镇单位就业人员比重	C4		城区公共图书馆总藏量年均增长率	F6
	科技就业人数占比	C5		城区人均GDP年均增长率	F7
	信息技术就业人数占比	C6		城区社会消费品零售总额年均增长率	F8
	常住人口（万人）	C7		城区一般公共预算支出年均增长率	F9
	人均GDP	C8		城区医院和卫生院数年均增长率	F10

3.2.2　城市品质与功能评价指标评价标准的构建

本书将城市功能和品质分为 6 类，分别为：超高品质（Ⅰ类）、高品质（Ⅱ类）、较高品质（Ⅲ类）、中等品质（Ⅳ类）、次中等品质（Ⅴ类）和低品质（Ⅵ类）。具体评分标准如表 3.2 所示。

表 3.2　城市功能与品质评分表

名称	范围
超高品质（Ⅰ类）	[100，+∞)
高品质（Ⅱ类）	[80，100)
较高品质（Ⅲ类）	[60，80)
中等品质（Ⅳ类）	[40，60)
次中等品质（Ⅴ类）	[20，40)
低品质（Ⅵ类）	[0，20)

3.2.3　城市品质与功能评价指标数据特点和处理

（1）数据特点。

指标分为比率数据、比例数据、绝对值数据和增长率数据。比率数据是指数据分母与分子的关系为包含和被包含关系，单位为百分号；比例数据是指数据分子和分母之间并没有包含和被包含关系，具有比例单位；绝对值数据即为原始数据，不存在什么特殊的处理，具有单位；增长率数据用于衡量指标的增长率，单位为百分号。

（2）数据处理。

对于六大维度的数据，本书根据是否为比率数据采取不同的处置方式。对于比率数据的指标，全部乘上 100，转化为满分为 100 的百分制数据；其他类型数据则以其最大值为满分，转化为百分制数据。此时，江西省 11 个地级市的评价范围在江西省之内。

为了将城市综合质量的评价范围扩大到全国，对于城市综合质量的数据，这里根据《2018年中国都市圈发展报告》关于都市圈的评分，将前三大都市圈的平均发展水平作为满分，将11个地级市数据百分制化。

3.3 江西城市功能与品质测度评价模型

本部分从6个维度判断江西省地级市的发展质量，判断江西省地级市的生态、服务、经济、文化、生活和管理是否与其发展配套。为了淡化极端值的影响，在判断6个维度的发展质量时，这里通过将最大值设为满分值进行判断，这使11个地级市的评价必然局限于江西省内。因此，在综合判断时，引入了《2018年中国都市圈发展报告》的评分结果进行加权，将江西省11个地级市的评价标准扩大到全国。另外，此处的评价更多了解11个地级市在经济发展的同时是否注重城市功能和品质的提升，从而了解江西11个地级市的品质特点。

3.3.1 江西城市功能与品质测度评价研究方法

评价研究方法以层次分析法和主成分分析法为主。先利用主成分分析法分别计算6个维度下旋转后的因子得分，并以方差贡献度为权重，计算每个地级市的得分值，从而判断11个地级市下6个维度的发展质量。最后以6个维度的得分值作为新变量，为了防止6个维度出现的极端值，本书将原来超过100的评分改为100（维度内的评价不变），再次利用主成分分析法计算总旋转后的因子得分，以方差贡献度为权重，计算11个地级市的综合得分，从而判断11个地级市的综合发展质量。

3.3.2 研究结果

相关研究结果见表3.3。为了更好对比分析，这里给出了江西城市功能品质评价雷达图，如图3.1所示。这里要说明的是，六大维度的评价是以江西省内部为标准，因此每个维度质量的评价都会比综合质量高。

表3.3　　江西城市功能与品质得分值评价表

城市质量	南昌	景德镇	萍乡	九江	新余	鹰潭	赣州	吉安	宜春	抚州	上饶
生态质量	94.22	94.65	57.53	76.43	71.93	92.65	83.89	91.02	97.59	100	52.7
	Ⅱ类	Ⅱ类	Ⅳ类	Ⅲ类	Ⅲ类	Ⅱ类	Ⅱ类	Ⅱ类	Ⅱ类	Ⅰ类	Ⅳ类
服务质量	90.75	75.11	62.06	70.38	73.01	56.78	68.38	76.01	32.3	39.44	69.05
	Ⅱ类	Ⅲ类	Ⅲ类	Ⅲ类	Ⅲ类	Ⅳ类	Ⅲ类	Ⅲ类	Ⅴ类	Ⅴ类	Ⅲ类
经济质量	51.11	33.22	36.32	47.98	26.41	25.53	85.01	62.9	84.65	59.57	69.45
	Ⅳ类	Ⅴ类	Ⅴ类	Ⅳ类	Ⅴ类	Ⅴ类	Ⅱ类	Ⅲ类	Ⅱ类	Ⅳ类	Ⅲ类
文化质量	100	59.45	70.86	52.34	52.42	51.31	92.34	26.17	43.06	79.3	64.99
	Ⅰ类	Ⅳ类	Ⅲ类	Ⅳ类	Ⅳ类	Ⅳ类	Ⅱ类	Ⅴ类	Ⅳ类	Ⅲ类	Ⅲ类
生活质量	100	58.61	54.73	53.74	40.45	63.49	50.69	58.97	38.17	40.39	43.41
	Ⅰ类	Ⅳ类	Ⅳ类	Ⅳ类	Ⅳ类	Ⅲ类	Ⅳ类	Ⅳ类	Ⅴ类	Ⅳ类	Ⅳ类
管理质量	49.9	13.51	18.52	29.98	21.37	72.24	100	66.93	52.56	35.71	100
	Ⅳ类	Ⅵ类	Ⅵ类	Ⅴ类	Ⅴ类	Ⅲ类	Ⅰ类	Ⅲ类	Ⅳ类	Ⅴ类	Ⅰ类
综合质量	41.04	22.34	24.22	24.81	21.43	31.96	45.94	30.1	24.68	26.09	41.44
	Ⅳ类	Ⅴ类	Ⅴ类	Ⅴ类	Ⅴ类	Ⅴ类	Ⅳ类	Ⅴ类	Ⅴ类	Ⅴ类	Ⅳ类

（1）城市生态质量。

江西省地级市总体生态质量好，整体评价为高品质生态市，大部分的城市均为高品质生态城市，大部分城市生态质量超过高品质生态城市。南昌市为高品质生态城市，省内排名第四位；最好的城市为抚州，为超高品质生态城市；最差的为上饶，为中等品质生态城市。数据显示，萍乡市和上饶市在城市危险废物处理方面的工作做得不尽如人意，代表着在回收处理和利用方面的工作仍有待加强，这也是导致这两个城市最终被评为中等品质生态城市的主要原因。

（2）城市服务质量。

江西省地级市总体服务质量较好，整体评价为较高品质服务城市，大部分的城市均为较高品质服务城市，一半以上城市服务质量超过较高品质服务城市。最好的城市为南昌，为高品质服务城市；最差的为宜春，为次中等品质服务城市。数据显示，抚州市和宜春市的图书馆藏书方面的工作做得不尽如人意，意味着公共文化服务方面的工作仍有待加强，这也是导致两个城市最终被评为次中等品质服务城市的主要原因。

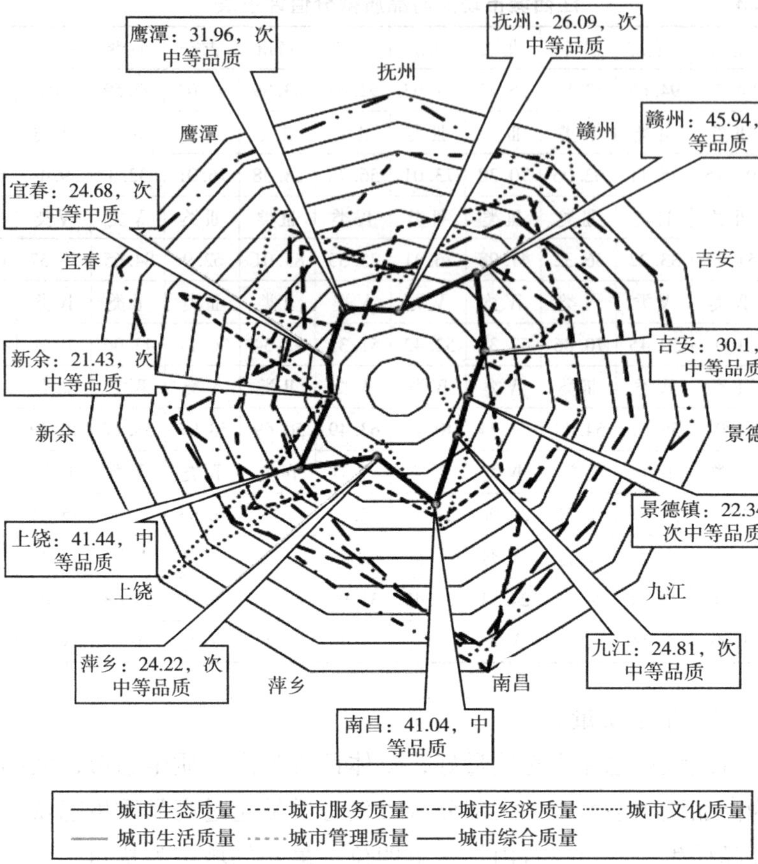

图 3.1　江西城市功能品质评价雷达图

注：标注出来的是城市功能和评价的综合得分与评价。

（3）城市经济质量。

江西省地级市总体经济质量一般，整体评价为中等品质经济城市，大部分城市为次中等品质经济城市，一半以上的城市仅仅超过中等品质经济城市。南昌市排名第 6 位，为中等品质经济城市；最好的城市是赣州，为高品质经济城市；最差的是鹰潭，为次中等品质城市。数据显示，常住人口的数量对城市经济质量的发展尤为重要，这代表着景德镇市、萍乡市、新余市和鹰潭市为发展高质量的经济的最短板在于人口不足。

南昌市的再分配方面做得不是很好。数据显示，南昌市 2018 年 GDP 为 5274.67 亿元，对江西省经济的贡献度最大，为 24%。但收入的增长并没有跟上南昌GDP的增长速度，南昌市的收入GDP在11个地级市中排名倒数第三，意味着南昌市的消费拉动力较弱。

（4）城市文化质量。

江西省地级市总体文化质量一般，整体评价为中等品质文化城市，大部分城市为中等品质文化城市。最好的城市是南昌市，为超高品质文化城市，最差的为吉安，为次中等品质文化城市。数据显示，吉安市在教育科技投入、文化艺术业固定资产投资以及公园数量城市文化质量方面的工作做得不够，这意味在城市文化的投入以及对文化传播场所的建设方面做得不够。

（5）城市生活质量。

江西省地级市总体生活质量较一般，整体评价为中等品质生活城市，大部分城市为中等品质生活城市。最好的城市是南昌市，为超高品质生活城市；最差的为宜春市，为次中等品质生活城市。数据显示，宜春市的社会消费品零售总额、出租车运营数量以及城市生活用水供水量过低，导致宜春市城市生活质量不高，这意味着宜春市应当着力改善城市市场环境、增加居民出行方式以及加大用水保障力度。

（6）城市管理质量。

江西省地级市总体管理质量一般，整体评价为中等品质管理市，大部分城市为次中等品质管理城市。南昌市排名第6位，为中等品质管理城市；最好的城市是赣州市，为超高品质管理城市；最差城市是为景德镇市，为低品质管理城市。数据显示，赣州市非常重视城市绿化、排水以及医院方面的建设，而这正是景德镇市和萍乡市工作不足的地方，南昌市在这些方面也有所建设，但是建设力度并没有赣州和上饶这般重视，使南昌市评价并不名列前排。

3.3.3 江西城市功能品质评价研究结论

（1）整体城市综合质量较低。

与全国城市相比，江西省地级市总体质量较低，江西省整体为次中等品质省，大部分城市为次中等品质城市。南昌市排名第3，为中等品质城市；最好的城市为赣州，为中等品质城市；最差的为新余市，为次中等品质城市。数据显示，新余市在城市管理方面做得不够，使新余市的整体评价较低。

（2）“城市病”严重。

城市的发展过度追求经济发展，使经济发达的城市在城市功能和品质方面反而有所落后。在除去 GDP 的因素之后可以发现，经济最发达的南昌市反而在城市综合质量上并非最佳地级市，体现在了城市发展的其他配套方面，主要体现在经济结构和管理质量方面。

（3）整体经济质量不高。

江西省地级市经济在收入分配方面、经济结构和经济动力方面存在一定的问题。一方面体现在经济发达的城市在收入分配方面不够科学，使居民消费和居民投资难以带动经济的发展，经济发展内动力不足；另一方面体现在江西省地级市在科研方面的投入不够上，使城市经济发展蓄势不足，因而需要进一步提高居民收入以及加大科研投入力度。

（4）城市文化发掘力度不高。

江西省文化底蕴深厚，但对文化资源的开发力度不足。江西拥有丰富的传统文化、红色文化和绿色文化，但是江西在文化发展上一直让人难以满意，不论是文化产业还是文化事业，都处在一种比较落后的阶段，因此，江西省城市功能与品质的提高，必须加大对文化资源的开发力度。

3.4 江西省城市功能与品质提升对策研究

3.4.1 江西城市功能与品质提升的战略重点

提升江西城市功能与品质，推动江西省高质量发展，必须以牢牢抓住江西省高质量发展的内涵，针对高质量发展的短板，对症下药。整合都市圈资源，依靠核心城市的带动作用，依靠科技创新实现动力转换，调整产业结构，带动经济转型，建立健全都市圈发展体系，改善经营环境，提高公共服务质量，增加人才吸引力，从而全面实现经济的稳健发展；加快产业转型，构建高端特色的现代化产业体系；更好地发挥市场对资源配置的基础性作用；建设美丽江西，构建城乡共美的生态环境；完善分配制度，完善公共服务，完善社会兜底制度，构建高质量民生保障体系，从而增加人民群众的获得感、幸福感和安全感。

（1）促进经济高质量发展和转型。

与传统经济发展不同，高质量经济发展依靠的不仅仅是劳动力和资本，还集中于科技、制度、产业结构、内部需求等高级要素上。通过科技发展特色产业，通过制度提高发展效率，通过调整产业结构完善供给体系，通过内部需求加强经济自我发展动力，从而开创新的增长红利，培育新的发展动能。为实现经济发展增速合理和结构优化，江西省必须根据自身条件，依靠科技创新，构建自身特色产业，培育和发展自身经济发展新动能。依靠制度创新，充分发挥市场在调配资源的基础性作用，增强政府的服务功能和工作效率，鼓励小微企业充分释放中国高质量发展的创新力，利用大型国有企业攻克重大科研难题。

此外，江西高质量发展的转型，必须从供给侧和需求侧两个方面出发。在供给侧层面，必须将经济发展的主要驱动力由依靠劳动、资本、资源等要素为转化为以技术进步等创新驱动；在需求侧层面，必须将需求主要拉动力由原来以投资、财政支出和出口为主变为以消费为主，投资、财政支出和出口为辅的新方式。

（2）促进都市圈高质量发展。

都市圈的作用在于政府与市场在资源配置和游戏规则制定中实现合作共赢，是深化改革创新发展的空间载体，有利于破除各类资源要素自由流动与高效配置的体制机制障碍。

在经济、人口、资源环境承载力相协调的基础上，促进资源要素配置和生产空间布局的优化，强调生态资源的空间管控，强化生产空间的集约高效，保障生活空间的依据程度，推进城乡一体化发展和产城人协调发展。

一是要坚持“一核两圈”的发展规划，“一核”是指南昌都市区，大力推进南昌都市区的建设，适当调整南昌行政规划，减少资源整合的制度和行政阻碍；推动赣江新区建设，形成南昌都市区新的增长极，从而带动周边地区的发展。“两圈”是指“一小时等时圈”和“两小时等时圈”。“一小时等时圈”即南昌都市圈，充分整合南昌都市区和周边城市的资源，加强南昌都市区和周边城镇群的专业化分工协作，充分发挥核心城市的领头带动作用，为周边城镇的发展提供人才、资金、政策、技术等方面的支持，发挥周边城市群在农业、工业和制造业方面的优势，从而对南昌都市区的产业支撑作用，进一步协调发展现代化南昌都市圈，形成区位优势，为江西北部城市群提供重要支撑。“两小时等时圈”即江西北部城市群，在“一小时等时圈”的基础上，利用高铁、火车、公路等交通网辐射到九江、宜春、新余、鹰潭、抚州等地区带动这些地区的进一步发展。

二是要加快赣江新区的建设，着力发展电子信息、新能源汽车城、中医药科创城等产业园，建立光电信息、智能装备制造、新能源新材料、生物医药、有机硅、现代轻纺六大主导产业，为南昌高质量发展提供产业支持和空间保证。

三是要发挥乡村地区经济潜力，统筹推进乡村振兴和脱贫攻坚，核心都市应当加大对“两圈”内乡村的资金技术扶持力度，夯实乡村振兴根基，促进乡村地区农业发展和农民生活水平提高，从而为都市圈提供丰富的农产品并提高乡村地区的消费能力，从而形成结构合理、区域协调、城乡一体化的发展方式。

四是不断完善交通网络，提高居民出行便利程度，利用公路、地铁扩大“两圈”，利用火车、高铁、飞机提高与其他都市圈的交流程度，最终形成“一核两圈，以点带面”的发展格局。

（3）构建高质量现代产业体系。

构建质量现代产业体系是现代化经济体系的基石，也是江西城市功能与品质提高的内在要求。高质量发展对发展方式和产业结构提出了更高的要求，江西需要加快建设高质量现代产业体系，从而实现更有效率、更加公平、更高质量、更可持续的发展。江西要发展多元化支柱产业，必须处理好传统产业和新兴产业的关系，在培育新兴产业的同时，也要注意利用新兴产业促进老产业的升级。

一是要充分发挥赣江新区作为南昌都市圈高质量发展引擎的作用。赣江新区作为国家重大改革发展的功能性平台，应当进一步创新体制机制，充分利用政策机遇，大胆创新、率先发展，带动江西省高质量跨越式发展，成为全省高质量跨越式发展的战略制高点。

二是大力发展现代服务业。加快发展现代服务业是构建我国现代化经济体系、推动经济高质量发展的内在要求，更是提高区域竞争力的重要举措。江西要充分发挥核心城市资源调配作用，建立省级服务业集聚区，打造现代服务业大数据平台，建设现代服务业创新创业基地。要破除部门行政垄断，提升服务业的网络化和协同性，培育服务业新业态，特别要大力发展数字经济服务业，以实体经济发展推动服务业升级。

三是大力发展新兴产业。重点推进虚拟现实、航空制造、LED照明、中医药、新材料、新能源等产业，形成一批千亿元级产业和产业集群。

四是大力改进传统产业。传统产业的改进应当立足于传统产业的现状和特色优势，以钢铁、有色、石化、建材、食品、纺织、家具和船舶为重点，推进传统产业朝高端、集聚、智能、绿色、安全、环保、多元、品牌等方向发展，着力实施技术创新、技术改造、绿色制造、数字化、质量品牌、产能理智、优质企业培育、产业集群优化八大提升行动。

五是大力推进农业优化升级。推进农业农村现代化，调整农产品产业结构，为都市圈提供更绿色、更优质的农产品。

（4）建设高质量的美丽江西。

党的十九大报告指出："绿水青山就是金山银山。"城市功能与品质提高强调生态文明建设，着力释放绿色发展红利。这要求江西省深入推进国家生态文明试验区建设，建立健全生态文明体系，既要绿水青山，也要金山银山，以更高标准建设美丽江西。

一是要打好污染防治攻坚战。打好八大标志性战役①，开展30项专项行动，设立生态环保检测指标，确保全省PM2.5浓度在41微克每立方米以下，减少万元GDP二氧化碳排放量，不断提高国考断面水质优良比例，扩大植树造林面积，建立健全检测系统网络。减少农业农药化肥使用，严格控制工业"三废"排放，开展节水行动，落实垃圾分类制度，大力宣传和落实公共机构节能，使得绿色低碳可持续的生产生活方式深入人心。

二是要扩展生态价值的实现途径。改良生产工艺，鼓励建立废旧资源回收和利用平台，促进工业生产变废为宝和污染物无害化处理，关停低产能重污染企业，鼓励第三方治理，减少生产对环境的压力。发展生态旅

① 八大标志性战役为长江经济带"共抓大保护"、鄱阳湖生态环境专项整治、蓝天保卫、碧水保卫、净土保卫、自然生态保护、工业污染防治、农业农村污染防治。

游、养老养生产业，开发生态产品，促进生态资源与经济资源的直接转换。健全跨区域治理联动机制和生态补偿机制，推进长江流域和东江流域生态保护补偿协议和生态保护补贴，统筹兼顾多方利益。建立环境能源交易中心，推进排污排碳权、用能用水权等交易，建立污水垃圾处理与成效挂钩的付费机制，完善生态环境损害赔偿和追责制度。

三是要加强生态文明制度建设。加快推出和完善相关标准和条例，探索生态系统保护和修复模式，建立生态环境治理和监管模式改革试点，将自然生态环境保护与当地官员政绩挂钩，推行领导干部生态资源资产离任审计制度，完善生态保护的相关法律并加强生态执法力度。

（5）构建高质量民生保障体系。

高质量民生保障体系的建立，将有助于提高江西城市功能与品质，体现以人为本的发展理念。其建设应当围绕“公平，全面，有保障”原则，切实增进人民群众的获得感和幸福感。

一是改善居民收入分配和收入结构，确保居民收入相对公平。推行更加积极的就业政策，完善初次分配和再分配制度，增加劳动所得在分配中所占比重，增加居民收入来源，完善投资市场和金融市场的监管，降低投资者进入门槛，推进国债地方债向个人发行，使收入分配格局愈发向个人倾斜，使居民更好共享发展成果。

二是强调政府和市场在社会公共服务的作用。发挥政府在提供均等化基本社会公共服务的作用的同时鼓励民间和第三方提供高质量有偿社会服务，完善社会公共服务体系。加大政府在教育、文化和医疗方面的基础性作用，推进十二年义务教育计划，改善办学条件，支持双一流大学建设，保证政府在教育的基础性作用和领导性地位，同时支持民办教育的发展，鼓励民办教育补充和完善国家教育体系，满足群众多样化将于需求，并强调对民办教育的审核和监督。推进健康江西建设，完善卫生医疗服务网，加大基础性卫生机构建设，减少大医院压力，同时鼓励和监督私人诊所的发展，补充完善国家医疗体系。建立文化和旅游强省，大力开发省内生态资源和红色文化资源，促进文化中心和图书馆建设，开发省内文化底蕴，促进旅游业发展。

三是强化社会保障。确保贫困户脱贫有保障，坚决打赢精准脱贫攻坚战，着力提高脱贫质量，瞄准深度贫困，阻隔代际贫困，增强贫困群众自我发展能力，健全稳定脱贫长效机制，确保脱贫群众不再返贫。确保人民群众教育、医疗和基本生活有保障，完善社会保障机制，提高城乡居民基本养老、基本医保和低保补助，提高特困户和“五保户”的供养水平，大力发展社会救助、社会福利、公益慈善等事业。

3.4.2 江西城市功能与品质提升的四大重点

（1）构建高质量综合指标评价体系。

高质量综合指标评价体系为江西城市功能与品质提升提供了指导方向，江西省高质量发展综合指标评价体系应当包括以下几个方面：一是必须明确江西高质量发展的指标体系，指标体系的建立应当充分考虑江西省高质量发展的内涵，涵盖六个方面的分领域指标。二是建立具有江西特色的高质量发展标准体系，在参考全国高质量发展标准制定的同时，也应当听取企业等其他社会参与方的建议，制定既符合国家高质量发展标准，又具有江西特色特点的高质量发展标准体系。三是完善江西高质量发展的统计体系，对照江西高质量发展的指标体系和标准体系，进一步完善统计分类、三方调查、执法监督和调后复查，提高统计数据质量，真实客观全面地反映江西高质量发展情况。四是推动江西高质量发展绩效评价。严格按照江西高质量发展指标体系和标准体系的要求，根据真实客观全面的统计数据，建立覆盖各级各类单位的绩效评价制度，探索实行定量和定性评价相结合、重点和全面评价相结合的绩效评价方式，既重视有没有，也重视有多好，既保证评价绩效评价体系的全面性，也要突出工作重点。五是完善适度容错的政绩考核机制，明确考核的重点和内容，建立健全正向激励机制。

（2）营造高质量的营商环境。

高质量的营商环境是江西城市功能与品质提高的发展基础。第一，加大“放管服”改革力度，提高政府工作效率。提高投资项目审批速度，提高申请类政府服务速度，提高“一窗式”受理率，推进企业登记全程电子化，积极跟进国家“互联网+监管”系统建设。第二，加快“信用江西”建设，大力推进全省个人公共信息数据库的完善，推进政务失信专项治理，发展第三方信用服务，实行联合守信激励和失信惩戒制度。第三，注重本省硬环境质量提升。保护江西省生态环境，严控省内空气质量；大力发展基础设施建设，完善城市交通网；鼓励新能源汽车的普及，增强生活垃圾处理和城市污水处理能力；增加城市绿化面积和民生基础设施的建设。第四，更加注重本省软环境质量的提升。优化技术创新环境，提高政府研发投入力度，鼓励企业自主创新，增加技术成果储备；优化金融投资环境，降低企业融资难度和外资准入门槛；优化人才环境，大力引进高端人才，加大政府文教投入，大力培养本地人才；优化文化环境，增加民企企业家活动，加大文化场馆建设；优化生活环境，扩大消费市场和服务市场规模等。

（3）完善高质量新型产业制度和政策。

高质量新兴产业制度是江西城市功能与品质提高的制度保证。一是鼓励生产制度推动高质量发展，鼓励企业加强核心技术的研究。二是调配分配制度推动高质量发展，削弱房地产的金融和投资属性，减少两极分化，扩大居民收入来源，引导资金流向中高端制造业等实体经济。三是利用治安制度保护高质量发展，建设法治制度，维护社会治安，建立防腐制度，防止官员腐败。四是完善社会保障制度，确保居民最低生活保障。五是建立生态保护制度，推进排污排碳权和用能用水权的交易。六是制订财政支持政策和金融扶持政策，增加对国家级、省级科研课题拨款，加大对科技创新、公共服务和基础设施的财政投入力度和金融扶持力度。

（4）培养和引进高质量人才。

人才对江西高质量发展必不可少，对于江西城市功能与品质提高也必不可少，科技创新、都市圈建立、现代产业体系的打造、美丽江西的落实、民生保障体系的建立，都离不开人才的支持。人才是江西高质量发展的基石，也是江西高质量发展的保障。

一是落实省外高层次人才引进，提高省内对高层次人才的吸引力。落实重大科研项目，提高科研经费，提供高质量就业机会；通过帮助子女就近上学、提供住房补贴等手段鼓励高层次人才落户江西。二是完善本省高质量人才的培育，促进产学研协调发展。扩大高校和企业的合作，增加人才培育力度，鼓励企业科研项目进入高校，提高硕博研究生实干能力，培养江西省发展需要的高层次人才。三是降低落户门槛，吸引外地学生到本省就业，鼓励大学生创业中小企业创新，扩大校园招聘和社会招聘的宣传力度，促进本地经济发展，减少人才外流。四是在全省范围内培育高质量技术型人才，使新增劳动力能接受高中及以上教育、更多劳动力能接受高等教育和职业技能，进一步提高人力资本质量。

3.4.3 江西城市功能与品质提升对策研究

江西城市功能与品质发展具有“后发优势”。本部分拟基于高质量发展背景和江西国家生态文明试验区、制造业高质量发展国家示范区等的建设，从能源和产业结构调整、绿色消费、城市规划等方面，分析江西城市功能与品质发展对策，重点包括：城市功能与品质提升模式分析和提升路径分析。

3.4.3.1 江西城市功能与品质提升模式分析

江西省城市功能与品质的提升需要探索具有区域特色的发展模式，基本发展方向为能源结构现代化、产业高新低碳化、消费绿色生态化。

第一，能源结构现代化。江西省应统筹规划、因地制宜地适当发展新能源，多层次利用各种太阳能、风能、核能等，降低重化工业产值能耗，提高能源利用效率。相对于我国部分省份和城市，江西省能源消耗总量和强度仍有很大下降空间。2018 年底国家发展改革委员会公布了 2017 年度各省能源消耗总量和强度“双控”考核结果。其中，北京、天津、吉林、江苏和安徽等 12 省（市）考核结果为超额完成等级；江西、河北、山西和内蒙古等 16 省（市）考核结果为完成等级；辽宁、宁夏和新疆 3 省（区）考核结果为未完成等级[①]。2017 年，江西省单位地区生产总值能耗仅降低 2.5%，比北京市低 1 个百分点；能耗增量控制在 443 万吨标准煤，而北京市仅为 238 万吨标准煤。在中部省份中，安徽、湖北和河南 3 省均超额完成“双控”目标，单位地区生产总值能耗降低目标分别为 3.5%、3.5%和 3%；与相同考核等级的山西（3.2%）和湖南（3%）相比，江西省在单位地区生产总值能耗降低目标上也有一定的差距。

从另一角度来看，这次考核结果充分表明江西省在降低能源消耗、提

① 中华人民共和国国家发展和改革委员会公告 2018 年第 14 号。

高能源效率和控制能耗增量方面具有巨大的潜力。根据江西省2018年国民经济和社会发展统计公报显示，2018年全省能源消费总量9310.3万吨标准煤，比上年增长3.5%；万元GDP能耗为0.431吨标准煤，比上年下降4.8%，超额完成年度节能“双控”目标任务①。而北京市2018年万元地区生产总值能耗为0.254吨标准煤/万元，比上年下降3.8%。相比之下，江西省能源消耗下降幅度高出1个百分点，显示出了江西省在提高能源效率和控制能耗增量方面的潜力。

要降低能源消耗，就必须提高能源效率。具体来说，进一步加大淘汰落后技术和产能的力度，如效应低下的炼铁、炼钢等，鼓励企业自主研发科技创新推进节能减排；落实省内有关能源部门的职责，贯彻实施各项法律法规，完善江西碳排放权交易市场机制，提高企业间碳排放权交易的积极性；充分发挥区域优势抢抓机遇，积极与粤港澳大湾区的前沿地带对接，提高生态型工业园、高新技术产园的生命力；推动高碳、高污染和高能耗型产业向节约环保型产业转变，大力发展资源回收利用产业，减少工业资源浪费和能源消耗；加大交通、电力等多领域的低能耗高新技术应用力度；提倡清洁生产，发展和壮大节能环保产业，争当开放型经济的先锋，等等。从能源结构优化、产业结构调整等多方面促进江西产业转型升级，实现能源结构现代化。

第二，产业高新低碳化。2018年江西省工业节能成效较为明显，但高耗能行业能耗总量的增长速度出现回升现象，这说明在高能耗产业向高新技术转移的现阶段，节能降耗的重点应放在高耗能行业。江西省应积极引入国外先进技术推进重型化产业低碳化转型，从而优化产业结构，走可持续发展的道路，提高国民经济运行的整体效率。以高耗能行业为例，2018年江西省石油加工、黑色及有色金属冶炼加工业、化学原料及非金属矿物制品业和电力热力的生产和供应业共六大高耗能行业共消耗4705.35万吨标准煤，增长4.1%，其中，石油及煤炭加工业能耗增长7.8%，电力及热力工业能耗增长10.0%。六大高耗能行业总能耗占规模以上工业能耗比重87.3%。相比高耗能产业，2018年江西省新产业发展势头良好。战略性新兴产业增加值和高新技术产业增加值分别增长11.6%和12.0%，增速比规

① 江西省2018年国民经济和社会发展统计公报。

模以上工业各快2.7个和3.1个百分点；战略性新兴产业增加值占规模以上工业的17.1%，而高新技术产业增加值占比高达33.8%[①]。

实现产业高新低碳化，首先要积极发展战略性新兴与高新技术产业等新型低碳产业，提高清洁与可再生能源的应用比例，逐步建立起“能源—技术—产业”三合一的低碳体系，在新一轮产业竞争中获取主动权。具体来说，应以高加工集成类为主导，重点发展智能手机、集成电路、光缆等工业新产品，提高轻型产业的产品技术档次、功能种类等；加大政府支持力度和科研资金投入，降低重化工业产值的能耗强度，提高可再生能源的商业化应用比例，并重点发展低碳产业、文化产业、密集型服务业和大数据产业等新产业；利用“互联网+”技术、把握“5G试点”的机遇，以创新为核心培育文化创意产业等新兴业态。下一阶段，要重点以“能源—技术—产业”三合一的低碳体系为支撑，以深化供给侧结构性改革为主线，大力培育和发展新产品、新产业和新业态，推动省域经济高质量发展，实现江西省产业高新低碳化。

第三，消费绿色生态化。2016年，国家发改委联合多部门共同下发《关于促进绿色消费的指导意见》，详细规划了到2020年绿色消费的行动目标、路线图、时间表和任务书。其核心内容有：“到2020年，绿色消费理念成为社会共识，长效机制基本建立，奢侈浪费行为得到有效遏制，绿色产品市场占有率大幅提高，勤俭节约、绿色低碳、文明健康的生活方式和消费模式基本形成；确保到2035年，生态环境质量实现根本好转，到21世纪中叶，建成美丽中国。”江西省作为全国首批国家生态文明建设试验区之一，应积极发挥自身绿色优势，将促进绿色消费作为重要发展战略，呼吁保护环境和节约资源的消费行为，倡导选择高效、环保产品和服务的消费理念，降低由传统消费模式而导致的过度污染排放和资源消耗。促进绿色消费有利于加快江西省生态文明建设，推进绿色发展；有利于实现需求引领和供给侧结构性改革共同促进，推动经济高质量发展；有利于完善现有经济体系和产业结构，解决人民的美好生活需要与不平衡不充分发展之间的矛盾。

实现消费绿色生态化必须以健全的新兴生态文化作为价值导向和精神

---

① 江西省2018年国民经济和社会发展统计公报。

动力。新兴生态文化主要包括生态制度文化、生态消费文化和生态需求文化。

首先，生态制度文化为消费绿色生态化提供价值规范。江西省应充分利用地域生态优势，更新顶层设计，及时调整环保政策和制度法规，切实转变现有发展理念，构建完善的、协调的“生态制度文化”体系，为促进绿色消费、建设生态文明提供价值规范和基本遵循。

其次，生态消费文化为消费绿色生态化提供行为准则。以生态价值观念为准则适应绿色消费的价值诉求，积极构建生态消费文化，大力发展绿色生产；同时，建立健全生态消费文化，引领全省人民践行绿色发展理念，积极培育全民参与的绿色消费价值观，与全省的生态文明建设工作相辅相成。

最后，生态需求文化为消费绿色生态化提供目标方向。消费绿色生态化必须立足于人民群众的需要，满足人民群众的期望，解决新时代我国社会的新矛盾。一是加大新型环保科技的投入与应用，制订奖惩制度督促和激励企业实行绿色生产，大力发展低碳绿色经济。二是通过“5G”试点机遇大力发展大数据、物联网、云平台及 VR 等高新技术，加强城市生产与消费的数字化建设，助力民众消费行为绿色化。同时，加大对一次性产品使用、高耗能高污染企业排碳排污的监管力度，积极推出居民垃圾分类制度和企事业单位垃圾分类制度等。三是在学校、社区和各单位中开展“低碳我先行”等绿色节能行动，利用微信公众号、微博平台等新媒体传播各项环保制度，引导和培育民众的绿色消费理念和绿色生活方式。

3.4.3.2 江西城市功能与品质提升路径分析

城市功能与品质的提升需要探索具有区域特色的发展模式。在上述分析基础上，本书研究认为江西省城市功能与品质的提升基本发展路径为农转人口市民化、旧城改造常态化、夜间经济规模化、产业高新服务化和能源结构低碳化，走“五位一体”的路径。

(1) 农转人口市民化。

人是城市发展第一要素。随着经济发展和城镇化建设，大量农业转移人口涌入城市，带来了城市经济可持续发展所需要的资金、人力等资源，同时也给医疗、教育等公共服务和城市基础设施建设带来重重挑战和压力，倒逼城市功能与品质提升。

城市功能与品质提升要求高质量的城镇化。高质量的城镇化是“人口市民化”，而非简单的“居民化”或“土地城镇化”，它需要在产业支持、人居环境、社会保障、生活方式等方面实现由“乡”到“城”的转变。2018年江西省城镇化率为56%，但城镇户籍人口约为1850万，户籍人口城镇化率仅为39.8%。也就是说，约有753万的农业转移人口生活在城市，但并没有享受到真正意义上与城市居民平等的生活服务，城镇化质量堪忧。按户籍人口城镇化年增长率2%测算，到2020年，这一数据将达到800万。这说明江西省与高质量城镇化的要求还有较大差距。若将这些农业转移人口从“居民化”转向“市民化”，必然带动基础设施、公共服务设施建设和房地产开发等各个方面的投资需求，释放庞大的消费潜力，将大大拉动GDP的增长。要进一步深化户籍制度改革，完善户口迁移政策，确保有意愿、有能力、有条件的农业转移人口在城市便捷落户，为高质量城镇化发展提供必备的人力资源。

（2）旧城改造常态化。

随着社会经济的发展，江西省旧城区存在的问题愈加突出，“城市病”亟待解决。棚户区、旧厂区、旧社区、旧街区等旧城区因为功能差、居住环境差等原因，已成为城市高质量发展的短板。

2019年6～7月，调研江西全省11个地市71处旧城区发现，实施《城市功能与品质提升三年行动方案》半年多来，群众最关心的出行、停车、卫生、娱乐等问题，都有较大改善，城市功能进一步得到提升，居民的获得感、幸福感大大增强。但是，由于江西省城市发展历史欠账较重，一些地区仍热衷于圈地造城，贪大逐新，旧城改造仍任重道远。要实施“老城复兴”战略，将城市的发展理念从空间管理向综合治理、从增量发展向存量更新转变。要根据当地发展实际、文化底蕴、民众需求，细化相关行动方案，制订更为详细的、可操作的旧城改造年度季度月度行动方案，并监督管理落实到位，争取“三月出变化，半年有改善，一年上台阶，三年见成效，五年大变样”。

（3）夜间经济规模化。

夜间经济是城市活力的表征，正在成为城市功能与品质提升的新引擎。发展夜间经济不仅可以扩大消费、拉动经济增长，更为重要的是，它还可以倒逼城市治理水平不断提升，对完善城市功能、提升城市品位、彰显城市特色意义重大。调研发现，江西城市的夜间经济还比较落后，存在规模小、经营散、定位不准、管理不科学等特点，需要大力发展和培育。数据表明，2019全国337个地级及以上城市夜生活指数排名中，江西仅南昌、赣州和九江进入前100名，其中南昌排名为28，发展潜力巨大。

江西省各城市要大力发展夜间经济，使其规模化、常态化、产业化。要以项目为驱动，结合城市文化休闲综合体和城市旅游品牌建设，从夜行、夜游、夜吃、夜购、夜练、夜看、夜玩等方面入手，挖掘夜间消费新动能，打造夜间经济消费商圈，延长夜间经济产业链，从而推动城市功能与品质提升。

（4）产业高新服务化。

一个高品质的城市，离不开高品质的产业，尤其是高新技术产业和现代服务产业。近年来，江西省新产业发展势头良好，2018年战略性新兴产业增加值和高新技术产业增加值分别增长11.6%和12.0%。实现产业高新化，要积极发展战略性新兴产业和高新技术产业，重点发展低碳产业、智能制造业和大数据产业等新产业。要利用“互联网+”“VR”等技术、把握5G试点机遇，以创新为核心培育文化创意产业等新兴业态。

2018年江西省第三产业增加值占GDP比重为44.8%，比上年增加1.9%，增幅居全国前列。但与发达地区相比，占比相对偏低。如浙江和广东2018年第三产业增加值占GDP比重分别为54.7%和54.23%。实现产业服务化，要做到“顶天立地”。“顶天”，即要大力发展知识密集型和资本密集型服务产业，如高技术研发、金融、保险、航空、教育、医疗、法律等服务业，它对高技术人才和资本有较好的吸引力。“立地”，即要重点发展劳动密集型服务产业，如现代物流、电子商务、餐饮、家政、安保、交通运输等服务业。当前，劳动密集型服务产业更符合江西省城市发展实际，能够吸纳更多的农业转移人口。

（5）能源结构低碳化。

一个高品质的城市应当是青山相依、绿水荡漾、空气清新的。低碳发展已成为城市高质量发展的一个标志。城市要实现高质量发展就必须优化能源结构，走低碳化发展之路。随着经济的快速发展和工业强省的推进，高能耗产业在今后很长一段时间仍将是江西省工业的重头戏。与此同时，江西省能源短缺问题将日渐严重。

调研发现，江西省在新能源方面，应当有所作为也大有可为。截至2019年3月，江西新能源（主要是光伏和风电）并入大网发电的机组容量已达831万千瓦，同比增长18.95%，占全省装机比例23%，成为继火电之后，江西省电网装机的第二大发电电源。此外，与其他内陆省份相比，江西省水系发达、地震少、铀矿资源丰富，发展核电具有得天独厚的优势。作为一个“缺油少煤乏气”的省份，发展低碳产业、利用低碳能源已成为江西省实现“绿色崛起”的必然选择。

3.4.3.3 江西城市功能与品质提升所需“五大思维”分析

城市想要发展，思维观念的革新远比某一项具体经济指标的提升更重要也更难。这一点对打上了“温和守矩而缺乏敢为天下先”标签的江西人来说更有体会。何以兴赣城？当前，江西省城市功能与品质的提升亟待解放思想，创新思维，特别要确立大区域思维、大数据思维、大旅游思维、大生态思维和大开放思维。

（1）提升城市功能与品质，要确立大区域思维。

要敢于打破行政边界的束缚，让更多的农业转移人口在城市便捷落户，做大做强城市规模，提高区域城市群中心城市首位度。要重点打造相关城市圈，特别是打造大南昌都市圈和建设赣江新区，并以此为龙头来带动全省区域一体化和高质量发展。

一是要深化户籍制度改革，完善户口迁移政策，加速农业转移人口从“居民化”转向“市民化”，做大城市规模，让城市发展从“土地城镇化”向“人口城镇化”迈进。二是要“引进来”和“走出去”，加强城市间的协作，通过产业领域和要素资源的联合、整合、融合，合理配置城市之间的土地、资金、技术、人才等生产要素，高效推动产业价值链延伸，完善交通网络，增加城市的辐射力，促进城市高质量发展。三是要深入推进省委十四届六次全会提出的“一圈引领、两轴驱动、三区协同”区域发展方针，做大做强大南昌都市圈，增强南昌对区域的带动力。四是要主动担当、联动对接，加快区域内交通、文化、旅游、环保、电力等领域的双边或多边协作，立足区域主导产业和优势产业，推进城市间产业链紧密对接，构建利益共享的产业价值链，推动跨区域务实、深度合作。五是要加快国家级赣江新区的建设，大力发展新能源汽车城、中医药科创城等产业园，重点打造光电信息、生物医药、智能装备制造、新能源与新材料等主导产业，为大南昌都市圈高质量发展提供产业支持和空间保证。

（2）提升城市功能与品质，要确立大数据思维。

要让城市的发展从“靠经验”走向“靠数据”，从粗放式经营迈向精准化管理，改善企业经营环境，积极推进“大数据+城市（社区）”“大数据+政务”“大数据+企业”“大数据+金融”和“大数据+人”五位一体建设，建设“智慧产业”和“智慧城市”。

一是要借VR产业发展东风，建立智慧江西服务中心，大力提升全省信息化、智能化、数字化水平，促进城市规划管理信息化、基础设施智能化、公共服务便捷化、产业发展现代化、社会治理精细化，提升城市发展与管理质量。二是要提高高新技术产业和现代服务业在城市GDP中的占比，大力发展智能制造和智慧产业，特别是航空产业、汽车工业和现代物流业。三是要组织全省各城市加快建立大数据管理系统，共同研发全省经济社会运行监测系统，辅助各地政府进行科学化决策，助推政务改革和城市治理提速提质提效，防范经济社会的未知风险，提升政府的治理能力、服务水平和办事效率，不断提升人民群众的获得感、幸福感和安全感。

（3）提升城市功能与品质，要确立大旅游思维。

要打造各地旅游新高地，努力将江西省城市红色绿色古色文化资源优势转化为经济优势，既守住“绿水青山”又换来“金山银山”，让城市有“颜值”的同时更有“价值”。

一是要借助现代技术手段特别是VR技术，推动文化和旅游融合发展，全面推进“旅游+文化教育”“旅游+展览”“旅游+美食”“旅游+体育休闲”和“旅游+健康养生（温泉、山水等）”等文化旅游业态深度融合，打造文化旅游新高地和新业态，提升城市旅游产业品级，促进生态资源与经济资源的直接转换。二是要充分挖掘旧城区自然和历史文化的新功能，打造城市文化综合体项目，着力发展夜间经济，建设古城古街古景，打造临湖临河临江街区文化，加快文化产业新旧动能转换。三是要加强现有文化旅游资源的整合、包装、提升，向存量资源要效益，打造文化和旅游强省，大力开发城市生态资源和红色文化资源，加快文化中心和图书馆建设，挖掘城市文化底蕴，让游客进得来、留得住、玩得好、获得多，提升城市竞争力。

（4）提升城市功能与品质，要确立大生态思维。

要在全省倡导资源节约型和环境友好型的生态绿色消费方式，大力发展新能源，努力做好垃圾分类工作，降低由传统消费模式而导致的过度污染排放和资源消耗，确保城市生态系统和谐。

一是要加大新型环保科技的投入与应用，制订奖惩制度，督促和激励企业实行绿色生产，加大对高耗能、高污染企业排碳、排污的监管力度，大力发展生态经济。二是要通过5G试点建设，大力发展大数据、物联网、云平台等高新技术，加强与城市生产与消费相关的数字化平台建设，助力企业、民众消费行为绿色生态化。三是要持续加大光伏和风电等新能源的扶持力度，并借此次国家“核电重启”契机，争取江西彭泽核电站建设重新开工，改善江西的能源发展现状，推进江西省能源结构调整，为绿色崛起服务。四是深入推进垃圾分类制度，在学校和社区中开展“生态文明进我家”“低碳我先行”“垃圾分类在行动”等绿色节能行动，利用微信公众号、微博平台等新媒体，引导和培育民众的绿色消费理念和生活方式。

（5）提升城市功能与品质，要确立大开放思维。

要构建多层次引才用才体系，将城市的发展理念从空间管理向综合治理、从增量发展向存量更新转变，多渠道筹措城市改造经费，加速城市品牌建设，进一步探索城市扶贫新模式，增强城市发展内生动力。

一是要最大限度地放开城市落户限制，优化人才引进计划，以人才引领科创，以科创提升产业，以产业振兴城市，加快构建现代化经济体系，形成开放型经济新体制。二是加强城市协调联动，借区位优势积极融入深圳中国特色社会主义先行示范区建设、长江经济带建设和“一带一路”建设，推动相关城市开放开发，形成点、线、面多层次的对外开放格局。三是以建设都市圈、城市群、卫生城市、园林城市、海绵城市、智慧城市等为契机，多方面多渠道多途径扩大招商，进一步提高项目招商质量，筹措旧城改造经费，使旧城改造常态化、持续化、深入化，改善群众的居住条件，兼顾完善城市功能、改善城市环境，逐步打响区域城市品牌。四是要加快探索城市扶贫新模式，努力推动城市扶贫产业园的建设进程，加强职业教育和相关技能培训，利用互联网等平台助推城市扶贫产业多元化发展。五是要对接人民群众的切实需求，建立城市规划建设的网络反馈平台，让人民群众真正参与到城市功能建设中来，更好地推动区域社会事业全面发展，助推城市功能与品质提升。

海洋产业篇

第4章 海洋产业高质量发展研究

第二次世界大战以来，沿海各国在陆地资源被大力开采的过程中，把目光逐渐转向资源丰富的海洋，加大了对海洋的研究、开发和利用力度。海洋蕴含丰富的能源资源，海洋产业作为海洋经济的构成主体和基础，为各国的经济和社会发展做出了重大贡献。联合国于1992年提出海洋是全球生命支持系统的一个基本组成部分，并把海洋作为实现可持续发展的宝贵财富。随后在相关缔约国文件中，联合国正式提出了“21世纪是海洋世纪”的口号。海洋经济概念正式浮出水面，其发展也受到越来越多的关注，成为沿海各国经济最具潜力的增长领域。

数据显示，我国拥有18000公里的大陆岸线、14000公里的岛屿岸线，6500多个500平方米以上的岛屿，高达近300万平方公里的主张管辖海域，海洋资源十分丰富，是一个发展中的海洋大国。[①] 早在2008年国务院制定“十二五”规划中，我国就首次提出建设海洋强国战略。党的十八大再次明确提出我国要建设海洋强国，党的十九大最新提出的“坚持海陆统筹，加快建设海洋强国”，进一步明确了我国海洋产业要逐渐从高速发展时向高质量发展过渡。

近年来，我国海洋产业发展迅速，以稳健的势头促进海洋经济发展。我国形成了以海洋渔业、海洋油气业和海洋交通运输业等传统海洋产业，以海洋化工业、海洋工程建筑和海洋生物医药业等新兴海洋产业，传统海洋产业和新兴海洋产业是我国的主要海洋产业[②]，另外还包括海洋科研教育管理服

---

① 中国海洋盐业发展概况分析，https：//wenku. baidu. com/view/cbd1d764baf67c1cfad6195f312b3169a451ea96. html。

② 中国海洋经济发展趋势及产业研究报告，https：//wenku. baidu. com/view/0c85a7f80aa1284ac850ad02de80d4d8d15a01c0. html。

务业、海洋农林业、涉海产品及材料制造业和涉海建筑与安装业等在内的海洋相关产业。2020年，受新冠肺炎疫情影响，我国海洋产业总产值为52953亿元，其中滨海旅游业总产值下降明显。但是，我国海洋油气产业的发展势头很猛，连年攀升，海洋生物医药保持8%的增速持续发展。海洋的科技发展是促进海洋产业发展的基础，能够为海洋产业高质量发展提供新的动力。

如今，海洋经济作为我国经济体系中的重要组成部分，已由高速发展向高质量发展转型，因此，需要对海洋经济的发展进行顶层设计，提出更高要求。对海洋产业高质量发展研究，分析影响海洋产业高质量发展的因素，不仅能够深化对海洋产业的认识，还有利于发现海洋产业现阶段的发展趋势。此外，通过分析海洋产业发展现状，发现海洋产业在发展过程中存在的一些问题，提出解决思路，可为探索海洋产业向高质量发展的路径奠定基础，为促进海洋经济的发展提供新思路。海洋产业的发展，离不开科技的发展。21世纪是高科技迅猛发展的时代，对海洋产业高质量发展的深入研究，有助于促进相关海洋新兴产业的培育与发展，防止出现“卡脖子”现象而抑制我国总体发展。在海洋资源大力开采的过程中，我国海洋生态系统受到严重威胁，而对海洋产业高质量发展研究，可使我国海洋经济能够可持续健康发展。在“一带一路”“21世纪海上丝绸之路”和全球“命运共同体”的大背景下，海洋作为连接世界的纽带与桥梁，为加强我国与世界各国的经济合作发挥了重大作用。

4.1 海洋产业高质量发展研究现状

4.1.1 从海陆一体化角度研究海洋产业高质量发展

1954年，简·丁伯根提出“经济一体化”，海陆一体化作为经济一体化的一部分，能为经济的发展提供源源不断的动力。Taaffe（1963）认为扩大交通网络是发展经济的关键因素，提出加强对港口的基础设施建设，以发挥港口经济在整个国民经济中的作用。Shin（2009）指出韩国钢铁业和造船业在推动经济上升的过程中所发挥的关键作用，研究发现钢铁和造船业的兴起带动轻工业、电子行业及其他先进产业的发展，使韩国国民经济快速崛起。Bostock 等（2016）分析了欧盟水产养殖部门的结构特征，评估其对欧盟经济贡献的增长前景，并指出在市场的相互作用下，政府部门应优化海洋渔业产业结构。国外学者不仅用定性分析的方法研究特定海洋产业活动对区域经济的影响效应，还采用定量分析方法研究海洋产业对国民经济的影响程度。Kwak 等（2005）采用投入产出分析了 1975 ~ 1998 年韩国海洋产业在国民经济中的作用，研究发现海洋产业能够与 32 个相关产业协同发展。Dyck 和 Sumaila（2010）通过计算 13 个海洋产业投入产出率，采用投入产出方法来估计海洋渔业对世界经济的直接、间接和诱导的总影响。Jiang 等（2016）采用 32 个三维指标下的评价体系，结合国家空间和层次分析方法，评价不同维度的海洋工业园区的承载能力，研究发现现代海洋服务业和渔业产业园区的承载率高于现代海洋制造业和战略性新兴产业园区。另外，郑铁桥（2014）研究发现，日本实施陆域经济系统海域化促进海陆经济持续发展；欧盟及其成员国注重顶层政策机制设置，制定统一、协调的战略共同发展海洋产业；美国高度重视海域综合管制，推动海陆经济一体化建设。

20 世纪 90 年代，我国学者开始研究海陆经济一体化。韩忠南（1995）在对我国海洋经济进行研究时，提出了海陆经济一体化概念。随着我国海洋经济发展受到越来越多的重视，国内学者主要围绕海陆经济一体化的内涵、海陆经济一体化的动力机制、海陆经济一体化发展的测度等方面来研究海洋产业的高质量发展。

张耀光（1995）认为海陆经济一体化有利于推动海陆产业、资源、技术和劳动力实现优化配置，海陆经济一体化是海洋产业发展的必然趋势和内在要求。栾维新（2004）在研究海陆经济一体化的过程中，发现其动力来源于海陆之间的势能差。陆域相对于海洋具有技术、资金优势，这种势能差同样引发陆域生产要素流向海洋经济系统。深入了解海陆经济一体化的内涵及其动力机制之后，国内学者采用灰色关联模型、耦合模型和投入产出法来测算海陆产业关联程度。卢宁（2009）采用灰色关联分析法来研究山东省海陆域产业关联问题，研究发现陆域第二产业为海洋开发提供必需的工具和机械设备，海洋产业为陆域第二产业提供生产所需的原材料。李健和滕欣（2014）从经济发展、社会进步和生态文明三个方面构建海陆产业系统耦合协调评价指标体系，对天津 2000 ~ 2010 年海陆产业系统的耦合度和协调度进行测度，研究发现天津海陆产业系统耦合度高，海陆产业系统协调度稳步提高。高源等（2015）运用耦合协调度模型对天津、上海、福建、海南4个地区2001～2012年海洋产业—资源环境复合系统的协调程度进行了测度，指出海洋产业的高质量发展能够间接提升陆域经济的综合效益。王莉莉和肖雯雯（2016）从2000年和2010年中国投入产出表中拆分出12个主要海洋产业，形成海洋产业投入产出表，并对我国海洋产业的投入结构、前向后向关联关系和产业波及效应进行分析，结果表明我国海洋产业与陆地产业中的第三产业关联尤为密切，与第二产业中的能源产业关联紧密。郑鹏和胡亚琼（2020）通过整合海洋产业的要素及影响因素，分析了在海陆经济一体化过程中，海洋三次产业与国民生产总值及陆域三次产业的产值相互性和结构交叉性。

4.1.2 从海洋产业结构升级角度研究海洋产业高质量发展

20世纪80年代中期，由于产业转型对国民经济产生一系列影响，国外学者逐步开展海洋产业转型升级方面的研究。Luger（1991）通过对大湖地区进行分析，完善了测量海岸依存度、海岸联系以及海岸服务型活动的方法论。在对海洋产业的内涵进行研究时，我国学者曾呈奎等（2000）研究认为海洋产业是海洋经济的实体部门，是指开发、利用和保护海洋资源而形成的各种物质生产和服务部门的总和。陈可文（2001）分析了广东省海洋产业发展，提出“树立大海洋观念，发展大海洋产业”政策，为优化广东省海洋产业结构和完善海洋产业提供理论依据。

1993年，文达特首次提出“综合的海洋政策”概念，为海洋产业结构调整奠定了基础。Hoagland和Herrera（2004）发现海洋各产业之间相互促进又相互矛盾，为促进海洋产业发展、协调各产业之间的矛盾提供有效对策。刘希宋、李响和曹洪亮（2004）以海洋产业作为研究对象，通过构建海洋产业的先导性评价指标体系，为我国实现海洋产业现代化和海洋科技产业化提供了科学依据。

对于一些新兴海洋产业，Benito等（2003）对挪威海洋产业集群状况进行分析研究后发现，由于集群内企业、机构间的相互依赖和创新，海洋产业集群得到了快速的发展。仲雯雯等（2011）分析了我国海洋新兴产业发展的现状，指出新兴产业在自主创新能力、政策体系以及人才储备等方面存在问题，并为海洋新兴产业发展提供相应对策。韩增林等（2014）通过建立海洋新兴产业支撑条件评价指标体系，对我国沿海11个区域进行评价并对其进行分类。

4.1.3 从数字经济角度研究海洋产业高质量发展

数字经济是信息经济的另一种称谓，由塔帕斯科特在1995年提出，信息技术的数字革命，使数字经济成为基于人类智力联网的新经济。因此，数字经济被广泛应用于各个领域，为实现经济高质量发展做出贡献。王志文（2018）以浙江省的信息经济为基础，分析了数字海洋经济面临的困境，并为浙江省的海洋经济提供发展路径与建议。孙才志和宋现芳（2021）通过构建包含数据生产要素的投入—产出指标体系，对沿海11个省区市的海洋经济全要素生产率及各项要素的生产率变动情况进行测度，研究发现各地区的数据要素化水平都上升，但是区域差别明显以及沿海各地区全要素生产率均呈正向变动态势。

当前国内学者对于数字经济促进制造业、纺织业、海洋经济及农业等产业发展的研究较多，对海洋产业高质量发展的研究寥寥无几。蹇令香等（2020）分析了我国沿海地区海洋产业高质量发展现状，构建海洋产业高质量发展评价指标体系和数字经济发展水平评价指标体系，揭示了数字经济对海洋产业高质量发展的影响及具体发展路径。

4.1.4 相关研究述评

综上所述，相比于国内，国外学者关于海洋产业发展的研究起步较早，他们对海洋产业的研究主要在于海洋产业对社会的贡献以及海洋可持续发展战略等。国内学者对海洋产业发展的研究主要是基于海陆一体化、海洋产业转型升级、区域海洋经济等视角，在理论和实践上对于国民经济的发展都具有重要意义。但是，现有研究还存在不足，以数字经济、“一带一路”“21世纪海上丝绸之路”以及“互联网+”为角度的研究较少。目前研究大多偏向对海洋产业高质量发展的定性分析，缺少对海洋产业高质量发展进行定量分析以及对其发展水平进行评价。

4.2 我国海洋产业发展现状

近年来，我国海洋经济发展较为稳健，势头良好。从产出规模来看，以环渤海、长三角、珠三角三大经济区为主力的海洋经济产出规模呈现逐年增加趋势；从产业结构来看，目前海洋三次产业结构初步实现“三二一”的格局，海洋新兴产业发展前景不断向好；从产业空间布局来看，北部、东部和南部三大海洋经济圈产业发展参差不齐，但海洋经济单一、粗放的发展模式等成为各地区所共同面临的问题；从国际空间格局看，沿海各国和地区海洋经济政策力度加大、发展速度加快，而我国海洋经济和国际涉海企业竞争力都相对偏弱。①

（1）海洋经济总体运行情况。

研究数据表明，近10年来，我国海洋经济生产总产值一直稳步增长，如表4.1所示。但是由于新冠疫情暴发，2020年我国全国海洋生产总值为80010亿元，首次出现下降，同比上一年下降5.3%，海洋生产总值占国内生产总值的比重降为7.9%。2011～2020年，我国海洋经济生产总值由45570亿元增至80010亿元，年复合增长率是5.8%，但占GDP比重呈现出轻微的下降趋势，说明海洋经济大有潜力可挖。值得重视的是，自2012年来，我国海洋经济占GDP比重一直处于稳定的状态，基本稳定在9.5%左右。自2016年开始，我国海洋经济增速逐渐放缓，海洋经济在经历2004～2006年及2010年前后的快速增长之后，近年来正保持与GDP发展相对同步的增速。

表4.1　　2011～2020年我国海洋经济规模及增速

年份	总产值（亿元）	增速（%）	占GDP比重（%）
2011	45570	10.4	9.7
2012	50087	7.9	9.6
2013	54313	7.6	9.5

① 中国海洋经济发展趋势及产业规划思路，https：//t.qianzhan.com/caijing/detail/191101－6ee0c973.html。

续表

年份	总产值（亿元）	增速（%）	占 GDP 比重（%）
2014	59936	7.7	9.4
2015	64669	7.0	9.6
2016	70507	6.8	9.5
2017	77611	6.9	9.4
2018	83415	6.7	9.3
2019	89415	6.2	9.0
2020	80010	-5.3	7.9

数据来源：2011～2020 年中国海洋统计公报。

（2）海洋产业结构情况。

统计数据显示，2020 年海洋经济的“引擎”作用持续发挥，产业结构不断升级优化，新兴产业和新业态培育与发展提速，大大推动了国民经济高质量发展。其中，海洋第一产业增加值为 3896 亿元，第二产业增加值为 26741 亿元，第三产业增加值为 49373 亿元，海洋第一、第二、第三产业增加值占海洋生产总值的比重分别为 4.9%、33.4% 和 61.7%。2011～2020 年，我国海洋经济产业结构不断进行着动态演进与优化升级调整。2019 年我国海洋经济中的第三产业增加值占海洋生产总值的比重第一次突破了 60%，形势喜人。如表 4.2 所示，虽然 2020 年受到疫情影响，但海洋经济中的第三产业增加值占比还是在百分之六十以上。可以说，近年来我国海洋产业“三二一”结构基本成型，但不难发现，海洋经济中的第二、第三产业之间差距还比较小，格局尚不稳定，有待进一步的优化与调整。从总体上来说，我国目前已基本实现了《中国海洋 21 世纪议程》中对海洋三次产业结构设定的 2020 年海洋第一、第二、第三产业实现 2∶3∶5 的比例结构的既定目标。

表 4.2　2011～2020 年海洋经济三次产业变化情况

年份	第一产业占比（%）	第二产业占比（%）	第三产业占比（%）
2011	5.1	47.9	47.0
2012	5.3	45.9	48.8
2013	5.4	45.8	48.8
2014	5.4	45.1	49.5

续表

年份	第一产业占比（%）	第二产业占比（%）	第三产业占比（%）
2015	5.1	42.5	52.4
2016	5.1	40.4	54.5
2017	4.6	38.8	56.6
2018	4.4	37.0	58.6
2019	4.2	35.8	60.0
2020	4.9	33.4	61.7

数据来源：2011～2020年中国海洋统计公报。

（3）各海洋产业发展情况。

滨海旅游业隶属第三产业范畴。过去10年间，滨海旅游在实现自身产业规模不断扩大的同时，已经成为我国海洋经济的第一大产业，其发展速度远远超过我国旅游产业整体增长速度，成为海洋经济内部发展较快的产业之一。新冠肺炎疫情的暴发，使滨海旅游业增加值在2020年下降24.5%，是所有海洋产业中下降最快的，如图4.1所示。因此，随着我国居民生活水平不断提高，人民对美好生活的向往和追求，旅游支出在居民家庭总支出中所占比重大大提升，滨海旅游业在稳步发展的同时也要及时应对突发灾难所带来的不良后果。

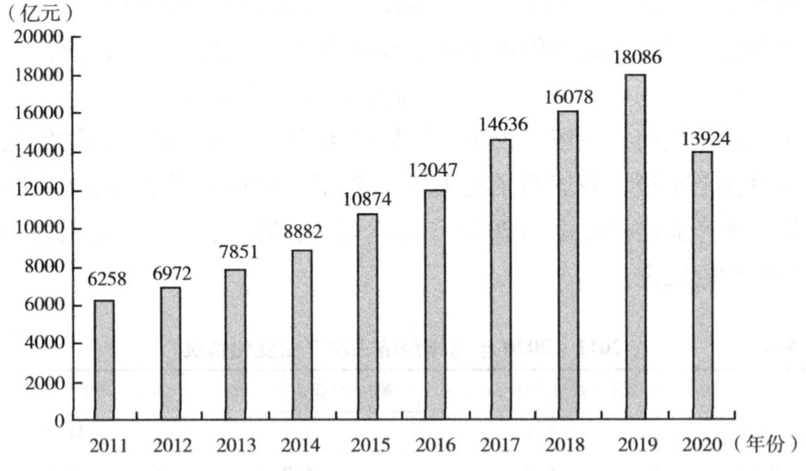

图4.1　2011～2020年滨海旅游业增加值

数据来源：2011～2020年中国海洋统计公报。

海洋渔业作为海洋产业的重要组成部分，一直是海洋经济中的传统产业之一，主要包括海洋捕捞和海水养殖，也涵盖与海洋渔业相关的配套服务如水产品加工、鱼苗鱼种服务等。2011～2020年我国海洋渔业年均增长速度为3.67%，如图4.2所示，属于平稳增长型，2020年我国实现增加值4712亿元。从我国来看，近年来渔业产业结构不断调整，特别是远洋渔业和海水养殖业的快速发展，使海洋渔业保持了一个相对稳定的增长幅度。但是，随着我国对于生态环境越来越重视，海洋渔业未来增长潜力不容乐观，应当加快产业结构升级调整，休闲渔业、海水健康养殖等方面是不错的发展方向。

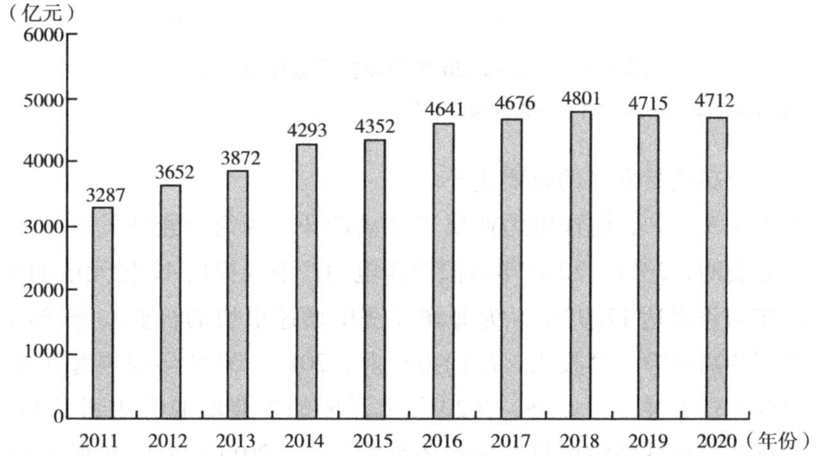

图4.2 2011～2020年海洋渔业增加值

数据来源：2011～2020年中国海洋统计公报。

海洋交通运输业也是我国海洋经济的支柱产业之一，2011～2020年年均增速为3.74%，行业属于平稳增长型，中间会呈现出小幅度波动，如图4.3所示。但近年来受国际政治经济大环境、贸易环境等方面的影响，增长速度有所放缓，占海洋生产总值的比重也一直在下降。容易受大环境影响的航运业，是典型的周期性行业。2018年，受全球经济增长放缓、中美贸易摩擦等因素影响，全球贸易增速有所下滑，我国海洋交通运输业的增加值出现下降趋势。随着"一带一路"倡议的深入推进实施，海洋交通运输业迎来全新发展契机。加快完善港口集疏运系统，不断推进港城一体化建设，努力开辟新的远洋国际航线，加强海上通道建设，成为促进海洋

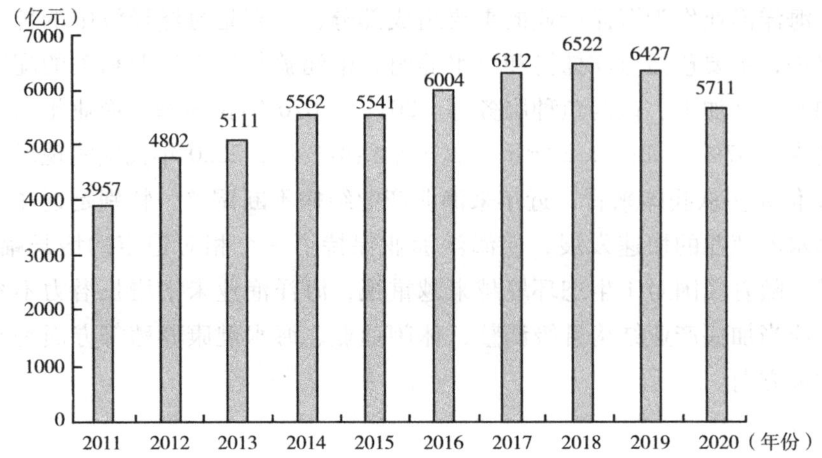

图 4.3　2011 ~ 2020 年海洋交通运输业增加值

数据来源：2011 ~ 2020 年中国海洋统计公报。

交通运输业高质量发展的重要途径。

由表 4.3 可知，海洋电力业属于新兴产业，为海洋经济发展注入新动力。数据表明，2011 ~ 2020 年我国海洋电力产业规模由 49 亿元增加至 237 亿元，年增长率达 17.07%，为海洋经济中增速最快的行业。海洋油气业属于典型的高风险、高投入、高回报行业，2011 ~ 2020 年我国海洋油气业各年间存在较大波动。此外，2020 年海洋船舶工业增加值达到了 1147 亿元，但行业受全球经济贸易发展趋势影响较大，2011 ~ 2020 年增长也出现了较大波动。

表 4.3　　2011 ~ 2020 年海洋其他主要产业增加值　　单位：百亿元

年份	海洋电力业	海洋船舶工业	海洋油气业	海洋工程建筑业	海洋化工业	海水综合利用业	海洋盐业	海洋生物医药业	海洋矿业
2011	0.49	14.37	17.30	10.96	6.91	0.10	0.93	0.99	0.53
2012	0.70	13.31	15.70	10.75	7.84	0.11	0.74	1.72	0.61
2013	0.87	11.83	16.48	16.80	9.08	0.12	0.56	2.24	0.49
2014	0.99	13.87	15.30	21.03	9.11	0.14	0.63	2.58	0.53
2015	1.16	14.41	9.39	20.92	9.85	0.14	0.69	3.02	0.67
2016	1.26	13.12	8.69	21.72	10.17	0.15	0.39	3.36	0.69
2017	1.38	14.55	11.26	18.41	10.44	0.14	0.40	3.85	0.66

续表

年份	海洋电力业	海洋船舶工业	海洋油气业	海洋工程建筑业	海洋化工业	海水综合利用业	海洋盐业	海洋生物医药业	海洋矿业
2018	1.72	9.97	14.77	19.05	11.19	0.17	0.39	4.13	0.71
2019	1.99	11.82	15.41	17.32	11.57	0.18	0.31	4.43	1.94
2020	2.37	11.47	14.94	11.90	5.32	0.19	0.33	4.51	1.90

数据来源：2011～2020年中国海洋统计公报。

近年来海洋油气业、海洋渔业等产业的快速发展，以及沿海港口建设、海底隧道、跨海大桥等基础设施建设，大大促进了海洋工程装备需求的快速增长，海洋工程建筑业规模不断增加。但近年来受全球部分制造业产能过剩、我国经济新常态背景下经济下行压力加大等影响，海洋工程建筑业也出现了波动性下降。海洋化工业产品广泛应用于建材、军工、石油等领域，是海洋高耗能产业。2011～2016年海洋化工业实现产能快速增长，但受国家节能减排政策影响，近年来增长速度有所放缓，到2020年出现急剧下降。海水利用作为我国重要的海洋新兴产业，正在稳步上升发展。我国的传统海洋产业之一海洋盐业，由于资源的耗用，其发展出现负增长趋势。海洋盐业产业增加值稳定在30亿元左右，2020年其增加值为10年前三分之一。与此同时，我国海洋生物医药业突飞猛进，成为海洋经济中增长最快的行业之一，实现了规模上的飞速增长，由2011年的99亿元增至2020年的451亿元。即便到2020年，还是以8%左右的增速在发展。海洋矿业包括海滨砂矿资源开发和深海矿产开发两部分。10年间，其中2013年、2017年出现较明显的下降，属于波动增长型。

4.3 我国海洋产业高质量发展影响因素分析

对海洋产业高质量发展的影响因素有很多，主要分为科技创新、人力资源、金融支持、政府管理等方面。

随着物联网、区块链、人工智能和生物科技等高科技的发展，科技创新已经成为综合国力竞争的关键性因素。我国海洋产业中的第二产业，如海洋船舶工业、海洋化工业和海洋矿业都需要科技创新来推动其发展，科技创新能够提升各个岗位工作的工作效率，是海洋产业高质量发展的重要动力。在科技创新中，包括发明专利申请量、发明授权量、实用新型授权量、外观设计授权量等在内的变量可以用来衡量一个地区的自主创新能力水平。创新产出方面，发明专利创新程度高，能较好地反映海洋科技创新发展水平。研究显示，提升海洋科技创新能力能够大大促进海洋新兴产业发展，降低新兴产业发展成本。

掌握先进技术和推动技术创新的人力资源是经济增长的重要源泉，培养海洋高端人力资源对海洋产业高质量发展相互影响、相互促进。海洋产业的科技创新离不开海洋人力资源对海洋科技的管理，高端人力资源能够加速海洋产业的科技创新。在海洋人力资源中，可以用开设海洋高校在校教师数量、海洋科研机构科技活动人员数量和具有博士学历人员占海洋科研机构人员比重反映海洋科研教育人才投入，用海洋在校学生数量反映海洋高端人才储备，用海洋高新技术产业从业人员数量和涉海人员占比来反映海洋产业的人才投入。

资本是海洋产业生存和发展的一个重要条件，科技创新的成果需要资本的力量才能转化，因而金融支持是影响海洋产业形成与发展的重要因素。以金融为纽带整合各类资源打造海洋经济高质量发展，已经成为落实我国建设海洋强国目标的重要环节。在金融支持中，可以用金融支持的供给量、人均物质资本投入和实际利用外资额占比等来表示一个地区的物质资本投入水平。目前我国海洋创新类企业获得资金的渠道主要包括间接融资和直接融资两大类。其中，间接融资又是我国海洋产业发展获得资金的主要渠道。但是有关海洋的金融产品单一，将会影响我国海洋产业高质量发展的速度与水平。

政府是市场经济的积极参与者，能够为国民经济发展制定宏观经济政策，海洋产业高质量发展离不开政府在政策上的支撑。政府能够通过货币政策和财政政策干预金融机构向海洋产业提供资金，增加对海洋新兴产业的金融支持能够促进海洋产业高质量发展，但是政府的过度干预反而会抑制市场的积极性，使资源配置不合理，进而抑制海洋产业的高质量发展。在政府支持中，可以选择科技课题研究项目增长率和政府财政投入等指标来反映政府行为对海洋产业的高质量发展影响。

经济发展水平体现了不同阶段社会发展社会现象的规模化和水平。经济发展水平越高，经济社会发展经营规模越大，发展趋势的速度就越快。经济发展可以推动产业结构的升级，产业优化结构进而可以推动社会资源的有效配置和合理利用，两者相互协调促进海洋产业高质量发展。一方面，海洋产业中的新兴产业需要大量的资金和先进技术投入，随着经济发展水平的提高，对新兴产业的要素投入越多，能够促进海洋产业的结构升级；另一方面，产业转型升级的总体目标是发展海洋第三产业，经济发展水平高的地区可以为产业转型升级给予优良的经济基础。

居民收入是影响海洋产业高质量发展的一个重要因素。居民收入的提高，用于个人消费的费用相应地会提高，对于服务性消费的需求也会提高。这不仅仅会对滨海旅游业和海洋交通运输业的发展起重大促进作用，还会带动从事海洋产业的从业人员数量增加，并提高海洋从业人员的劳动效率。居民收入越高，企业的劳动成本就会越高，不利于劳动密集型企业的发展，从而促使海洋相关企业由劳动密集型向资金和技术密集型方向发展。

海洋生态环境是海洋生物生存和海洋经济发展的基本条件，海洋生态环境治理已变成基本建设当代海洋产业管理体系和海洋产业高质量发展的关键牵制要素。良好的海洋生态环境能够维护海洋生物的多样性，促进海洋资源的合理开发和利用。对海洋资源过度索求，大肆污染海水，对海洋生态系统进行破坏，不利于我国海洋产业可持续发展。海洋产业的高质量发展首先是要绿色发展，海水养殖业、海洋渔业和海洋化工业的发展离不开赖以生存的海洋生态系统。海洋生物的多样性，可为发展优质海洋食品、海洋药物、海洋生物制品和其他海洋精深加工品提供充足的原材料，对于推动海洋生物医药业迅速发展意义重大。

4.4 海洋产业高质量发展的路径分析

（1）构建海洋科技创新体系。

科技是第一生产力。推动海洋产业高质量发展，要以科技的力量提升海洋传统产业发展潜力，鼓励培育和发展海洋新兴产业，打造并延伸可持续发展的海洋产业链。随着我国近海渔业资源的消耗，海洋渔业发展放缓，需要提升技术，扩大海水养殖规模。新兴海洋产业近年来成长迅速，已经成为我国发展海洋经济的战略重点。新兴海洋产业作为海洋产业最具有潜力的产业，将从要素驱动转变到技术驱动的发展新阶段。因此，政府应当发挥宏观调控作用，需要加大对海洋新兴产业的资金支持力度，引导金融机构政策往海洋高新技术产业倾斜，不断推动海洋工程装备制造高端化、海洋生物医药与制品系列化、海水淡化与综合利用规模化和海洋可再生能源利用技术工程化，同时推动海洋新材料适用化，使海洋服务业向多元化方向迈进。

（2）大力培养海洋产业高质量就业人员。

海洋产业就业人员质量的高低决定着构建海洋科技创新体系建设的基础是否牢固。分析我国区域海洋经济发展现状不难看出，南部海洋经济圈的海洋产业增加值占比最高，但是广西海洋经济发展能力较弱。因此应积极引进海洋产业发展的高端人才，通过建设海洋高科技产业园、设立海洋高校和学科发展基金、健全相关服务配套体系、构建人才交流平台以及提高薪资待遇等措施，打造良好的创新创业营商环境，为海洋高端人才更好地实现自身价值保驾护航，促进区域海洋经济协调发展。通过整合海洋资源，搭建海洋高端人才合作平台，促进人才之间的消息互通。构建海洋机构与高校之间的合作平台，促进学校产学研一体化先进系统的建立，为海洋高端人才就业奠定基础。

（3）加强海洋产业转型的金融支持。

受自然因素制约，海洋产业投资周期长、风险大，资本进入海洋经济市场更应当探索一条符合我国各个区域海洋经济特色的发展之路。首先，要深化资本市场融资功能，对于各涉海企业，可以选择在市场上市，通过股票市场进行融资。要通过建立相应的海洋产业专项发展基金，为海洋产业发展提供更具有针对性的一对一的金融服务，鼓励涉海金融租赁公司发展特色海洋融资租赁服务。其次，要打造海洋金融服务聚集区，加快海洋中心试点城市建设，围绕海洋中心城市，构建集海洋产业集投资、资本流动和海洋金融运营等功能于一体的综合性平台。要建设海洋金融信息化平台，加强区域内外的资源和信息共享。要通过建立海洋专营金融机构，为涉海领域经济更好发展提供全方位的金融保障服务，创新并开发专门针对海洋金融融资需求的产品，使资金供给和需求结构与发展规模保持协调一致。

（4）促进海陆联动协同发展。

海洋产业于陆域产业联系紧密，特别是陆域第二产业发展对海洋产业的贡献最大。为了实现海洋产业高质量发展，需要对海陆联动发展做出新要求。要建立协同治理的行政管理体制，加大落实各管理人员的管理区域和责任，有序推进海陆生态系统协同发展与保护。要严守海洋生态红线，建立健全以近岸海域为重点、覆盖我国管辖海域、辐射极地和深海重点关注区的业务化生态预警监测体系，助力我国碳达峰与碳中和目标的实现。要巩固三大海洋圈中心省份和全球海洋中心城市的创新优势，增强其他海洋地区在产业优化与转移、创新产业培育与孵化、腹地经济建设、生态安全打造等方面的功能，不断形成优势互补、高质量发展的区域海洋经济空间格局。秉承共商共享共建的发展理念，以共建21世纪海上丝绸之路作为契机，在加强我国与他国陆域经济合作的同时，要积极参与公海、深远海以及极地的经济治理，构建并加强海上互联互通。①

（5）坚持绿色可持续发展战略。

近年来，由于海洋生态环境问题日益突出，要实现由“蓝色经济”往“绿色经济”过渡，一是不断拓宽海洋绿色养殖空间，发展现代绿色产体海洋渔业。加大海洋渔业资源养护力度，大力发挥海洋牧场示范区的综合效益和示范带动功能。二是严格遵循绿色发展路径，充分实施新兴产业培育创新计划。要加快培育发展现代海洋生物医药、海洋高端装备、海水综合利用、海洋新能源等新兴产业，不断推动海洋产业结构向中高端迈进，构建绿色海域经济链，齐力打造沿海绿色产业经济带。三是以低碳发展为引领，构建“立体海洋”绿色发展创新模式。通过打造规模化、标准化的生态型和集约型海洋循环经济示范企业和产业园区，实现海洋经济向质量效益型转变。② 四是发展现代海洋服务业，大力推进航运服务功能集聚区建设。要完善金融服务、科技研发、行业中介等海洋公共服务平台建设，加快海洋信息技术和资源的整合，使现代海洋服务业向集团化、网络化和品牌化方向发展。

---

① 杨林：海陆统筹推进海洋经济高质量发展，https://www.sinoss.net/c/2021-08-31/565548.shtml。

② 刘波、朱广东：以绿色理念引领海洋经济高质量发展，http://www.zgqdlsjj.com/p/32142.html。

第5章　海洋科技创新与海洋经济高质量发展的互动性研究[①]

科技创新对海洋经济增长意义重大。本章选取海南省2005～2017年海洋科技创新与海洋经济增长的数据，通过构建VAR模型对海南海洋科技创新与海洋经济增长的互动关系进行了实证分析。研究发现，科技创新投入与经济增长之间存在显著的协整关系；海南省海洋经济的增长是海洋科研机构科研人员增加的格兰杰原因；海洋科研人员增加、海洋科研经费投入增加将大大拉动海洋经济的发展。基于以上结论，从政府顶层设计、人才培养与引进制度、海洋知识产权保护等角度提出相应政策建议，以期推动海南海洋经济高质量发展。

5.1　海洋科技创新与海洋经济高质量发展研究背景

21世纪是海洋的世纪。随着经济的深入发展，土地资源的不断消耗，人地矛盾日益突出，陆域资源匮乏的问题不断显现，人们逐步把目光转向了资源丰富的海洋。伴随着人们对海洋的认知能力和开发能力的不断提升，海洋经济开始作为社会经济发展的重要组成部分被大众关注。大力发展海洋经济，建设海洋强国已上升至国家战略高度。党的十九大报告也明

---

① 本章主要内容的英文版已发表在SCI期刊 *Journal of Coastal Research* 上：Dajin Yu（余达锦），Zhengwei Zou（邹政伟）. Empirical Research on the Interaction between Marine Scientific and Technological Innovation and Marine Economic Development. Journal of Coastal Research，2020，（108）：7－11.

确提出要坚持陆海统筹，加快建设海洋强国。

作为拥有我国海洋面积最大的省份海南省，海域面积辽阔，海洋资源丰富多样，海洋经济的发展前景十分广阔。2017 年，海南省海洋经济生产总值为 1250 亿元。数据测算表明，到 2022 年海南海洋经济生产总值占全省生产总值比重将超过 30%，总数将突破 2000 亿元。但从全国海洋经济发展总体来看，海南海洋经济发展总体情况不容乐观，远落后于广东、山东、福建、浙江等全国其他主要沿海发达省份。可见，虽然海南省海洋资源丰富、发展潜力巨大，但由于海洋科技创新能力水平不高等原因，限制了海南海洋经济的可持续、高质量发展。众所周知，科技是第一生产力，创新是引领发展的第一动力，海洋经济的发展离不开海洋科技创新的支撑。理论研究表明，海洋科技创新能够促进海洋经济的增长，反过来，海洋经济的增长又有助于海洋科技创新的发展。因此，深入挖掘科技创新与海南海洋经济发展的互动关系，对推动海南海洋经济发展具有重要意义。

5.2　海洋科技创新与海洋经济高质量发展相关文献综述

关于海洋科技与海洋经济的有关研究，国内外学者已经取得了一定的成就。Rorholm（1967）采用投入产出法研究了海洋产业对海洋经济和国民经济的影响。Pontecorvo 等（1980）运用国民账户法研究海洋经济对国民经济的重要影响。Noailly 和 Shestalova（2017）从电力发展的角度出发，研究发展太阳能、水能等可再生能源技术的发展对海洋经济的发展有促进作用。Blackford 等（2014）认为化石燃料燃烧导致的气候变暖、旅游业的过度开发造成的环境污染将间接造成海洋经济损失。Ciannelli 等（2014）认为海洋科技成果应用有助于海洋经济增长。

吴梵等（2019）运用三阶段 DEA 方法对海洋科技创新影响海洋经济增长的效率进行测算，研究结果发现海洋科技创新对海洋经济增长效率的整体影响不大。杜军等（2019）利用 2006 ~ 2015 年的省级面板数据构建面板向量自回归（PVAR）模型，研究结论表明海洋经济增长对海洋科技创新具有显著的影响。房辉等（2019）利用中国2006～2015年11个沿海省市的数据构建动态因子分析模型进行实证分析，研究发现沿海省市的发展协调性存在较大差异，大多数沿海省市的海洋科技创新较经济发展滞后。戴美艳（2018）利用2006～2014年沿海11省市海洋科技创新投入和产出数据，运用随机前沿方法对我国海洋科技创新效率进行测算，并分析相关影响因素，得出了学历结构和外贸依存度对我国海洋科技创新效率影响较大的研究结论。冯瑞敏等（2016）运用因子分析法对全国11个沿海省市的海洋产业竞争力进行实证分析，发现推进海洋产业结构转型的主要动力为海洋科技创新能力。王泽宇等（2017）采用熵权法和VAR模型研究了资源开发与海洋经济增长的关系，研究表明海洋资源开发与海洋经济增长存在显著相关关系。

综上所述，学者们对海洋经济发展与海洋科技创新的研究主要集中在海洋经济增长效率测算，海洋科技创新效率分析，海洋科技创新、海洋资源开发对海洋经济发展的影响这几个方面，且均是利用我国宏观数据或者省级面板数据进行研究，少有学者聚焦于某一地区开展研究。因此，本章着眼于我国海洋面积最大的省份海南省，研究海洋科技创新与海洋经济发展间互动关系，对推动区域海洋经济高质量发展具有重要意义。

5.3 海洋科技创新与海洋经济高质量发展互动性模型构建与指标选取

这一部分将建立本章用来分析海洋科技创新与海洋经济发展间互动性的VAR模型，并对变量选取与数据进行相关说明。

5.3.1 海洋科技创新与海洋经济高质量发展互动性模型构建

向量自回归（Vector Auto－Regressive，VAR）模型最早由Sims提出并应用到经济学研究领域中来。向量自回归（VAR）模型由多元时间序列变量组成，用内生变量对全部内生变量的滞后期进行回归分析，从而可以利用模型来检验全部内生变量间的动态关系，并对其长期关系进行预测分析。本章主要运用VAR模型来分析海南省海洋科技创新与海洋经济发展间的互动性，滞后期为p阶的VAR模型的矩阵表达形式为：

$$\begin{pmatrix} y_{1t} \\ y_{2t} \\ \cdots \\ y_{nt} \end{pmatrix} = A_1 \begin{pmatrix} y_{1t-1} \\ y_{2t-1} \\ \cdots \\ y_{nt-1} \end{pmatrix} + A_2 \begin{pmatrix} y_{1t-2} \\ y_{2t-2} \\ \cdots \\ y_{nt-2} \end{pmatrix} + \cdots + A_p \begin{pmatrix} y_{1t-p} \\ y_{2t-p} \\ \cdots \\ y_{nt-p} \end{pmatrix} + B \begin{pmatrix} x_{1t} \\ x_{2t} \\ \cdots \\ x_{dt} \end{pmatrix} + \begin{pmatrix} \varepsilon_{1t} \\ \varepsilon_{2t} \\ \cdots \\ \varepsilon_{nt} \end{pmatrix} \quad (5-1)$$

其中，y_t 为k维内生变量向量，x_t 为d维外生变量向量，ε_t 为k维随机干扰项。p是滞后阶数，n为样本个数。

5.3.2 相关变量选取与数据说明

本章选取2005~2017年海南省的时间序列数据来进行研究分析，数据均来源于国家统计局官网、《中国海洋统计年鉴》等。考虑到样本容量的限制及数据的可得性，经过研究并参考相关文献，这里选取海南省海洋生产总值GDP作为衡量海洋经济发展的情况，海洋科研机构科研人员数和海洋科研机构经费来衡量海洋科技创新投入的指标。为了研究方便，将海洋科研机构科研人员数记为 x_1，将海洋科研机构经费记为 x_2，将海南省海洋生产总值GDP记为 x_3，建立VAR模型进行量化分析。为了减小异方差的影响并降低数据的波动性，对各指标数据取自然对数，分别记为 $\ln x_1$、$\ln x_2$ 和 $\ln x_3$。变量的描述性统计分析如表5.1所示。

表5.1　变量描述性统计

变量	$\ln x_1$	$\ln x_2$	$\ln x_3$
均值	5.0601	10.9236	6.4153
最大值	5.5013	12.0137	7.1309
最小值	4.0073	9.2633	5.6276
标准差	0.4573	0.8704	0.5028

5.4 海洋科技创新与海洋经济高质量发展互动性的实证分析

这一部分将对时间序列数据进行包括单位根检验、协整检验、格兰杰因果检验等在内的一系列检验分析，确定模型滞后的阶数，并进行模型的相关检验与分析。

（1）单位根检验。

由于时间序列数据可能存在“伪回归”现象，因此需要对所选研究数据进行单位根检验。参考已有研究成果，本章采用 ADF 方法与 PP 检验方法进行单位根检验，具体见表 5.2。根据表 5.2 中的结果，原始变量值均大于 5% 临界值，这说明存在单位根，因此原始变量序列不平稳。但是经过一阶差分之后，原始变量值均小于 5% 临界值，这说明均不存在单位根，各原始变量序列为一阶单整序列，达到了进行协整检验的基本条件。

表 5.2　　　　单位根检验结果

变量	ADF 检验（P 值）	PP 检验	结论
lnx_1	0.5242	0.5682	不平稳
lnx_2	0.6356	0.5936	不平稳
lnx_3	0.7907	0.4406	不平稳
$dlnx_1$	0.0274	0.0283	平稳
$dlnx_2$	0.0000	0.0000	平稳
$dlnx_3$	0.0327	0.0123	平稳

（2）协整检验。

鉴于时间序列 lnx_1、lnx_2 和 lnx_3 在一阶差分后均平稳，它们之间可能存在协整关系，因此选择 Johansen 检验方法进行协整检验，检验结果如表 5.3、表 5.4 所示。

表5.3　迹统计量检验

原假设下协整关系个数	特征值	迹统计量	5%临界值	P值
None	0.9604	63.6630	29.7971	0.0000
At most 1	0.8996	31.3635	15.4947	0.0001
At most 2	0.5673	8.3780	3.8415	0.0038

表5.4　最大特征值检验

原假设下协整关系个数	特征值	迹统计量	5%临界值	P值
None	0.9604	32.2995	21.1316	0.0009
At most 1	0.8996	22.9855	14.2646	0.0017
At most 2	0.5673	8.3780	3.8415	0.0038

从表5.3和表5.4可知，最大特征值和迹统计值两种协整检验法均表明，在5%的显著性条件下，拒绝了“不存在”“至多存在一个”“至多存在两个”协整关系的原假设。所以这3个时间序列变量之间存在一个协整关系，并且存在长期稳定关系。

（3）格兰杰因果检验。

协整检验表明 lnx_1、lnx_2 和 lnx_3 之间存在长期均衡关系，为了进一步判断各变量之间是否构成因果关系，用平稳时间序列 $dlnx_1$、$dlnx_2$ 和 $dlnx_3$ 进行 Granger 因果关系检验，检验结果见表5.5。从表5.5中可以看出，在10%的显著性水平下拒绝 $dlnx_2$ 不是 $dlnx_1$ 的格兰杰原因的原假设，接受 $dlnx_1$ 不是 $dlnx_2$ 的格兰杰原因的原假设，说明海洋科研机构科研人员数量与科研经费之间具有单向格兰杰因果关系；而 $dlnx_3$ 和 $dlnx_2$ 之间不具有格兰杰因果关系，这可能与海洋科技创新周期长，创新成果转换率低，海洋科研机构经费投入的增加需要较长时间才能产生经济效益有关。此外，$dlnx_1$ 与 $dlnx_3$ 间也存在单向因果关系，即海南省海洋经济的增长是海洋科研机构科研人员增加的格兰杰原因。

表5.5　格兰杰检验结果

原假设	F统计量	P值	检验结果
$dlnx_1$ does not Granger Cause $dlnx_2$	2.5742	0.1559	接受
$dlnx_2$ does not Granger Cause $dlnx_1$	4.6760	0.0597	拒绝

续表

原假设	F 统计量	P 值	检验结果
$dlnx_3$ does not Granger Cause $dlnx_2$	2.1389	0.1990	接受
$dlnx_2$ does not Granger Cause $dlnx_3$	2.6856	0.1469	接受
$dlnx_3$ does not Granger Cause $dlnx_1$	8.0363	0.0201	拒绝
$dlnx_1$ does not Granger Cause $dlnx_3$	0.0115	0.9886	接受

（4）模型滞后阶数的确定。

变量滞后阶数的选择与 VAR 模型构建结果的优劣关联紧密。本章采用 AIC 指标与 SC 指标最小为准则，确定最佳滞后阶数，检验结果见表 5.6。根据表 5.6 检验结果，建立 VAR 模型的最佳滞后阶数应为 2 期。

表 5.6　　模型滞后阶数的确定

Log	LR	AIC	SC
0	5.4478	-0.4080	-0.2868
1	29.7620	-3.2295	-2.7954
2	45.9923	-4.9985*	-4.3630*

（5）模型平稳性 AR 检验。

针对 VAR 模型可能出现“伪回归”现象，为了使模型分析结果更加准确和科学，对模型进行相关平稳性检验显得尤为必要。这里运用 AR 根来检验模型的平稳性，结果如图 5.1 所示，结果显示所有特征根都在单位圆内，表明上述建立的模型是科学的、稳定的。

（6）脉冲响应分析。

脉冲响应是指一个变量的随机误差项的冲击对所有内生变量当期以及随后各期的影响，它描述了误差项的影响是如何传递到各个变量，以及各个内生变量受到冲击之后会呈现怎样的时间变化趋势。这里对各个变量的响应过程设置了 10 步模拟，用横轴表示滞后时期数，纵轴表示响应变量的大小，如图 5.2、图 5.3、图 5.4 所示。

由图 5.2 可知，海南省海洋科研机构科研人员数量受到海洋生产总值的扰动或冲击在第一期没有做出响应，从第二期开始上升，第三期达到峰值，为 0.10，即海南省海洋生产总值增加 1%，海洋科研机构科研人员增加 0.1%，第三期过后，开始下降，第四期为负值，产生负向影响，直至

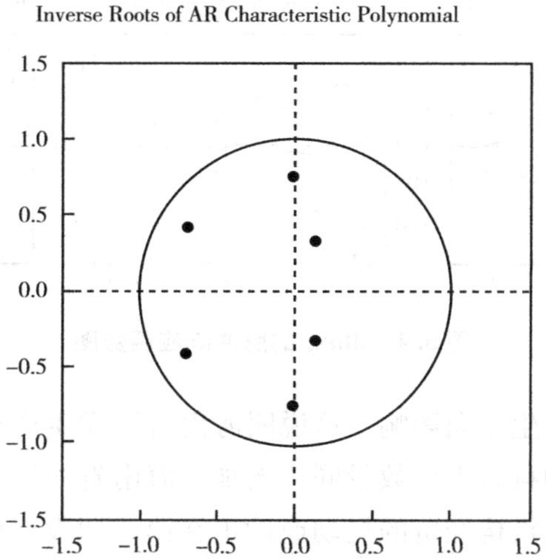

图 5.1　AR 检验结果

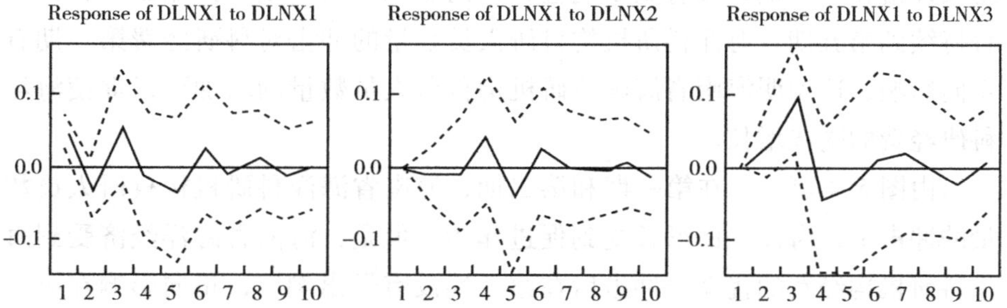

图 5.2　$dlnx_1$ 的脉冲响应函数图

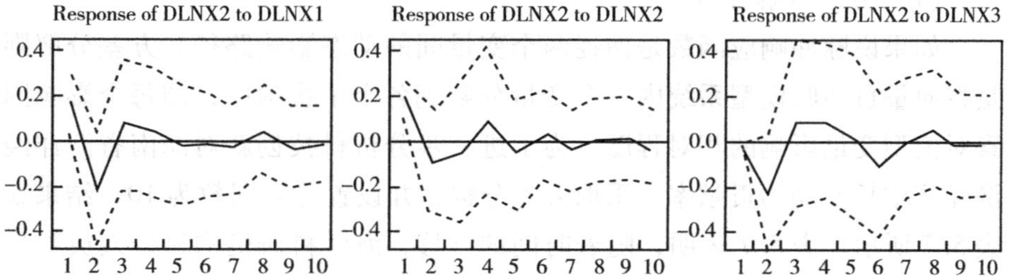

图 5.3　$dlnx_2$ 的脉冲响应函数图

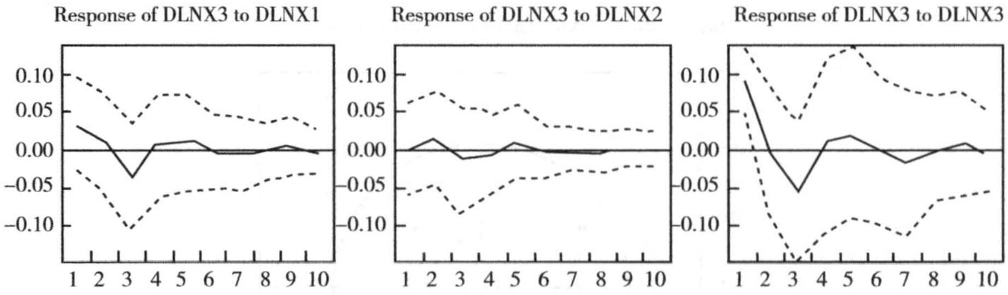

图 5.4　$dlnx_3$ 的脉冲响应函数图

第六期后才开始产生正向影响，这说明海南省海洋生产总值的增长并没有促使海洋科研机构科研人员数量同步增加。海南省海洋科研机构科研人员数量受到海洋科研机构经费的扰动或冲击在第一期没有做出响应，显著的正向影响直到第四期才产生，第六期过后只产生微弱的影响。

由图 5.3 可知，海南省海洋科研机构科研经费受到海洋生产总值的扰动或冲击在第一期并没有做出响应，正向影响到第三期才开始出现，并一直持续到第五期。海洋科研机构科研人员数量的冲击对科研经费第一期有正向影响，这说明海南省海洋科研机构科研人员数量的增加可以促使海洋科研经费的同步增长。

由图 5.4 可知，在第一期和第二期，海南省海洋科研机构科研人员数量的冲击下，海洋经济增长受到促进作用。但是，海南省海洋经济受到海洋科研机构经费的扰动或冲击后在第一期没有做出响应，正向影响在第二期开始出现并达到最大值，第六期之后影响微弱。可能的原因是经费的投入转化为科技创新生产力需要一定时间，进而推动海洋经济的发展。

（7）方差分解分析。

如果说脉冲响应函数是捕捉两个变量间的动态影响路径，方差分解则是将向量自回归模型系统内一个变量分解到各个干扰项中，即每个影响因素对模型变量影响的相对程度。为了进一步分析科技创新对海南省海洋经济经济增长变动的贡献率，采取方差分解，并设置分解期数为 10，结果如表 5.7 所示。表 5.7 表明，随着时间的推移，海洋科研机构科研人员数量对海南省海洋经济发展的贡献率稳定在 17.4%，大于科研经费投入增加对海洋经济发展的贡献率。

表 5.7　方差分解结果

Period	S. E.	DLNX1	DLNX2	DLNX3
1	0.0998	12.2345	0.0270	87.7384
2	0.1019	12.7037	3.0509	84.2454
3	0.1213	17.2943	3.4557	79.2500
4	0.1219	17.4789	3.6776	78.8435
5	0.1255	17.4116	4.2922	78.2962
6	0.1256	17.4104	4.3710	78.2186
7	0.1271	17.2147	4.2770	78.5083
8	0.1272	17.2272	4.3558	78.4169
9	0.1278	17.3949	4.3574	78.2477
10	0.1279	17.4132	4.3658	78.2210

5.5　结论与海南省海洋经济高质量发展建议

21 世纪是海洋的世纪，海洋经济的发展越来越被大众所重视并研究。本章运用格兰杰因果检验、VAR 模型的脉冲响应函数和方差分解法，研究了海南省海洋科技投入对海洋经济增长的动态影响，分析了海南省海洋科技投入对海洋经济增长的动态冲击的贡献度，得出以下结论：

第一，科技创新投入与经济增长之间存在显著的协整关系，即海洋科研机构科研人员数 x_1、海洋科研机构经费 x_2、海南省海洋生产总值 x_3 三者间存在长期稳定关系。协整检验显示，三者间存在正向协整关系，也就是说，海洋科研机构人员数量增加、经费投入增加，海南省海洋经济增长也就越快。

第二，从格兰杰因果关系看，海南省海洋科研机构科研人员数量与科研经费之间具有单向格兰杰因果关系，海南省海洋科研机构科研经费投入增加是科研人员数量增加的格兰杰原因；此外，海南省海洋经济的增长是海洋科研机构科研人员增加的格兰杰原因。

第三，从脉冲响应函数分析来看，海南省海洋科技创新的发展对促进海洋经济的增长作用明显。具体来说，海洋科研人员增加、海洋科研经费投入增加将拉动海洋经济的发展。

第四，从方差分解来看，海洋科研机构科研人员数量对海南省海洋经济发展的贡献率大于科研经费投入增加对海洋经济发展的贡献率。

综合上述分析，提出如下海南省海洋经济高质量发展政策建议：

一是海南省政府要立足于海南省独特的区位优势，加强海洋经济高质量增长的顶层设计，营造海洋经济高质量发展的良好环境。

二是建立健全海洋经济相关人才培养和引进制度，提高海洋教育的质量，适当增加海洋类各专业博士生硕士生等高素质人才的招生数量，并且要严格把关，在提高海洋科研人员的质量上下大力气。

三是继续加大海洋科技创新的投入，积极建设各类创新科研平台，持续推进各类海洋科技产业的培育与孵化，扩大海洋科研机构的规模和数量。

四是建立健全海洋知识产权保护制度，促进海洋科研成果及时在实际生产生活中的转化应用，缩小海洋科技成果应用存在的滞后期，提升海南海洋经济增长质量。

水利篇

第6章 水利建设对区域高质量发展影响机制研究

党的十九大报告指出，中国经济已经从高速增长阶段转向了高质量发展阶段。高质量发展更加关注社会、经济、人民生活以及生态环境等维度的协调发展，促进形成高效且可持续的经济发展新模式。在《中华人民共和国国民经济和社会发展第十四个五年规划和2035年远景目标纲要》中进一步明确指出，经济高质量发展中存在不平衡不充分的问题，包括城乡差距较大、产业结构现状未突出优势、科技创新未适应我国高质量发展需求、生态环境绿色发展进程任重道远等。[①] 且伴随着人口增长和经济发展，人民对美好生活的向往更加迫切，这对国家基础设施建设包括水利建设也提出了更高的要求。作为基础设施建设重要组成部分之一，水利建设囊括了对水资源的科学开发、高效利用、合理保护以及综合治理等，兼具公益性和经济性，在满足人民对持续水安全、优质水资源、宜居水环境以及健康水生态需求的同时，对推动区域经济的高质量发展起着至关重要的作用。

我国拥有世界6%的水资源总量和约20%的人口，属于人均水资源相对较少的国家，也是世界上治水难度最大、治水任务最为繁重的发展中国家之一。我国一直立足于国情水情，精准把握社会经济发展和水自然规律，积极实践探索水利建设现代化。2011年中央一号文件《中共中央国务院关于加快水利改革发展的决定》以水利为主题，提出了“努力走出一条

① 《中华人民共和国国民经济和社会发展第十四个五年规划和2035年远景目标纲要》，中国经济网，2021－03－13。

中国特色水利现代化道路”。① 在新时代思想的引领下，我国确定了“节水优先、空间均衡、系统治理、两手发力”的治水创新思路，充分发挥政府财政和科技投入引领作用，抓紧启动了一大批重大水利工程和配套设施建设，为提高水利治理能力，提供水安全保障，进一步推动水利高质量发展提供了保障。但是中国水资源供需不平衡，且部分地区水资源开发利用方式较为粗放，严重制约着经济可持续发展与人民生活水平的提升。结合国家提出的五大发展理念，分析水利建设影响区域高质量发展的影响机理，以及水利建设对不同层面上区域高质量发展的影响程度，对改善我国水利建设基础、促进水利行业发展、实现区域高质量发展意义重大。

6.1 水利建设对区域高质量发展影响相关文献综述

国内外学者对于区域水利建设发展现状已经进行了深入的剖析，也有许多学者致力于研究水利建设对区域经济的影响以及两者的协调发展关系方面。

6.1.1 水利建设发展现状与区域发展相关研究

水利建设是国家经济基础设施建设的重要组成部分，在水资源合理开发和利用、防洪安全、生态可持续发展以及推动国民经济高质量发展中有着不可替代的作用。Bhattarai 等（2007）认为农田水利不仅会影响农民收入、涉及粮食安全问题，而且关乎国家的稳定与发展。吴文庆和王立勇（2011）认为水利基础设施的投入可以产生社会、经济和环境的综合效益。张晨敏（2011）指出水库移民工作属于水利水电工程建设的一部分，保障移民的合法权益，可以有效维护库区经济稳定发展。刘朔和李倩茹（2014）研究了从科学开发水能、加强水土保持等方面推动传统水利建设

① 《中共中央国务院关于加快水利改革发展的决定》，http：//www. gov. cn/jrzg/2011 －01/29/content_1795188. htm。

到水环境保护和水资源可持续利用的现代生态水利转变。

苏建广等（2016）基于层次分析法构建了云南小康水利指标体系并进行相关实证评估。吴丹（2015）从经济、社会和自然水生态三个维度构建水利绿色发展评价指标，评价了其发展进程并明确了其战略定位。Taisuke等（2018）运用Probit模型验证了灌溉管理集体行动与社会资本、水田面积相关。周琴慧等（2018）分析了贵州水利法治能力建设现状，提出了从组织保障、落实机制等方面提升水利法治能力的措施。刘景纯（2020）认为新兴农田水利发展的关键在于有科学方法和系统建设。赖红兵和鲁杏（2020）借鉴了美国、日本、欧盟等国家和地区农村水利建设相关经验，构建了回归分析计量模型研究了我国农村水利建设与农业现代化发展的关系。栗欣如（2020）探究了我国水利绿色发展的区域差异及影响因素。Feizizadeh等（2021）运用GIS的多准则决策分析和CA－Markov模型研究了COVID－19影响下的用水需求，为城市水资源管理方法提供建议。

6.1.2 水利建设对区域高质量发展影响相关研究

水利建设与区域发展具有相互促进的关系。通过兴水利、除水害，可以促进社会经济和谐稳定，为区域高质量发展提供良好环境，而伴随着经济发展，对水利建设提供了投资环境和经济基础。Peter等（1993）通过数学建模得出水利基础产业对国民经济快速发展的乘数。John等（2007）研究了水利建设的环境效益。吴丽萍等（2012）通过Granger因果检验和协整检验分析了水利投资与农业经济增长的关系，发现水利建设后的第5年对农业经济增长的影响最大。吴丹（2014）构建了水资源利用和中国经济发展的脱钩时态分析模型，系统探究了脱钩的内在机理。魏轩等（2015）发现水利工程建设有利于优化产业结构，但同时会对生态经济产生负面影响。陈文超等（2016）基于投入产出理论并构建模型测度了水利工程移民投资对区域发展的带动影响。张勋和张睿（2017）全面考察了水利基础设施对区域经济增长的影响渠道，具体包括提高劳动产出效率和资本产出弹性。尹庆民等（2017）构建了水资源CGE模型，对比了高耗水行业在不同水资源管理政策下对经济的影响。马艺钊和郭群力（2019）分析了大型水利枢纽可以带动周边经济发展、增加周边财政收入、提高当地就业率。

胡海青等（2021）利用熵权法构建了经济可持续发展评价体系，并通过DEA的测度研究中国水利投资对经济发展的推动作用。金玉雪（2021）基于BVAR模型检验了洪涝灾害如何对经济增长产生影响。

马悦（2021）将绿色发展理念融入黄河流域水资源开发利用中，测度了其与经济高质量发展的协调水平。章彦萍（2021）分析了水环境质量对旅游经济高质量发展的影响机理。蔡芳等（2021）运用层次分析法测度了停建水利水电工程对区域经济全面发展的限制程度，同时分析了其带来的社会稳定风险。吴海峰（2021）研究表明水利建设可以作为推动农业农村经济高质量发展的抓手，分析了乡村振兴战略中的水利因素与作用。刘本琪和李满营（2022）分析了水利工程的设计、规划、施工和经营等不同阶段对区域经济发展的影响情况。

综上所述，国内外学者对水利建设和区域高质量发展各自的发展现状与趋势、测评方法以及影响因素等方面进行比较系统的研究，其研究成果也为后续研究奠定了基础。目前对于水利建设与区域经济发展关系的研究也很多，大多以水利基础设施或农田水利建设为主体，探究其与经济社会协调发展的水平、不同区域的差异状况。在影响因素分析上，缺乏理论层面上影响机制的分析，侧重于指标体系的建立和模型的构建，去研究水利水电工程、防洪工程、除涝工程等单一类型水利建设对区域经济发展的影响。本章结合国家提出的“创新、协调、绿色、开放、共享”这五大发展理念，分析水利建设对区域高质量的影响机制，为制定水利和区域高质量发展的政策提供理论支撑。

6.2　我国水利建设与区域高质量发展现状

中国位于亚洲东部，地势西高东低，季风气候明显，降水季节集中。2020年我国平均年降水量达到了706.5mm，同上年相比增加了8.5%，黄淮海平原、长江中下游平原地下水水位整体上升，西北地区盆地略有下降。受到降水偏丰、新冠肺炎疫情等影响，我国供水与用水总量相比2019年减少了208.3亿m^3，均为5812.9亿m^3。在水利建设方面，在建江河治理工程5213处，其中包括大江大河重要支流治理860处、洪区安全建设

544 处、堤防建设 585 处等，目前为止，黄河下游防洪工程已经基本完工，长江中下游河道整治进一步推进，鄱阳湖、洞庭湖治理在有序实施。在建水库及枢纽工程 1315 座，西藏湘河水利枢纽顺利截流，西江大藤峡水利枢纽成功完成通航、蓄水、发电的节点目标。2020 年在农村水利水电建设上，国家投入 660 亿元左右，全年新增节水灌溉面积 1059.0 千公顷，农村自来水普及率增长到了 83%。

2011 ~2020 年，我国节水灌溉面积由 29179 千公顷扩大至 37796 千公顷，新增面积 8617 千公顷，如表 6.1 所示，节水灌溉面积的扩大表明我国灌区工程取得了明显成效，有利于提高农田水利灌溉效率与质量、最大化利用水资源、确保粮食安全与农业现代化发展。值得注意的是，水利工程总供水量在 2014 年出现了首降，之后开始逐年回升，直至 2019 年新冠肺炎疫情暴发，2020 年供水量再次出现大幅度的降低。在水土保持及生态工程建设方面，我国持续进行覆盖全国的水土流失动态监测，掌握了重点区域、大江大河的水土流失变化情况，其综合治理面积达到了 143 万平方公里。10 年间，年末水电装机容量扩大了 1.5 倍左右，全年发电量由 6507 亿千瓦时增至 13540 亿千瓦时，提高了 2 倍左右，截至 2020 年年底，全国累计建设了 2789 座水电站，助推水资源的可持续发展。

表 6.1　　2011 ~2020 年全国水利发展主要指标

年份	节水灌溉面积（千公顷）	水利工程总供水量（亿立方米）	除涝面积（千公顷）	水土流失治理面积（万平方公里）	年末水电装机容量（万千瓦）
2011	29179	6107	21722	109.7	23007
2012	31217	6142	21857	103.0	24881
2013	27109	6183	21943	106.9	28026
2014	29019	6095	22369	111.6	30183
2015	31060	6103	22713	115.5	31937
2016	32847	6040	23067	120.4	33153
2017	34319	6043	23824	125.8	34168
2018	36135	6016	24262	131.5	35226
2019	37059	6021	24530	137.3	35564
2020	37796	5813	24586	143.1	36972

注：数据来源于 2011 ~2020 年《水利发展统计公报》。

2011～2020年我国经济发展迅速，国内生产总值不断增长，由48.79万亿元增长至101.36万亿元，如图6.1所示，2011～2020年，国内生产总值增加了2倍多，但其增长速度在逐年递减。我国的发展方式已经从规模速度型转变为质量效率型，把发展质量问题放在了更加突出的位置，使我国经济向结构更合理、分工更优化、形态更高级的阶段演进。人均GDP也翻了一番，由36277元增长至71828元，人民生活水平明显提高。研究期间，从三大产业的占比来看，由9.2∶46.5∶44.3调整到7.7∶38.6∶54.3，第一、第二产业分别减少了1.5个、7.9个百分点，第三产业增长了10.0个百分点，表明我国三次产业结构正在从以工业为主的第二产业向以服务业为主的第三产业转变，迈向更高质量更高效益发展阶段。

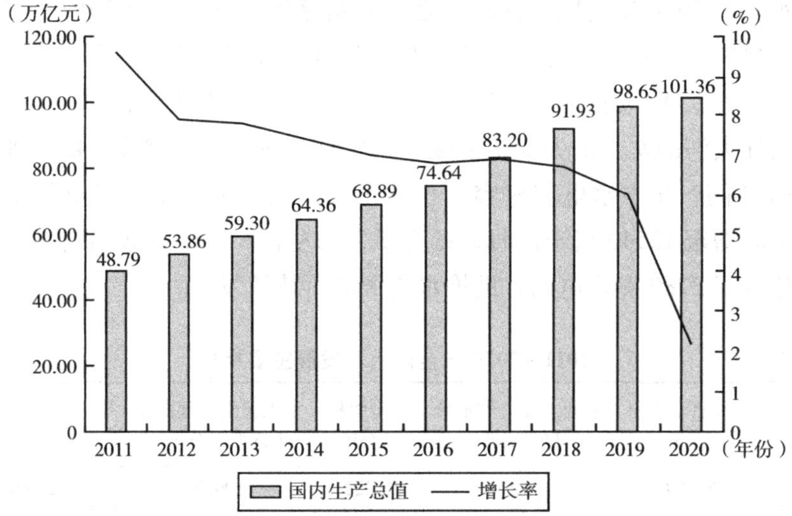

图6.1　国内生产总值及其增长率

6.3　水利建设对区域高质量发展的影响机制

水利建设在区域高质量发展中的地位举足轻重，是区域建设中不可忽视的一个因素。区域经济高质量发展通过创新引领，以更加开放的形式不断推动国内国际双循环发展格局，既关系经济发展又囊括生态建设，既保持区域协调建设又要求绿色环保，促进人与自然和谐共处，最终将取得的成果实现人民共享。因此，本节以创新、协调、绿色、开放、共享五大发展理念为视角，研究分析水利建设对区域高质量发展的影响机制。

6.3.1　水利建设对创新驱动的影响

区域高质量发展的关键是提高区域创新能力，提高科学建设研发投入，加强人才队伍建设，创造一个良好的技术创新环境。2021 年水利部印发《"十四五" 水利科技创新规划》，指出要以创新为第一动力，全面提升水旱灾害防御能力、水资源优化配置能力、大江大河生态治理能力等，不断加强水利战略科技力量，推广转化先进适用科技成果，提升技术攻关水平与科技创新能力，借科技自强自立引领新时期水利高质量发展。① 2020 年全国水利系统从业人员 80.9 万人，相比上年减少了 5.27%，在岗职工工资总额 790.9 亿元。与此同时，我国共投入 81.8 亿元用于水利行业能力建设，其中包括科研教育设施投资 1.7 亿元，水文建设投资 27.3 亿元，全面助力水利行业创新发展。就水利建设创新产出而言，《2020 年水利科技成果公报》收录了 71 项水利科技项目成果，其项目覆盖了水环境与水生态、水旱灾害防御、河湖治理、水文水资源等各项水利建设工程，并且其成果已经应用于生产实践当中，大大提高了水利科学创新技术水平，为水利高质量发展提供了科技支撑。水利建设对创新驱动的影响机制如图 6.2 所示。

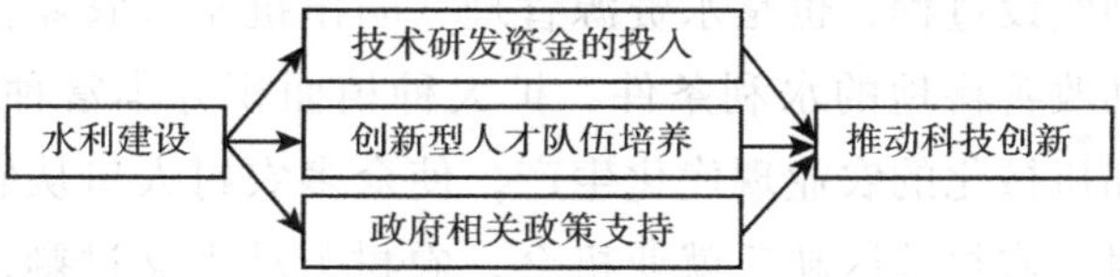

图 6.2　水利建设对创新驱动的影响机制

① 水利部印发《"十四五" 水利科技创新规划》，http：//www.legaldaily.com.cn/government/content/2022－01/11/content_8655397.htm。

6.3.2 水利建设对协调发展的影响

协调发展突出发展的规律性，主要包括产业结构和城乡结构的协调发展。水利建设不仅为区域高质量发展引进大量的资金、开发新技术，促进产业结构的合理优化与升级，还可以提高农业生产效率来推动农村减贫效应，缩减城乡居民收入，进而减缓城乡发展失衡。水利工程在建设阶段对促进区域内劳务服务市场、建筑建材市场的发展有较大影响，能有效增加全社会固定资产投资额，推动机电设备的生产与加工，提升居民就业机会，增加地区财政收入。同时在建设过程中，会对原有区域的产业结构和环境进行一定的升级改造，其中包括工厂类企业或住户需要进行搬迁改造等，政府对于搬迁工程或企业的资金与政策支持，促进企业向高端产业发展或转型，有效提升经济社会的发展质量。

首先，农村水利建设可以发挥汛期蓄水排洪、旱季引水灌溉的作用，增强农业生产的灾害抵御能力，降低自然灾害带来的作物受灾面积与直接经济损失。其次，我国约70%以上的经济作物均生长在灌溉区域，随着农村水利灌溉系统的建设，通过有效灌溉面积扩大来提高农业产量的同时，节约干旱季节灌溉人力和财力的投入，保障农业用水，促进农业经济增长。农业经济增长可有效助力农村大规模减贫，农业贫困人口既可以获取农村水利建设带来农业生产的直接收益，又可受益于我国实行的粮价保护制度和农业补贴政策，使农民的基本生活得到有效保障，减少极端贫困现象的出现。

农村水利建设过程，也是水资源管理、防汛抗旱等农业技术推广的过程，可以帮助改善耕地的水利条件、扩大种植面积并丰富种植作物选择，实现规模化和机械化的农业现代化生产，使众多农村人口从农业生产中解放出来。此时，农村地区缺乏就业机会，农村劳动力又过剩，部分劳动力向城市迁移，给农民带来可观的外出务工收入，缩减城乡收入差距。此外，伴随农村灌溉设施的完善、中小型水库的建设以及水土保持工程的实施，极大改善了农村的生态环境，为乡村旅游观光产业创造了机会，通过观光产业实现乡村劳动力内部转义，对乡村增收与致富、减缓城乡发展不平衡意义重大。水利建设对协调发展的影响机制如图6.3所示。

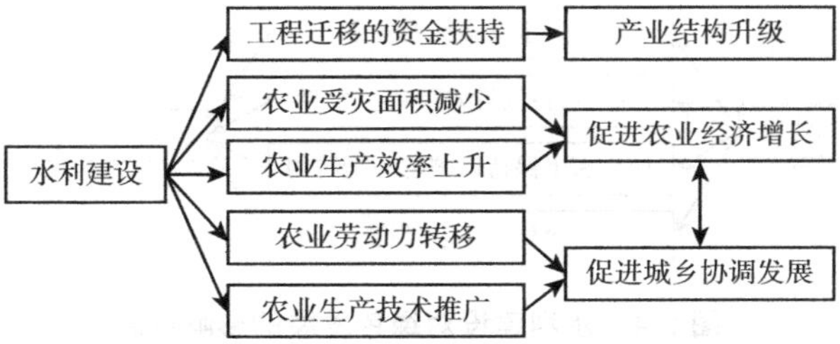

图6.3 水利建设对协调发展的影响机制

6.3.3 水利建设对绿色发展的影响

发展绿色经济，不仅是我国区域经济可持续发展的科学路径，也是全人类所做出的准确选择。生态水利建设为建设美丽中国提供环境基础，对促进绿色经济发展意义重大。加强水利建设中节水新科技的研发，淘汰高耗水落后工业，推广低压管道喷灌、微灌、输水等高效灌溉技术，减少水资源滴、漏、跑等浪费现象，提高水资源利用效率。要推动经济绿色低碳发展，就要降低对传统化石能源的依赖和消耗，大力发展新型清洁能源，如水能、地热能、太阳能、风能、核能等。我国科学开发水能的典型案例之一就是长江三峡水利枢纽工程建设，数据测算表明，截至2020年，自其投产以来生产的电能，可节约煤炭使用约2亿吨，减排二氧化碳5亿吨，对局部地区生态环境有较大改善。

我国的水土流失面积占国土面积的1/3以上，其带来的危害包括土壤肥力下降、耕地减少、水质下降、地质条件恶化、更易发生自然灾害等，大大影响人民生活质量，同时也制约了农业高质量发展。治理水土流失的关键在于改善自然环境，应大力实施造林绿化，增大植被覆盖面积，积极进行耕地有效整治，有效涵养土壤和水资源，从而提高农业产出效率。加强综合治理，减少湖泊、江河、水库等水体的泥沙淤积，保障水利设施的调蓄和泄洪功能。在修复水生态环境方面，可通过生态水利将水体净化与养鱼、肥田、绿化、清淤等相结合，不仅可以为人民打造一个碧水、蓝天、净土的居住环境，促进当地旅游业发展，还能提高水质，增加种植业、渔业、畜牧业生产产量。水利建设对绿色发展的影响机制如图6.4所示。

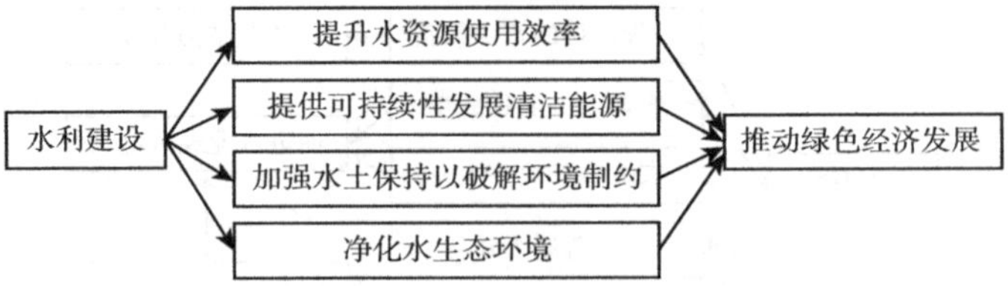

图6.4　水利建设对绿色发展的影响机制

6.3.4　水利建设对开放发展的影响

改革开放是当代中国命运的关键抉择，是通往中华民族伟大复兴的必经之路。早在改革开放初期，我国水利建设投资大幅度提升，融资方式也逐渐从单一的政府财政预算拨款转变为水利建设基金、政策性贷款、国债、外资利用等多种形式，投资规模逐渐扩大，初步形成以政府投资为主导、社会投资为辅助的多渠道、多层次水利投资格局。不断引进水利行业管理先进检验，加快与国际水利建设接轨步伐，广泛开展水利技术、法制、投资、贸易、管理等方面的国际合作，包括总结日本以法律为依据划分水利事权、美国以工补农的水价政策、以色列高效节水灌溉技术等经验。在将国外水利“引进来”的同时，推动我国水利“走出去”，大力培养国内水利队伍能力建设，输出工程技术、水利设备、人才队伍、管理方案等，占领国际市场份额，扩大我国水利建设方面在国际舞台上的经济竞争力和政治影响力。

截至2020年底，我国水利部已与60多个国家的水资源管理部门签署了相关合作协议，合作领域从传统的泥沙治理、水土保持、防洪除涝、灌溉技术，扩大到水利经济、工程移民、法治管理、人才培养等多个方面。2020年，我国稳步推进“一带一路”建设水利合作专项任务，与周边12个国家建立了不同形式的跨界河流合作机制，建立了互联网+“水利工程医院”国际平台，参加国际组织召开的水利双边、多边交流线上活动54场，外方主办活动112次。积极建立与世界银行、亚洲开发银行的合作，落实经费118万美元，关联实施项目3项。开通澜湄水资源合作信息共享平台网站，扎实做好周边国家水文报汛工作，促进联合研究、信息共享、能力建设、河流洪旱灾害防御等方面的合作，进一步实现互利共赢的局面。水利建设对开放发展的影响机制如图 6.5 所示。

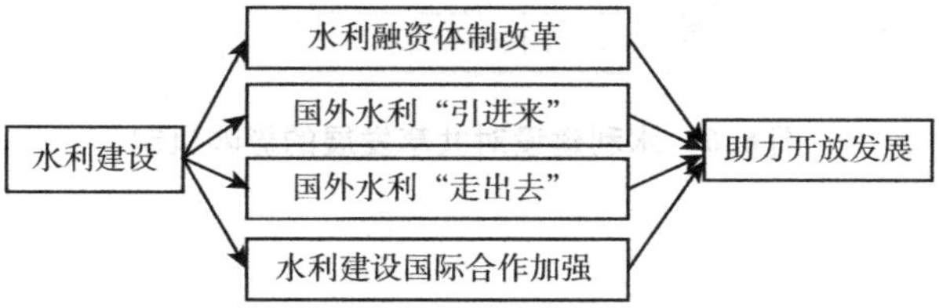

图 6.5　水利建设对开放发展的影响机制

6.3.5　水利建设对共享发展的影响

共享经济高质量发展重点体现在资源共享、社会效益、生态环境保护等方面。2021 年 3 月 5 日，李克强总理提出大力发展数字化政府，制定政务数据共享机制。“智慧水利”建设的重要内容之一就是水利信息化共享平台的搭建，对分散的信息数据进行系统整理和全面共享，提高信息资源利用效率，支撑各区域水利部门核心业务的运作，同时积极运用互联网技术，保证空间信息资源的实时性与同一性。此外，要充分利用现代化水利工程的调蓄功能，将丰水地区与丰水季节的富余水量通过水库、水利枢纽积蓄起来，调节到水资源缺失地区，改善我国人均水资源紧缺、时空分布不均衡的现状。目前建成或在建大型跨流域调水工程包括南水北调、引黄济青、引滦入津等。

洪涝灾害会造成生命健康和社会经济的直接损失，破坏社会基础设施和资源，迫使国家进行灾后重建工作，挤占可用于有更高经济增长效益的行业发展资金，影响经济资源的合理配置。防洪工程的建设可以有效降低洪涝灾害对区域造成的危害，2020 年我国水旱灾防御工作取得了全面胜利，全国大中型水库无一垮坝，减少受灾人口 1850 万人，减淹耕地 2568 千公顷，减灾效益高达 649 亿元，该工程所释放的经济效益则可用于加强其他产业或其他类型水利工程的建设，包括除涝工程建设、水土保持及生态工程建设、水电站建设等，助力创建宜居水环境和健康水生态。水利建设对共享发展的影响机制如图 6.6 所示。

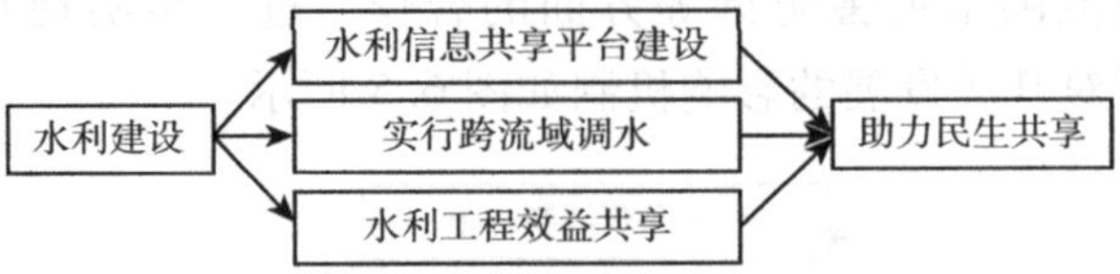

图 6.6　水利建设对共享发展的影响机制

6.4　水利建设对区域高质量发展水平提升路径

水利建设是推动现代农业发展的首要条件、解决生态环境污染的重要途径和保障区域高质量发展的基础支撑。贯彻五大发展理念，引领发展方式转变，可推动我国水利产业发展再上新台阶。基于本章在理论层面上影响机制的分析，我国水利建设对区域高质量发展水平提升上可以从以下五个方面考虑：

（1）依靠科技创新驱动水利现代化发展。习近平总书记指出，科技创新是核心，抓住了科技创新就抓住了牵动我国发展全局的牛鼻子。[①] 对水利建设而言，全面贯彻新发展理念，突破目前水利建设中的主要矛盾的关键在于以科技创新驱动高质量发展。满足水利改革发展的科技需求，不断加强相关基础问题、关键问题的研究，推动水利生产实践与科技成果的精准有效对接，高效转化科研成果，提升水利网络化、数字化、智能化水平，动态监测水体、水位、水土流失情况。

（2）协调发展完善水利建设网络布局。推动水利建设从供水灌溉、防洪除涝转变为水资源、水安全、水生态的统筹发展格局。加大对农业水利的资金扶持，强化水利工程管理，完善水法规体系，明确管护主体与责任。改善农业水利基础设施建设，发展节水灌溉，提高水土资源利用效益，增强农业综合生产力。因地制宜地采取分散供水、集中供水、城镇供水延伸农村的方式，解决农村地区饮水难、用水难的问题，持续推动城乡

① 习近平谈科技创新：抓科技创新就抓住了发展全局的“牛鼻子”，http：//stdaily. com/zhuanti/djsd/ 2020 -07/01/content_967903. shtml。

供水一体化。

（3）推动水利绿色现代化发展。水是生命之源、生态之基，水资源开发利用方式影响着经济发展方式。可制定绿色水利行为导向政策，强化水资源刚性约束，培育水利绿色发展意识，引导居民节水行为，创新推动用水方式从粗放型向绿色节约型转变。加强水利灌溉工程建设，提高农业用水效率，重视水土保持及相关重点生态工程建设，提升湖库水源涵养能力，保障江河生态流量，完善水生态治理保护体系，提升水生态安全保障能力，实现人水和谐共生，助力社会经济绿色转型。

（4）强化开放合作提升水利建设水平。开放发展是拓宽经济发展空间，不断提升发展水平的必备条件。加大对外合作，不仅可以补齐我国重点水利建设的短板，还可带动行业的整体发展。首先，我国应继续加强社会资本引进，拓宽水利融资渠道，优化水利投资结构，促进市场与政府两手发力，提高水利管理效率。其次，加强对外水利科技合作，积极引进先进水利技术与产品，着重对水资源管理、防汛抗旱、农村饮水安全等领域的引进与推广，缩短我国水利科技与国外先进水平差距的同时，向国际市场输出中国水利工程技术。

（5）坚持以人民为中心的发展思想，顺应人民对美好生活的追求与向往。水利发展的出发点和落脚点是保障和改善人民生活，解决与人民切身利益息息相关的水难、水患、水盼问题。要加快智慧水利建设，提升水利建设的信息化、现代化水平。要加快构建信息资源共享的水利大数据网络，为水利监管提供信息和现代科技支撑。合理规划水利工程规模，进行供水区供给分析与受水区需求分析的同时，考虑社会经济效益与生态环境影响，建设跨流域调水项目，缓解各地水资源矛盾，促进水资源时空分布均衡化。

第7章　高质量发展理念下水库管理现代化评价研究[①②]

水库是水利工程的一种，其具有调节水流量、灌溉、阻拦河水等作用，对农田水利和发电发挥了巨大作用。水库管理现代化不仅是构成我国基础设施建设管理现代化的重要基础，而且是实现乡村振兴与社会主义现代化强国建设的保证。高质量发展理念是我国社会主义建设进入新时代背景下具有引领性和开创性的重要发展理念，与创新、协调、绿色、开放、共享五大发展理念一样，内涵丰富、意义深远。高质量发展更强调全面性、平衡性，即发展的过程中更加体现协调的特点和要求。新时期，在高质量发展理念的引领和指导下，水库管理需朝着新方向不断修正，与时俱进。依据"水利发展十三五规划"以及《水库大坝安全管理和监控系统规划报告》《大中型水库标准化管理考核评价标准解读》等资料，可知水库管理现代化内涵丰富。水库管理现代化需以公共产品理论、市场经济系统理论、可持续发展理念为依据，对传统的水库建设与管理，进行技术升级、思维转变、理念改革，建立一套管理责任主体清晰、管理人才队伍充实、管理理念先进的机制，最终实现水库管理现代化进程的推进、社会经济可持续绿色发展。

当前，现有研究成果对于水库管理现代化大多只进行经济等单一方面的评价，很少从经济、安全、绿色等方面进行综合的考虑。因此，在以上研究

---

① 本章内容为江西省高校人文社会科学研究项目《高质量发展背景下资源、环境与经济协调测度研究——以江西省为例（GL19108）》的主要阶段性研究成果，主要执笔人为余达锦、邹政伟、李锦等。

② 本章主要内容的英文版已发表在SCI期刊"*Water Supply*"上：Da - jin Yu（余达锦），Zhengwei Zou（邹政伟），Jin Li（李锦）. Evaluation of Reservoir Management Modernization under the Concept of Coordinated Development. Water Supply，2020，（8）：3697 - 3703.

背景下，本章主要考虑在高质量发展理念下从经济、安全、绿色、科学四个方面进行综合分析，目标是建立有利于实现水库整体效益最大化的管理现代化评价指标体系。在构建指标体系的基础上，将定性与定量分析相结合，即利用层次分析法与模糊综合评价法相结合的方法进行实证分析，对高质量发展理念下水库管理现代化进行综合评价，提出相关发展建议。

7.1　高质量发展理念下水库管理现代化评价研究意义

（1）本章的研究理论意义。探究在高质量发展理念下水库管理现代化的内涵，建立水库管理现代化评价指标体系及对其影响指标权重测算与分析，是深化水库现代化管理改革、促进水库高质量发展的重要组成部分，是贯彻习近平总书记治水方略的要求，更是顺应新时代建设现代化强国和乡村振兴战略的新需要。

（2）本章的研究实际意义。对水库管理现代化进程来说，影响到国家水利现代化进程。目前，我国部分水库生态环境质量下降、水库管理薄弱、管理体制粗放、投入机制单一、管理投入比重不足、基层水管组织弱化、基层管理力量和效率不够等问题日趋凸显，这一现状对水库管理的现代化提出了更高的要求，对水库管理现代化状况进行评价已成为迫在眉睫的任务。通过建立水库管理现代化评价指标体系对水库各个方面进行评价，发现维持水库健康发展，高效益运行所要解决的主要问题与其面临的潜在风险，识别影响水库现代化建设的主导因子，有针对性地分析水库绿色、安全、科学、经济全面建设的驱动力，既可为当地水库管理部门的科学决策提供参考，也可为水库流域整体管理措施改进和生态环境保护实践提供可行性建议。

7.2　国内外水库管理现代化评价研究现状

在水库管理的研究方面，国内外学者们的研究主要集中在以下四类。

第一类是对水库管理方面的指标体系构建的研究。王振宝等（2013）从科技发展、生态环境、安全保障、基础设施等方面出发，基于水利现代化特征和基本内涵分析构建相关评价指标体系。谭云坤等（2013）以湖北某水库为例进行了相关研究分析，建立了水库管理现代化评价体系。赵前信等（2014）采用单因子评价法对六安市水库管理进行了综合评价与分析。方国华等（2013）在分析管理现代化指标内涵的基础上，分别从多个方面构建了可行性与操作性较好的评价体系，并根据科学性进行指标权重的确定。

第二类是水库管理现代化内涵方面的研究。王晓光（2013）认为水库管理现代化的根本目标是实现人类、经济、环境以及水环境的协调发展。要实现水库管理现代化，首要条件是传统治水思路和理论的转变、创新。聂相田等（2013）认为水库管理既是我国现代化的重要基础，同时也是实现国家现代化的保证。张冲（2018）认为水库管理现代化内涵极为丰富，包含人才管理体制机制、生态效益等方面的内容，指出要建立一套管理责任主体清晰、管理人才队伍充实、管理理念先进的机制，推进水库管理现代化进程、社会经济可持续绿色发展及乡村振兴。高玉琴等（2009）认为水库管理方法的内容包含引进新设备、新技术改善水库管理条件，积极推进水库管理信息化与自动化，实现监测、预报、决策的标准化、科学化和精准化。

第三类是对水库安全应急管理方面的研究。朱秀珍等（2005）进行了多种方法的水库应急管理的比较研究，运用灰色理论、主成分分析法分别对灌区运行状况利用进行了科学评价，并对比分析各方法的适用性、可操作性、科学性与准确性。龚竹（2011）基于 Web 技术的 GIS 模型，开发了以遂宁船山区水库为例的水库管理信息系统，实现对船山区大部分水库的精确查询和精细管理。郑斯瑞（2012）从应急管理运行机制、应急管理组织体系和应急保障机制三个方面，构建了水库的应急准备能力评价指标体系，并运用模糊评价方法对四川省剑阁县杨家坝水库和赛金水库进行综合评价。周志维等（2019）基于标准化管理，构建了大坝风险指标体系，并进行了评价。

第四类是对水库生态方面的研究。Costanza 等（1998）首次提出水库健康生态的定义，并指出其主要特点包含自我调节和对胁迫的恢复能力等。Jorgensen 等（1995）提出了水库生态系统健康初步评价程序。王则一等（2011）利用 RES－CON 模型对三门峡水库泥沙淤积管理进行了评价分析。Muhammad 等（2014）运用 HEC－RAS 模型对 Tarbela 水库的沉积管理进行了实证分析。

目前，在习近平总书记的治水方略的要求下，水库现代化管理建设进程不断推进。阅读文献后发现，以水库管理为研究主题的学者越来越多，相关理论研究成果也不断增多。但是，对于水库管理现代化的评价研究目前来看缺乏全面且可靠的评价指标体系。具体来看，其特点分为以下几个方面：

（1）现阶段，大部分学者的研究对象集中于水库建设的规划设计、建设运营等方面。在水库管理，尤其是水库管理现代化方面的研究相对较少。在已有的水库管理方面的研究中，学者们主要聚焦于水库管理的某个方面，如规模、技术等。而水库管理现代化水平的高低，要综合把握，整体考虑，对其的评价要尽可能全面且反映实际状况，进而才能为当地水库管理部门的科学决策提供参考。

（2）对于水库管理现代化的评价，在研究方法上，种类众多，各有特色；在指标选取上，经济、技术等是较为常见的，具有一定的借鉴意义。

（3）对于这些文献的研究方法，包括人工神经网络评价法、灰色关联度法等，在众多方法中，层次分析法和模糊综合评价法适用性较好，在对研究对象的评价方面的应用次数相对较多，相关的理论研究最为稳健、成熟。因此，本章将选用两者相结合的综合评价的研究方法对江西省典型水库管理现代化水平进行评价研究。

7.3　高质量发展理念下水库管理现代化评价指标体系

7.3.1　指标体系构建的目的

对于单一评价指标而言，只能体现水库管理现代化各方面水平的其中一项的高低，这种评价存在一定局限性以及片面性。因此，如果仅从单一评价指标出发进行水库管理现代化评价，得到的结论将不够全面，进而不能为后续水库管理与建设提供可靠的指导。与单一评价指标相比，指标体系的优势更具全面性、科学性。这里指标的构建也将利用指标体系的这一优势，进行高质量发展理念下水库管理现代化多角度、多层次的综合评价，其目的就是发现维持水库健康发展，高效益运行所要解决的主要问题与其面临的潜在风险，识别影响水库现代化建设的主导因子，有针对性地分析水库绿色、安全、科学、经济全面建设的驱动力，可为当地水库管理部门的科学决策提供参考，也可为水库流域整体管理措施改进和生态环境保护实践提供可行性建议。

7.3.2 现有评价中存在的问题

（1）目前对水库管理方面的评价较为单一片面。

阅读文献发现，近些年来，以水库管理为研究主题的专家学者越来越多，与之对应的相关评价指标体系也逐渐增多。但是，对于高质量发展理念下水库管理现代化的评价研究比较乏见，且大部分的相关评价只局限于水库管理的单一方面。

（2）高质量发展理念下针对水库管理现代化水平评价的指标体系尚未建立。

现有关于水库管理评价相关研究的指标体系一般是针对经济效益最大化。而水库管理现代化水平的高低，要综合把握，从宏观整体的角度考虑其综合的水平，才能建设出生命力更强、能可持续发展的、高质量的现代化水库。

7.3.3 高质量发展理念下水库管理现代化的内涵

参考已有研究成果，如“水利发展十三五规划”以及《水库大坝安全管理和监控系统规划报告》《大中型水库标准化管理考核评价标准解读》等，可知水库管理现代化内涵丰富。首先，水库的现代化管理应满足社会主义现代化强国建设的要求。因此，要加快发展速度和模式的转变，在管理的过程中就要结合水库工程所面临的新“瓶颈”，创新发展思路，全面推进水库的可持续发展。其次，引进新设备、新技术改善水库管理条件，积极推进信息化与自动化和智能化，实现监测、预报、决策的科学化和精准化。再次，水库管理现代化需以公共产品理论、市场经济系统理论、可持续发展理念为依据，对传统的水库建设与管理，进行技术升级、思维转变、理念改革，建立一套管理责任主体清晰、管理人才队伍充实、管理理念先进的机制，最终推进水库管理现代化进程的快速实现、社会经济可持续绿色发展。最后，以协调、可持续发展为目标，立足“绿水青山，就是金山银山”的理念，确保水库生态的绿色化，实现乡村振兴。

7.3.4 高质量发展理念下水库管理现代化评价指标选取原则

进行高质量发展理念下水库管理现代化的评价的前提是相应指标体系的建立。为了构建一个合理的指标体系，在构建的过程和选取各指标层的具体指标时本章将遵循以下几项原则。

（1）全面性原则。

高质量发展理念下水库管理现代化涉及库区经济发展、库区社会发展、库区生态环境、库区居民生活质量、库区统筹的各个方面，而且各方面是相互影响、相互促进的。因此，本章在评价水库管理现代化时，应尽可能地从高质量发展的不同层面选取指标，进而保证指标体系的全面。

（2）定量与定性相结合的原则。

水库管理现代化涵盖方面较多，其评价指标由定量指标与定性指标组合而成。集雨面积、库容总量等可进行量化分析，抢险防洪水平、事故执行和预案制定水平只能进行定性研究。为了能够更加准确地体现水库管理现代化水平，达到定性准确、量化合理的目的，在评价指标选取时应秉持定量指标与定性指标相结合的原则。

（3）可操作性原则。

水库管理现代化指标的可操作性体现在以下几个方面：一是选取的评价水库管理现代化的指标数据获取要比较方便，如可以从相关统计年鉴或者权威数据库中直接获得。二是对于不能直接获得的数据，应当可以通过已知的数据进行简单计算与处理得到。因为如果数据难以获得，无形中增加了经济成本，降低了研究成果的价值。

（4）科学性原则。

首先，要尽量选择一些具有代表性、公认度较高的指标，既不因为过多的指标造成过程的烦琐，也不因为过少的指标造成水库管理现代化相关信息的遗漏。其次，指标体系的构建要以所掌握的高质量发展理论为基础，这样构建的体系才更科学，更容易得到人们的认可。最后，有些数据不易得到，需要进行一些必要的计算或处理，这就要保证方法、过程的科学性等。

7.3.5 高质量发展理念下水库管理现代化评价指标体系的构建

反映水库管理现代化单项特征的指标比较多，但是存在以下特点：一是相关性问题，有些指标关联性比较强；二是数据获取的问题，有些指标虽然对水库管理现代化水平有重要影响，但准确数据获取较难。

为了能够较为客观、准确、全面地避免以上问题，反映高质量发展理念下水库管理现代化建设发展水平，本章结合以上水库管理现代内涵及相关专家的建议，最终形成了基本能够反映典型水库管理各个方面的指标体系。在具体构建时，采用层次分析法，将水库管理现代化指标体系按照三个层次进行设计，建立递阶层次结构，包括目标层、准则层和指标层。目标层为综合评价目标——水库管理现代化水平；准则层包括 4 个子目标，即安全化、经济化、科学化、绿色化。

具体来说，安全化对应水库管理现代化内涵中要加快发展速度和模式的转变，在管理的过程中就要结合水库工程所面临的新问题进一步扩展发展思路，创新安全观。科学化对应水库管理现代化内涵中引进新设备、新技术改善水库管理条件，积极推进信息化、自动化与智慧化，实现监测、预报、决策的科学化、精准化。经济化对应水库管理现代化内涵中水库管理现代化需以公共产品理论、市场经济系统理论、可持续发展理念为依据，对传统的水库建设与管理，进行技术升级、思维转变、理念改革，建立一套管理责任主体清晰、管理人才队伍充实、管理理念先进的机制，最终实现水库管理现代化进程的全面推进、社会经济可持续绿色发展。绿色化对应水库管理现代化内涵中以协调、可持续发展为终极目标，立足我们所倡导“绿水青山，就是金山银山”的理念，持续推进水库生态的绿色化，实现乡村振兴。进一步，本章在相应指标体系确定的原则下，确定指标层的16项指标，全面反映影响水库管理现代化的各个方面。具体指标体系构成如表7.1所示。表7.1中，绿化覆盖率是指工程管理范围内绿地总面积占用地总面积的百分比，集雨面积是指水库大坝坝址以上分水岭范围内的流域面积。

表7.1 高质量发展理念下水库管理现代化评价指标体系

目标层A	准则层B	指标层C
水库管理现代化水平	安全化B1	行政管理水平C1
		抢险防洪水平C2
		事故执行和预案制定水平C3
	经济化B2	水管单位盈利水平C4
		养护管理经费落实水平C5
		水费规范化征收水平C6
	科学化B3	自动化安全监测水平C7
		自动化办公水平C8
		工程设施完好水平C9
		管理辅助设施完好水平C10
		岗位设置合理化水平C11
	绿色化B4	功能区水质状况C12
		集雨面积C13
		库容总量C14
		绿化覆盖率C15
		集水区土壤腐蚀状况C16

7.4 高质量发展理念下水库管理现代化 AHP – Fuzzy 评价模型构建

7.4.1 AHP – Fuzzy 模型的适用性分析

高质量发展理念下水库管理现代化水平受到多个因素的影响，同时也是一个模糊概念。此外，在这些影响因素中，有的影响较大，有的影响较小。因此，需要确定这些影响因素的权重。对比层次分析法的特点与原理发现，可将此方法运用于水库管理现代化评价指标体系中指标权重的确定。

对于本章构建的高质量发展理念下水库管理现代化水平评价指标体系，有的指标可以获取定量的数据，有的只能定性描述。对比模糊综合评价方法的特点和原理发现，可将此方法运用于本章中，即将通过此方法将指标体系中原本只能定性分析的指标进行量化处理。

本章将这两种方法结合构建 AHP – Fuzzy 模型，一方面可以获得多个专家的评价结果，增加评价的可信度；另一方面，有效地处理水库管理现代化评价中存在的模糊性问题。

7.4.2 高质量发展理念下水库管理现代化 AHP – Fuzzy 模型介绍

本章拟构建高质量发展理念下水库管理现代化 AHP – Fuzzy 模型对水库管理现代化水平进行评价，具体过程如下：第一，基于 AHP 构建高质量发展理念下水库管理现代化评价指标体系。即将本章的评价目标水库管理现代化水平作为一个系统。第二，构造判断矩阵，并进行专家赋值。根据评价系统，请水库管理现代化方面的专家依据 1 ~ 9 标度法对同一层的指标进行两两比较并赋值。第三，用专家赋值构造判断矩阵并进行一致性检验，最终得到各指标层相关指标的权重。第四，结合模糊综合评价方法。假设各评价指标组成的总集合为 $U = \{u_1\ u_2 \cdots\ u_m\}$，各评价等级组合的总

集合为 $V=\{v_1\ v_2\cdots\ v_n\}$，将水库管理现代化评价指标进行量化处理，利用隶属度函数公式计算出单个评价指标对评价等级的隶属度，继而得到模糊关系隶属度矩阵 R。然后，利用公式 $B=W\times R$ 进行多级模糊综合评价，最终得指标层模糊评价。模糊综合评价为：

$$B=W\times R=[w_1\ w_2\cdots\ w_n]\begin{pmatrix} r_{11} & \cdots & r_{1m} \\ \vdots & \ddots & \vdots \\ r_{n1} & \cdots & r_{nm} \end{pmatrix}=[b_1\ b_2\cdots\ b_m] \tag{7.1}$$

第五，参照隶属度最大化原则，将模糊综合评价 B 中的最大值与评价集 V 中的评价等级 v_i 相对应。

7.4.3 高质量发展理念下水库管理现代化评价指标权重确立

7.4.3.1 构造判断矩阵

邀请水库管理方面的专家继续对同一指标层中的各指标进行两两比较，发放并收回有效问卷20份。在水库管理现代化评价过程中，为确保严谨性、科学性，本章对数据计算出平均值，构造出判断矩阵。在构造判断矩阵时，先比较 n 个因子 $A=\{a_1,a_2,\cdots,a_n\}$ 对其上层因素 P 的影响，然后判断其相对重要程度，最后建立 P－A 之间的判断矩阵 $K=(k_{ij})_{m\times n}$。其中，k_{ij}为因子 a_i 和 a_j 对 P 影响的大小之比。本章采用 1～9 标度法计算 k_{ij} 并构造判断矩阵。

7.4.3.2 计算权重与一致性检验

在判断矩阵的基础上，本章接着计算 16 个指标相应的权重。计算公式为：

$$w_i=\frac{\sqrt[n]{\prod a_{ij}}}{\sum_{i=1}^{n}\sqrt[n]{\prod a_{ij}}} \tag{7.2}$$

为了避免赋值过程中人为因素较强的干扰，本章在构造判断矩阵基础上进行一致性检验，根据一致性检验结果（是否小于0.1）来判断矩阵是否具有一致性。具体过程如下：

$$CR = \frac{CI}{RI} \tag{7.3}$$

$$CI = \frac{(\lambda_{max} - N)}{N - 1} \tag{7.4}$$

$$\lambda_{max} = \frac{1}{N}\sum_{i=1}^{N}(\sum_{i=1}^{N} a_{ij} w_i)\frac{1}{w_i} \tag{7.5}$$

其中，N 代表该层次的因子个数；RI 为平均随机一致性指标，是一个固定值，由一致性检验 RI 值表（见表 7.2）可得。

表 7.2　　RI 取值

n	1	2	3	4	5	6	7	8	9	10	11
RI	0	0	0.58	0.90	1.12	1.24	1.32	1.41	1.45	1.49	1.52

CI 为一致性指标，若 CI = 0，则矩阵具有完全的一致性；CR 为相对一致性指标，若 CR < 0.1，则调查表可使用；反之，若 CR > 0.1，则调查表不可直接使用，需要对其作出调整。

7.5　高质量发展理念下水库管理现代化水平综合评价

本章将水库管理现代化水平划分为优秀、良好、中等、合格、不合格五个等级，构建评价集为：

$$V = \{优秀,良好,中等,合格,不合格\} \tag{7.6}$$

构造各级隶属度函数为：

$$r_1(x) = \begin{cases} 1 & x \geqslant d_1 \\ (x - d_2)/(d_1 - d_2) & d_2 \leqslant x \leqslant d_1 \\ 0 & x < d_2 \end{cases} \tag{7.7}$$

$$r_2(x) = \begin{cases} (d_1 - x)/(d_1 - d_2) & d_2 \leqslant x \leqslant d_1 \\ (x - d_3)/(d_2 - d_3) & d_3 \leqslant x \leqslant d_2 \\ 0 & x > d_1, x < d_3 \end{cases} \tag{7.8}$$

$$r_3(x)=\begin{cases}(d_2-x)/(d_2-d_3) & d_3\leqslant x\leqslant d_2\\(x-d_4)/(d_3-d_4) & d_4\leqslant x\leqslant d_3\\0 & x>d_2,x<d_4\end{cases}\tag{7.9}$$

$$r_4(x)=\begin{cases}(d_3-x)/(d_3-d_4) & d_4\leqslant x\leqslant d_3\\(x-d_3)/(d_2-d_3) & d_5\leqslant x\leqslant d_4\\0 & x>d_3,x<d_5\end{cases}\tag{7.10}$$

$$r_5(x)=\begin{cases}(d_4-x)/(d_4-d_5) & d_5\leqslant x<d_4\\x/d_5 & x<d_5\\0 & x>d_4\end{cases}\tag{7.11}$$

其中，x 为指标的分值；d_1、d_2、d_3、d_4、d_5 分别为区间端点，本章取值为100、90、80、70、60。

水库管理现代化水平评价属于多层次多指标的综合评价问题，评价结果容易受到众多因素的影响。在综合评价时，绝大部分学者采用主因素突出型或主因素决定型。其结果是重点考虑主要因素或完全忽略次要因素。为了保证水库管理现代化评价结果的科学准确性，本章构建一个加权平均型合成算子，以期较好地兼顾主要因素和次要因素对最终结果的影响，其计算公式为：

$$b_j=\min\left(1,\sum_{i=1}^{n}w_i r_{ij}\right)\tag{7.12}$$

其中，$1\leqslant i\leqslant n, j=1,2,\cdots,m$，$w_i$ 为指标 i 的权重值；r_{ij} 为指标 i 对级别 j 的隶属度。求得模糊综合评价结果 $B=[b_1\ b_2\cdots\ b_m]$ 后，采用加权平均原则，使模糊向量单值化，进而作出综合结论。为便于计算，将主观评价进行量化，对评价集中的 $V_1\sim V_5$ 依次赋值，得到评价集对应的数值集 $D=\{90,80,70,60,50\}$，最终评价分值 F 为：

$$F=BD^T\tag{7.13}$$

最后，根据表7.3建立的评价标准，对水库管理现代化水平进行等级评判。

表7.3　　水库管理现代化水平评价标准

等级	优秀	良好	中等	合格	不合格
评价分值	$F\geqslant 90$	$80\leqslant F<90$	$70\leqslant F<80$	$60\leqslant F<70$	$F<60$

7.6 典型水库实证分析

7.6.1 研究地域基本情况

据不完全统计，目前江西省共建成或基本建成各类水库 9782 座，等级包含四种：大型水库、中型水库、小（一）型水库、小（二）型水库，数量分别是 25 座、238 座、1439 座、8080 座。庞大的水库群已成为江西省防洪工程体系和水利基础设施的重要组成部分，对于我国经济建设的平衡运行和乡村振兴战略的深入实施具有重大意义。在高质量发展理念下，本章构建江西省典型水库管理现代化评价指标体系，以期对江西省水库管理现代化进行全面、客观的评价，指导水库管理现代化的建设。依据代表性与全面性相结合、可操作性和导向性相结合等原则，本章选取江西省的白云山水库、拓林水库、七一水库、洪门水库、龙潭水库、江口水库六座水库作为研究对象。此六座水库均为库容大于 1 亿立方米的大型水库，分布于江西省的吉安市、九江市、上饶市、抚州市、赣州市和新余市，在防洪、灌溉、发电方面起着重要作用。六个水库的地理位置分布如图 7.1 所示。

图 7.1 六个水库的地理位置分布

7.6.2　指标权重的确定

根据权重与一致性检验的步骤，基于本章的水库管理现代化评价指标体系，得到各判断矩阵权重，对其逐一进行一致性检验，均通过，结果如表 7.4 所示。

表 7.4　　江西省典型水库管理现代化评价指标权重

准则层	权重	指标层	权重	综合权重
B1	0.3620	C1	0.4429	0.1603
		C2	0.3873	0.1402
		C3	0.1698	0.0615
B2	0.1632	C4	0.4111	0.0671
		C5	0.3278	0.0535
		C6	0.2611	0.0426
B3	0.1485	C7	0.1900	0.0282
		C8	0.1799	0.0267
		C9	0.1071	0.0159
		C10	0.1899	0.0282
		C11	0.3331	0.0495
B4	0.3263	C12	0.3128	0.1021
		C13	0.0951	0.0310
		C14	0.1113	0.0363
		C15	0.2995	0.0977
		C16	0.1813	0.0592

7.6.3　评价结果分析

根据评价指标的隶属度，运用本章建立的模糊综合评价模型逐级进行计算，最终得到六个水库管理现代化的综合评价，最终得分如表 7.5 所示。

表 7.5　　水库管理现代化综合评价最终得分

水库	白云山水库	拓林水库	七一水库	洪门水库	龙潭水库	江口水库
综合得分	83.2105	85.2159	79.8988	74.8415	82.3039	78.7400
等级	良好	良好	中等	中等	良好	中等

由表 7.4 可知六个水库中，白云山水库、拓林水库、龙潭水库的管理现代化评级良好，七一水库、洪门水库、江口水库的管理现代化评级中等。六个水库中，位于九江市的拓林水库管理现代化水平最高。总体而言，江西省水库管理现代化水平均处于中等以上级别，与实际管理水平高度一致，评价结果可信。因此，在未来一定时间内，江西省水库管理工作者应认识到目前水库管理现代化所处的水平，从思想上意识到水库现代化管理工作的重要性，并在此基础上对标水库管理现代化内涵，切实提高水库管理现代化工作的质量和水平，推动我国水利事业的长远发展。

具体来看，六个水库在安全化、经济化、科学化、绿色化四个准则层的具体得分如表 7.6 所示。由表 7.6 可知，白云山水库、拓林水库、龙潭水库在四个准则层表现均为良好，这也是白云山水库、拓林水库、龙潭水库综合评价最终得分等级为良好的直接原因。洪门水库、江口水库在经济管理、工程管理水平不高，是制约管理现代化进程的关键，使两者管理现代化综合评价最终得分等级为中等。未来，洪门水库、江口水库发展潜力巨大，应着重不断提高经济化、科学化管理水平，进而使整体管理现代化水平迈上一个新台阶。对于拓林水库而言，其安全化、经济化、科学化三个方面在六个水库中均处于最高水平。因此，拓林水库需要保持管理现代化优势，发挥标杆作用，引领其他水库管理现代化的发展。值得注意的是，六个水库的管理现代化在安全化方面表现均良好，这与我国一直以来对水库抢险防洪水平、事故执行和预案制定水平的重视密不可分。

表 7.6　　六个水库在准则层的得分

准则层	白云山水库	拓林水库	七一水库	洪门水库	龙潭水库	江口水库
安全化	83.4984	85.6824	81.3821	80.8947	81.6872	82.0427
经济化	80.5167	82.7412	78.6627	69.7258	82.6671	73.4857
科学化	84.4500	83.8852	74.5893	72.8543	81.2468	76.2841
绿色化	83.6741	86.5417	81.2879	71.5891	83.2876	78.8217

双碳篇

第8章 双碳背景下碳交易政策对区域高质量发展影响机制分析

全球因温室气体过量排放，导致气候变暖、灾难频频发生，已经成为共识。数据测算表明，如果对碳排放不加控制，地球温度将极有可能上升2度以上，冰川将大量融化，海平面大大提升，世界将发生不可逆转的毁灭性灾难。为了应对气候变化、避免灾难的发生，世界各国一致同意要减少碳排放，力争将温室气体温度上升控制在1.5度以内。当前，我国是世界碳排放量第一的国家，为了避免悲剧的发生，必须控制碳排放。为了应对严峻的环境现状，我国政府承诺到2030年“碳达峰”、2060年“碳中和”，这就是所谓的“双碳”目标。

碳达峰是指二氧化碳的排放量在某个时期达到历史排放最高点，随后逐步下降。2030年碳达峰是指要在2030年使碳排放量达到顶峰，这也是实现碳中和目标的前提条件。而碳中和是指二氧化碳净排放为零，净排放是指在一定时期内人类活动产生的二氧化碳排放量与二氧化碳的吸收量保持平衡。① 其中人类活动排放的二氧化碳包括化石燃料燃烧、工业过程、农业及土地利用活动排放等；人类活动吸收的二氧化碳包括植树造林增加碳吸收、通过碳汇技术进行碳捕集等。2060年“碳中和”，即为在2030年“碳达峰”的前提下，实现碳排放逐年递减，到2060年实现碳排放量动态为零的目标。②

---

① 厘清定义：“双碳”的基本概念与产生背景，https：//huanbao. bjx. com. cn/news/20211105/1186012. shtml。

② 唐元：中国“双碳”目标的政策背景和实现路径，https：//www. kepuchina. cn/article/articleinfo? business _type = 100&classify = 0&ar_id = 75982。

我国要想把二氧化碳排放总量控制下来，优化能源供给结构，从“以煤为主”转到“以可再生能源为主”为必经之路。而碳交易政策的实施正是消耗能源结构转变中不可或缺的一环。已有的研究表明，碳交易政策会对区域经济高质量发展产生正向的影响，本章结合创新、协调、绿色、开放、共享“五大发展理念”，把这种正向的影响分为四个方面分别是：经济发展效应、技术革新效应、环境保护效应和人民幸福效应，进行“双碳”背景下碳交易政策对区域高质量发展影响机制分析。

8.1 国内外碳交易政策对区域高质量发展影响研究综述

8.1.1 碳交易政策相关研究

目前，关于碳交易政策的文献大体可分为两个方面：一是对碳交易相关内容的解析与现状研究；二是关于碳交易政策的应用研究。

8.1.1.1 碳交易相关内容的解析、现状分析与优化研究

国外碳交易研究较早。Dong 和 Whalley（2010）讨论了贸易政策举措可以对实现全球碳减排做出的潜在贡献，以及目前正在传播的以减少碳为动力的地理贸易安排（包括无碳贸易区）的提案的潜在影响。Naegele 和 Zaklan（2019）使用全球贸易探究欧洲制造业的碳泄漏的原因是否是项目中的隐含碳贸易流量和价值评估排放成本，但是却并没有发现两者造成碳泄漏的证据。

随着碳交易的深入发展，我国近年来研究成果渐渐丰富起来。蓝虹和陈雅函（2022）系统总结了碳交易市场制度体系，基于碳交易市场的产生背景展开论述了碳交易在我国的发展历程并提出了相关可行性建议。淳伟德等（2022）运用文献综述法通过微宏观两个方面论述碳限额与碳交易机制现状及发展趋势。魏宇等（2022）以湖北碳排放交易市场作为研究对象运用 DMS 和 DMA 两模型来预测我国碳价水平并研究分析了相关影响因素的预测作用。

代应等（2022）深入理解碳配额，优化设计了可促使企业减少单位产

品的碳排放水平的碳配额机制，并得出可影响碳配额有效性的关键因素。王俊伟等（2022）提出基于综合需求响应和奖惩阶梯型碳交易的综合能源系统图低碳优化调度策略，以实现低碳运行综合能源系统经济。黄文轩等（2022）对用户与 IES 运营商建立双主体阶梯碳交易机制和双层优化模型促使系统能源节能减排。为研究碳交易试点政策对于城市绿色技术进步的作用关系，刘自敏等（2022）通过产出测算有偏技术进步指数，得到碳交易试点城市可以通过加大研发投入和优化产业结构的手段促使绿色偏向型技术进步。

8.1.1.2　碳交易政策的应用研究

关于碳交易政策的应用，根据作用主体可划分为碳交易对行业发展的作用与对资源环境发展的作用。

碳交易对行业发展的作用方面。Zakeri 等（2015）提出了一个分析供应链计划模型，可用于在碳排放交易政策和碳定价（税收）的背景下对战术运营计划层面的供应链绩效进行检查，运用该模型之后发现碳定价和交易计划可能会影响成本或减排。为验证和评估中国碳排放权交易试点政策对企业劳动力需求的空间溢出效应，研究环境政策对中国就业市场的影响，Yu 和 Li（2021）以我国碳排放权交易政策为研究对象，在考虑空间溢出效应的前提下，处在微观企业的立场上对碳排放权建议政策进行就业效果评价。得到了在中国碳排放权交易政策对试点地区的周边省份产生了约 10% 的正溢出效应，且该政策对就业的影响正在逐步加大，我国不同试点地区碳交易政策的就业效果差异较大的结论。为探讨政府和制造业碳减排投资两者行为对服装行业的发展和全国碳减量的影响，郑路等（2022）对由原料供应商、制造商、零售商和回收商四者所组成的服装闭环供应链模型进行博弈，发现在消费补贴下，供应链的碳排放总量将减少。

碳交易对资源环境发展的作用方面。根据作用效果可划分为环境效用、经济效用和经济环境效用。通过比较由连续双重差分法得到的我国碳交易政策的环境效用，曾诗鸿等（2022）发现该政策明显降低了碳交易试点地区碳排放强度。范秋芳和张园园（2021）运用双重差分模型和中介模型探讨出碳排放交易政策对碳生产率具有显著的正向作用，实现“减排促经”之效。

8.1.2 区域高质量发展影响机制相关研究

区域高质量发展影响机制研究成果较多。金碚（2018）从经济学的理论出发，认为高质量发展就是能更好满足人民不断增长的真实需要的经济发展方式、结构和动力状态，是中国面对国内外发展新形势而作出的对新时代发展道路及战略的重大选择，主要包括具备优质高效供给体系、更具效率、更具稳定性、更加可持续和安全性、坚持更高层次和更高水平对外开放等发展特征。

对于经济高质量发展水平的测量，现有研究多是采用工业增加值率、全要素生产率等单一指标或是构建综合指标进行测度。为研究雾霾污染对我国经济发展质量的影响，陈诗一和陈登科（2018）使用人均GDP度量经济高质量发展水平，结果发现，雾霾污染对中国经济发展质量有一定负向作用，主要通过城市化和人力资本两个重要传导渠道进行。余红艳和沈坤荣（2021）先是构建综合指标衡量经济高质量发展指数进行基准回归，之后选用全要素生产率作为经济高质量发展水平进行稳健性分析，得到财政制度改革促进了地区经济高质量发展的结论。为探究产业集聚对长江经济带经济高质量发展的影响，黄庆华等（2020）使用由SBM－GML指数模型测算得到的绿色全要素生产率指标作为经济发展质量，得到了产业集聚不仅能促进经济增长，也能促进环境保护的研究结论。郭然和梁艳（2022）从协调发展、创新发展、贸易发展、绿色发展和惠民发展五个维度构建经济高质量增长综合指标体系，试图得到财政分权和环境规制在经济高质量增长中所起的作用，最终发现，在财政分权视角下，环境规制与经济增长质量之间呈现出显著的倒“N”形曲线关系，而且财政分权对经济高质量增长存在双重门槛效应。为分析我国经济高质量发展水平的时空特征，李志洋和朱启荣（2022）的评价指标体系由经济增长速度、经济增长稳定性、创新效率、经济发展成果共享性和绿色发展水平构成，最终发现我国经济高质量发展水平呈现“东高西低，南高北低”“由沿海至内陆递减”的空间分布特征。吴刚等（2022）构建经济高质量发展评价指标体系从供给侧和需求侧两端出发，从理论和实证两个视角考察了区域对外开放、全要素生产率和经济高质量发展之间的内在关系，得出中国经济高质量发展呈现出明显的空间自相关性和较低水平的空间集聚特征，区域对外开放将产生显著的直接和间接影响效应作用于经济高质量发展，全要素生产率提升显著正向作用于经济高质量发展的研究结论。

对于经济高质量发展水平综合指标的评价方法，现有文献主要集中在主观赋权法和客观赋权法两大类。主观赋权法由决策者依据自己的主观判断对各属性进行赋权，常见方法有专家咨询法、AHP层次分析法等。而客观赋权法的数学理论依据较强，常见方法有因子分析、熵值法等。不过在现有研究中，运用熵权法来评价经济高质量发展水平的文献居多（熊云飚、张子璇，2022；李晶，2022；李翠、葛晶、赵沙俊一，2022）。其中，Esmaeilpoorarabi 等（2018）从跨学科文献中收集了大量指标，然后由43位专家通过国际德尔福调查进行筛选、验证和最终确定，之后用层次分析法推导指标的权重得到创新区的地方高质量发展水平，为创新区的地方高质量发展水平的评估构建了一个新的框架。武云亮、钱嘉兢和张廷海（2021）利用长三角41个城市在2005~2018年的数据生成环境规制与经济高质量发展指标，使用熵权法为各指标赋以权重，考察环境规制与经济高质量发展之间的关系，他们得出结论，环境规制对长三角城市经济高质量发展呈先促进后抑制的倒"U"形非线性影响。李超和马若男（2022）选取以各项基础指标所包含的信息量为客观依据的熵值赋权法进行指标合成，得出经济高质量综合指标，进而对其影响因素进行分析，结果显示，在我国，三大经济圈的经济高质量发展水平都是处于加速提升状态的，并且在经济高质量发展进程中，自然环境方面指标贡献率较高，社会保障方面指标居中，而成果分配等方面指标的贡献率较低。管昌玲和张继彤（2022）运用熵值法、耦合协调模型和多种面板回归模型研究了长三角城市群的经济韧性对经济高质量发展的协同关系以及影响效应，发现经济韧性和经济高质量发展的协同关系具有稳中有升的态势。

对于经济高质量发展的影响因素，大体有经济、创新、绿色、民生等因素。Jahanger（2021）研究了2007~2015年FDI质量对中国30个省区市（不包括西藏）经济发展的影响。发现在东部地区，各省份的FDI的出口能力显著正向作用于区域经济高质量发展；而在中部地区，显著正向作用于区域经济高质量发展的是各省份FDI的技术水平，然而FDI的实际规模对中部地区有显著的抑制作用。杨双鹏等（2022）使用2004~2017年30

个省区市的面板数据，运用空间杜宾模型和阈值模型探究环境规制在中国经济高质量发展中所发挥的作用以及作用机制，发现中国的经济高质量发展呈现出震荡上行的趋势，并且东部高于中西部。环境监管显著负向作用于经济高质量发展，但在加速产业升级、促进技术创新和增加外商直接投资的作用下，抑制影响得到舒缓。技术创新作为第一动力，出现显著的空间溢出效应。研究发现，产业升级不具有门槛效应，但是技术创新和外商直接投资都存在“U”形单一门槛的特征。刘云等（2021）基于2004～2015年中国30个省区市的面板数据来考察中国环境规制对经济高质量发展的作用，对于中国环境法规对经济高质量发展和区域异质性的直接和间接影响，他们采用动态空间杜宾模型（DSDM）进行实证，发现了中国经济的高质量发展在不同省区市之间存在空间关联，而且环境规制对中东部地区经济高质量发展的影响明显存在直接和间接效应，但是这种效应现象在西部地区并不显著。曹聪灵等（2022）为考量人口老龄化对经济高质量发展的影响，对2006～2019年省级面板数据运用中介效应模型进行实证分析，研究发现若以财政可持续为中介变量，人口老龄化对经济高质量发展存在正向作用，且逐渐减弱。

综上所述，由于碳交易政策实施试点时间并不长，对碳交易政策的相关理论概念尚未完全成熟，现有文献对碳交易政策研究大多围绕其自身内容展开研究，帮助厘清碳交易政策与碳减排之间的相关关系，并对此扩展碳交易政策的应用，以分析碳交易政策给国家带来的影响和变化；对经济高质量发展的研究也几乎将其作为时代背景研究其他相关变量之间的相关关系，抑或是将其作为被解释变量以研究相关变量对其的影响及作用路径等，而少有文献将两者结合起来探讨碳交易政策对区域经济高质量发展的作用效果。因此，本章结合现有相关研究，进行碳交易政策对区域经济高质量发展影响的机制分析，丰富了相关理论研究。

8.2 碳交易政策对区域经济高质量发展影响机制分析

碳交易政策实施之后我国碳交易市场变得越来越完善，同时也增加了碳交易活动的活跃程度，规模日渐庞大。根据世界银行分析交易数据做出的相关预测，保守估计我国的碳交易量最少会超过260亿吨，如果每吨以人民币30元的最低价来计算，我国碳交易市场总的交易额将达到至少8000亿元，而如果以最高碳价，大约折合人民币130元/吨来计算的话，碳排放权总的交易额将会超过3万亿元。巨大的交易量和交易额度指向了庞大的发展潜力，所以这时的绿色低碳领域一定会吸引源源不断的大量投资，推动企业的技术创新、产业转型，同时还会产生新的产业集群，从而成长为新的经济增长点。

新古典经济学认为，环境保护政策会提高私人生产成本，影响企业竞争力，从而抵消环境保护给社会带来的积极效应，对经济增长产生负面作用。然而波特等（1995）认为环境保护和经济发展之间并不是对立的关系，应该将它们联系起来，并提出了波特假说。波特假说认为，在一定的环境保护政策的制约之下，可以促进企业进行技术创新或是采用新的技术，长期来看会提升企业竞争力，促进经济增长。[①] 而碳排放政策的出台可以利用市场的力量，在各企业还保持最大化自身利益的同时，又保护了环境，还能促进创新。

因此，本章结合五大发展理念，从经济发展效应、技术革新效应、环境保护效应和人民幸福效应四个方面出发进行碳交易政策对区域经济高质量发展影响的机制分析。

8.2.1　经济发展效应

碳交易政策会影响区域经济增长，同时可以调整区域的产业结构。碳交易政策的实施会给予各个企业固定的排放额度，由于市场是自由开放的，“无形的手”必然会调控碳排放量大和碳排放量小的企业双方的供求关系，使其达到一定的平衡，推动市场健康发展，促进配置的优化。

基于中国的现实国情，我国政府必然会严格地控制碳排放量，而且随着我国不断发展、综合国力不断增强，这种调控力度会越来越强，这会使碳排放权在固定配额的基础上进一步变得更加稀缺，使我国的产业结构变

① 还在谈“碳中和”？“波特假说”了解一下，http：//m.toutiao.com/i6963776298971906596。

得更加合理，加大供给与需求的契合度，同时也可以促进低碳经济的推行。在这种背景下，那些大排放的企业必然会调节自身碳排放量，进行有效的碳排放量管理，不论是从能源消耗的“源”的方面，还是从废物排放的“流”的方面，都将进行有效的优化，将原有的产业模型进行转型升级，以此来满足国家的要求，并使企业绿色发展。

在改革中或多或少会有一些企业跟不上大多数的步伐，无法在完成生产任务的同时满足固定配额，这时就需要这些企业去和那些已经完成任务且碳排放额度还有剩余的企业进行交易，买入其他企业多出来的碳排放额度来补充自身短缺的额度；而站在超额完成排放任务，额度还有剩余的企业来说，卖出本企业通过转型升级、技术革新获得的剩余额度可是利润的一部分来源。两者相辅相成，一方面对于相对落后的企业来说，政策的实施可以督促他们进行技术革新；另一方面对于优质企业来说，碳交易政策的实施可以对其进行鞭策，做好“领头羊”的带头作用，从而产业结构就能被逐渐优化。

此外，长时间以来，我国一直处于贸易顺差的状态，而出口的商品中又以加工出口贸易为主，这些加工工厂大多以廉价劳动力替代机器生产，其技术含量较低，对于污染排放来说做得也更不到位。因此碳交易政策实施之后，给予每个企业固定的配额这种做法会使这些加工厂商进行产业升级，质量和技术也逐渐提高。

8.2.2 技术革新效应

碳交易政策会影响区域的创新投入和产出。企业要想进行低碳转型，节能减排，引入或者研发先进的技术是必不可缺的。相较于国外来说，我国在低碳经济的研究这方面起步相对较晚，其相关核心技术掌握得也不够先进。中国在风力发电等领域的技术领先于国际，如像风力发电这些技术，虽然属于清洁能源的领域，属于低碳的范畴，但是由于其发展规模并不庞大，只有少数地区可以进行风力发电，这只能对低碳转型产生微乎其微的影响。

为了使这一现象得到缓解，该领域需要由政府牵头投入更多的政策支持，当然资金支持也是必不可缺的，以此来进行全面的技术水平提高，接着通过先进的技术来加快低碳转型的进程。当大量的资金投入以后，可以加大人才引进，进而使技术更新换代。科学技术是第一生产力，技术的全面提升使企业的低碳转型进程被推进得更快了。当这些技术实际运用到生产时，使用先进的环保的技术去替代那些落后的高耗能的技术，是减少或杜绝环境污染，节约生态资源，促进可持续发展，走向高质量发展重要的一步。

从目前的情况来看，国家对于城市的整体碳排放给出了一个上限指标，促使城市进行自我管理以达到排放目标，否则发展的阻碍会出现在那些没有达成目标的区域。因此，对于各省区市来说，为了达到碳交易政策排放配额的目标，从而进一步推进区域经济的低碳、绿色、可持续的高质量发展。想要满足环境和政府对各个区域提出的新要求，各个区域只有将当前投入的重点放在能源和生产技术等之类的与节能减排相关的技术上，大量吸引相关技术方面的人才，并做好配套的福利保障措施，用好人，用尽人，最终生产出更多质量好的受欢迎的产品。区域的技术革新动力会因为这些努力逐渐变得强壮起来，而技术革新动力的增强也是区域高质量发展有序进行的必要条件。

8.2.3　环境保护效应

碳交易政策会影响政府的企业对于资源、环境的未来预期以及战略制定。自党的十八大以来，政府一直将生态文明建设置于国家战略中的重要位置。事实上建设一个生态文明的中国已经成为整个社会层面关心的问题，而如何减少、阻止污染也成为政府和企业在发展的过程中首当其冲需要考虑、解决的问题。碳交易政策的实施实际上是将环保压力给予了企业，促使企业将自身的环保优势增强，促进企业技术改革创新的力度，在这样的情况下同时坚持节约能源及减少污染排放。

将企业排放降低到固定额度以下，在一定程度上其实会增加企业的成本，这也倒逼企业进行技术的转型升级，减少或报废高耗能、高排放的机器，或者是进行技术革新以此来达到固定排放额的目标。使用低排放的设备其实也潜在要求企业重新考虑能源和优质原材料的使用，如果能源和原材料不做更改，仅仅是设备进行更换恐怕无法达到最佳的效果，这些无疑是为绿色环保产业创造了开阔的市场。在政府出台的碳交易政策的监督之下，可以督促企业自主进行技术创新，或是引进新的节能技术，在保证满足市场需求产量的基础上，真正做到节能减排。

区域可持续发展的首先要求就是绿色环保，可以说如果不采用绿色的发展方式，就一定做不到可持续，同时绿色环保也是区域形象的重要内容，是区域吸引投资的必要条件。所以碳交易政策的改革与实施是推进绿色环保发展的重要武器。众所周知，区域综合实力中必不可缺的一部分就是区域绿色竞争力，这也是一个城市发展好坏的重要指标。所以现在出台实行的绿色环保措施能够在各个地方正在进行的发展方式的转变起到较大的影响，从而推动区域经济向高质量方向发展。

8.2.4 人民幸福效应

碳交易政策会影响企业的产出和结构，进而会对劳动力的需求产生影响，同时也能影响居民生活和健康。在碳交易政策实施的背景下，各企业都会进行技术升级和产品创新。这样的决策会提供更多的就业机会，直接提高居民的可支配收入。在这个过程中，是通过产量和要素两个方面对就业产生影响的。

一方面，企业的产量会被碳交易政策直接影响。为了达到固定碳排放的目标，各企业进行技术革新和产品升级，从而直接或间接地降低了边际成本。经济学理论表明，企业利润最大化的前提条件是通过边际成本等于边际收益来确定自己的最优产量。由于边际成本的减少，导致边际成本与边际收益的交点向右下方进行移动，这使产量就会上升。产量上市就会直接导致企业对劳动力的需求上升，如果市场价格保持不变的话，企业的利润大于零，这时企业会增加对于劳动力的使用，即提供更多的就业岗位。另一方面，从投入要素的角度来看，随着碳交易政策的出台，企业会调整自己原有的策略，将资金投入更环保的设备和更清洁的能源上，这样就在一定程度上提升了整个行业的平均水平，而那些耗能过多、排放过量的企业就面临淘汰，同时随着技术的发展，高新技术代替了低水平劳动力，也对现有的劳动力质量提出了一定要求。这样的情况可能又会降低企业对于劳动力的需求。

此外，新的质量更高的产品的出现会使居民的生活水平大幅度提升，在工资水平不变的情况下，以相同的货币量得到使自身效用提升更多的产品，或者是保持原有的效用水平不变时进行商品的购买，这时由于商品质量提高而多获得的效用可以减少对于商品的购买，而余下来的资金就可以进行其他用途，这也会直接提高人民的生活水平；而碳排放量的减少会直接影响空气质量，这也会给予居民一个更好的生活环境，这对人均寿命的提升有正向的影响。

8.2.5 碳交易政策对区域经济高质量发展影响“四位一体”机制

综上分析，碳交易政策可以从经济发展效应、技术革新效应、环境保护效应和人民幸福效应四个方面对区域经济高质量发展产生影响，形成了碳交易政策影响高质量发展影响“四位一体”机制，如图8.1所示。

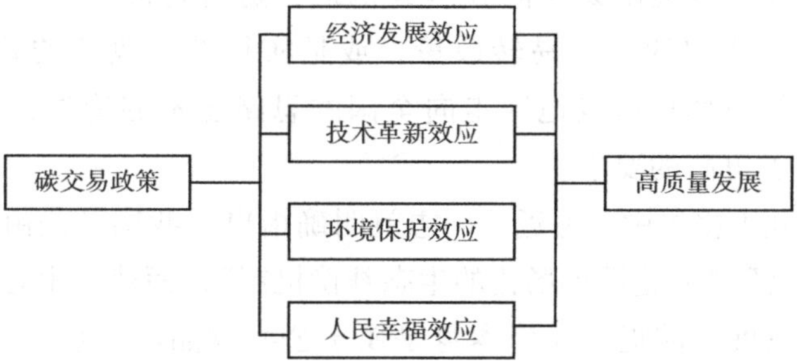

图8.1 碳交易政策对区域经济高质量发展影响“四位一体”机制

8.3 碳交易政策对区域高质量发展影响的进一步分析

在现有的关于碳交易政策以及区域经济高质量发展的关系的研究成果中，大部分研究从理论层面认可碳交易政策与城市经济高质量发展具有内部一致性，但是很少有对碳交易政策是如何影响高质量发展进行机制分析的。基于现有情况，本章在已有研究的基础上，从五大发展理念入手，研究碳交易政策影响区域高质量发展的传导机制关系。经过本章分析，五大发展理念概括起来是从经济发展效应、技术革新、环境效应和人民幸福效应四条路径对区域高质量发展产生影响，形成了碳交易政策对区域经济高质量发展影响“四位一体”机制。

2013～2014 年，各个试点地区逐渐实施碳交易政策以来，出现了不少问题。例如，监管机构跟不上碳交易市场的发展，现在在碳交易市场上进行的碳交易不能被有效地监管，这可能会造成“寻租”现象的产生，对于市场、企业和国家来说都存在较大不利的影响；又如，政府是对各个省或是城市进行碳排放量的总规定，然后再由当地政府进行更精细一步的碳排放权的分配，在这个过程中可能会由于企业数据披露存在问题，或是政府在决策前进行取证调查时由于经验不足或是对于各个行业不同企业了解得不够深入，导致了配额的不公平不合理。另外，到 2022 年为止碳交易政策也已经推行了 9 年了，在已有的六个省市的试点经验之后，还没有提出如何向我国其他地方进行过渡，在其他地区是否也进行也实行相同的碳交易转政策，或是实行新的改革的碳交易政策，这表明碳交易市场从试点地区走向全国的思路还不够清晰，这对我国相关部门提出了更高的要求。

党的十九大报告中，习近平同志就明确指出“我国已经由高速发展转向高质量发展”“要建设市场化的生态补偿机制”，而建立生态补偿机制是实现高质量发展的前提。环境本身是属于公共物品的，它既没有排他性，也没有竞争性，市场机制“看不见的手”无法对其进行有效配置。企业如果选择破坏环境，这会给私人部门产生效益，而给社会带来负的外部性；企业如果选择处理废弃排放物，会给私人部门带来负效应，而给社会产生正向的外部性。这就产生了“市场失灵”，需要“政府的手”介入。结合我国已经转向高质量发展的国情，对于传统经济来说资本边际效率已经在递减的阶段，很大一部分资本需要从夕阳企业中抽离出来，这部分资本需要有一个新的投资点。碳交易政策的出现刚好解决了这些问题，对于前者来说，固定的碳排放配额可以倒逼企业保护环境，对产生的废物排放进行处理，从而合理配置环境资源；而对于后者来说，在企业进行废物处理时，不可避免地要进行基础废物处理设施的建设，这对于那部分逃出夕阳企业的资金来说是一个很好的去处，如此便是促进了经济增长，进而影响区域经济高质量发展。

8.4　双碳背景下区域经济高质量发展促进政策建议

根据上述研究与分析，提出以下双碳背景下区域经济高质量发展促进政策建议：

一是借鉴国际相关的发展碳交易市场的成功经验，继续发展完善我国碳交易市场的顶层设计。以此来影响各方对市场的预期，从而使各方对于市场的期望变得更加稳定，这对于碳交易市场稳健发展有着深远的意义。建设我国低碳社会目标的必不可少的条件就是坚定不移地继续推进碳市场的优质发展和建设，这样的要求和区域经济高质量发展对于绿色发展、可持续发展的要求具有内在一致性，同时也要将建设健全现有的碳交易市场作为当前工作的重点。

二是加强相关机构的专业水平。深刻了解不同企业、不同行业之间的差别，以及其各个企业能达到的最低的碳排放量，把握好门槛值，同时很多企业在转型升级的过程中其主营业务可能会变动得相对频繁，这就要求政府相关人员保持和企业的密切联系，在前者变动主营业务时政府人员就该敏锐查知并灵活地调整对于该企业的碳排放配额。与此同时也要重点监管大排放量的企业，不断跟进其改革进度，调整配额。

三是积极建设相关市场，创新碳金融产品。从 2021 年 7 月我国开启碳交易市场在上海、北京、武汉三地开市以来，当前用于交易的标的物仅仅只有碳排放权的现货，交易品种非常单一，在很大程度上限制了碳交易市场的活跃程度。虽然说我国的碳交易市场还处在发展初期，限制交易的品种会降低管控市场的风险，但是这不利于碳交易市场的发展。可以成立专门的研究机构，专项研究适合推出的碳金融产品，在试点市场推出新的碳交易品种之后给予试点单位相应的风险补偿和奖励。长此以往可进行的交易品种就逐渐增多，使市场活力达到最大。在这个过程中，需要各个部门不断进行紧密的联系才能更好更精确地制订和实施碳交易政策，真正地落实好绿色环保的可持续的高质量发展理念，为尽快实现绿色发展打下坚固的基石。

四是制订好碳交易的国际合作的规划，分阶段分步骤来设定目标与重点任务。根据我国的现实国情，我国现阶段还处在碳交易市场发展的初期，在这个时间节点就制订好合作计划，科学地设定每个阶段能够达到且必须达成的目标，同时也要考虑到每个时期可能遇到的问题以及解决应对的方法，这样的科学规划有利于加快实现区域经济的高质量发展。[①]

① 全国碳排放交易市场发展历程与展望解读，https：//www. toutiao. com/article/6611353172361347592/。

第9章　高质量发展背景下中国碳交易政策的就业效应评估①②

"双碳"战略目标的提出，是高质量发展的必然要求。碳排放权交易机制在理论上能解决碳排放权配置的无效率问题，是解决中国环境问题的最佳选择。2017年中国在发电行业启动建立全国范围的碳排放权交易体系，碳排放权交易政策势必将成为助力节能减排的主流手段。然而，相关理论及实证研究却存在明显的滞后。本章在分析高质量发展背景下碳交易政策对劳动力影响机制和验证碳交易政策存在空间溢出效应的前提下，放宽经典的STUVA条件，基于2008～2017年沪深A股上市公司的面板数据，构建三重差分模型评估碳交易政策对企业劳动力需求的影响效应，对比在有无溢出效应条件下碳交易政策的就业平均效应、溢出效应和总效应的不同，并使用合成控制法对比分析不同试点地区碳交易政策的就业效应差异。

9.1　碳交易政策的就业效应研究背景

为充分调动企业进行环境治理的积极性，承担自身环境治理、节能减

---

① 本章内容为国家社会科学基金项目《欠发达地区协调发展机制创新研究（20BGL295）》和江西省高校人文社会科学研究项目《高质量发展背景下资源、环境与经济协调测度研究——以江西省为例（GL19108）》的主要阶段性研究成果，主要执笔人为余达锦、李锦等。

② 本章主要内容的英文版已发表在SCI/SSCI TOP期刊"*Journal of Cleaner Production*"上（2021年影响因子9.297）：Yu Da－Jin（余达锦），Li Jin（李锦）. Evaluating the Employment Effect of China's Carbon Emission Trading Policy：Based on the Perspective of Spatial Spillover［J］. Journal of Cleaner Production，2021，（292）：1026052。

排的责任，中国政府积极引入市场化机制的激励型环境规制手段进行干预。2011 年，中国在北京、上海等七省市开展为期三年的碳排放权市场交易试点。2013 年 6 月，深圳市积极探索，率先建立了具有深圳特色的碳交易市场并开始交易。为更好地完成全面深化改革，2013 年 12 月，党的十八届三中全会明确提出了推行碳交易制度，并将生态文明建设纳入中国特色社会主义事业“五位一体”总体布局。在全国上下齐心推进生态文明建设并取得重大成就的基础上，2016 年 3 月，国家“十三五”规划提出，要在全国碳市场总体框架的理论基础上充分总结碳交易试点的实践经验，建立制度完善、交易活跃、监管严格、公开透明的全国性碳交易市场。

数据显示，截至 2019 年底，含福建试点在内的中国各碳交易市场累计成交量约 3.95 亿吨二氧化碳，累计成交额达 91.6 亿元，中国试点碳市场总体成交规模稳中有升。2020 年初，国家生态环境部通知报告与核查 2019 年度碳排放数据等工作。这显示出主管部门启动全国碳市场的态度与决心，2020 年也将成为全国碳市场启动交易的冲刺阶段。

近些年来，社会中出现的“用工荒”等多重就业问题也引发了人们的关注。“十三五”规划中也将“实施就业优先战略”与“加快改善生态环境”同时列为国家战略目标。在中国当前经济发展新背景下，环境保护与充分就业均关乎人民对美好生活的向往。然而，由于碳交易政策的主要管控对象是高碳排放行业中的污染型企业，随着纳入各试点省市碳交易市场的行业和企业范围逐渐扩大，人们担心日趋广泛的碳交易政策、严格的碳排放约束和市场监管是否会抑制受规制企业的劳动力需求，从而提高广大劳动力的就业难度。一方面，由于试点地区的碳交易机制可能会影响邻近地区制订相应的碳排污管控政策，因而碳交易试点地区可能会间接影响邻近地区的就业市场变动。另一方面，由于不同碳交易试点省市的碳配额总量、管控行业范围及碳交易价格各有不同，碳交易政策对各地区受管控企业的劳动力需求和再配置的影响也存在差异。因此，在关注碳交易政策能够降低二氧化碳排放和促进清洁技术发展的同时，分析碳交易政策对受管控企业的劳动力需求的影响，研究不同试点地区的碳交易政策实施差异，可以更好地协调环境保护与经济高质量发展之间的关系，实现节能减排和充分就业的“双重红利”。

9.2　碳交易政策的就业效应相关文献回顾

目前学者们关于环境规制对就业存在何种影响仍有较大争议。具体来说，主要存在三种观点。

第一种观点认为环境规制可能带来就业创造效应。有学者统计了美国环境产业的规模和相关工作岗位的数量后发现，美国CAFE标准的提高创造了30万个就业机会，认为环境规制政策对经济增长和创造就业机会是相辅相成的（Roger et al.，2008）。也有学者通过对比排放税政策实施前后各地区失业率的变化情况，发现环境规制显著降低了地区的失业率（Kondoh et al.，2012）。Jefferson等（2013）采用DID（Difference - in - Differences，双重差分）法研究发现中国的二氧化硫排污权交易政策促进了污染企业的就业表现。Hafstead等（2018）指出政府征收污染税的行为显著增加了低水平污染密集度行业的就业人数。国内学者利用实证研究发现不同工业行业的就业人数受环境规制影响的程度不同（陈媛媛，2011；王勇等，2013）。闫文娟等（2016）构建中介效应模型考察了环境规制对就业增长的直接及间接影响路径。邵帅等（2017）利用GMM方法研究中国工业环境规制强度的双重影响效应，研究发现工业环境规制有利于实现污染减排与劳动力需求的双重红利，并且存在显著的动态延续性。石喜爱等（2018）在控制了环境规制、资本投入、经济发展水平和产业结构等变量的情况下，“互联网+”对于制造业就业具有转移效应，扩大了对本地制造业就业的需求量。

第二种观点认为环境规制政策变相增加了企业生产成本，进而抑制企业的劳动力需求。例如，陆旸（2011）利用VAR模型模拟中国碳税征收对就业的影响，研究发现中国的碳税征收政策在短期内难以获得就业红利。Färe等（2014）以美国的排污权交易政策为研究对象，结果发现该政策对美国相关企业的就业不存在显著性影响。范洪敏等（2017）认为环境规制政策显著降低了农民工城镇就业人数。唐孝文等（2019）探究发现能源投入和二氧化氮排放量对于北京现代制造业创新能力有明显的负面影响。而在整体就业方面，不少学者研究发现环境规制政策出现显著的负向就业效应，日趋严格的环境规制将显著抑制社会就业情况（李元龙，2011；蒋勇，2017；闫文娟等，2017）。沈洪涛等（2017）研究发现，在碳交易约束下企业的应对减排机制为减少产品产量，而非投入资金研发清洁技术实现清洁生产。一般来说，企业缩小生产规模将减少劳动力人数，因此该结论侧面证明了碳交易政策可能存在就业损失效应。

除以上两种主流观点以外，第三种观点认为环境规制与就业间的关系是不确定或存在非线性关系。闫文娟等（2012）实证研究得到环境规制政策对就业存在非线性的门槛效应。李珊珊（2015）等用实证模型发现环境规制与就业间为"U"形关系。娄昌龙等（2016）在细分产业的基础上，发现环境规制仅仅促进了第三产业的就业人数，但抑制了第一产业的行业就业人数。同样地，在区分行业污染密集度后，李梦洁（2016）研究得到环境规制政策对不同的污染密集度行业的影响程度也有不同，对重中度污染行业就业的影响远远超过轻度污染行业。秦楠等（2018）进一步研究得到环境规制政策与就业间的"U"形关系仅存在于重度污染行业中，而在中度和轻度污染行业中两者则呈倒"U"形关系。

综上所述，一方面由于学者们在研究角度、数据与指标选取、行业分类等方面各有不同，因此虽然有关环境规制与就业关系的研究逐渐增多，但研究结论尚未统一，甚至得到了完全相反的观点。并且，较多文献将多种环境规制政策看作一个整体，构建相关模型研究其是否存在就业效应。这样的做法忽略了不同环境规制政策在实施的领域、规制对象等均存在差异，忽视这些差异进行整体研究本身也缺少了针对性。另一方面，目前有关碳交易政策的就业效应的评估研究相对较少。并且少数研究碳交易机制的就业效应的文献通常使用省级面板数据，侧重于碳交易政策的宏观就业效应。这些文献或者忽略了碳交易政策可能存在空间溢出效应，或者未从微观的角度对碳交易的就业效应进行评估。而研究微观企业受碳交易政策影响所引发的劳动力变动问题才能得到更为直观、准确的碳交易的就业效应，进而有助于探究现存就业难题的本质。

因此，在全国碳市场启动交易进入冲刺阶段的背景下，本章以碳交易政策为研究对象，基于空间溢出的视角评估碳交易政策的微观就业效应，并根据研究结果提出政策建议，具有重大理论与现实意义。与现有文献相比，本章的创新主要表现在：（1）在分析碳交易政策对劳动力的直接、间接和空间影响机制的理论基础上，从微观企业层面有针对性地设计碳交易政策评估需要的三重差分模型（Triple Difference Model，TDM），丰富了碳交易政策对劳动力影响研究的定性理论与定量方法。（2）在检验碳交易政策的空间溢出效应确实存在后，放宽经典的 STUVA 条件，基于 2008～2017 年上市公司数据评估碳交易政策对企业劳动力需求的影响效应，对比在有无溢出效应条件下由 TDM 评估得到的碳交易权政策的就业平均效应、溢出效应和总效应之间的不同，并进一步使用合成控制法对比分析不同试点地区碳交易政策的就业效应差异，这在一定程度上拓展了碳交易政策的研究内容与视角。

9.3　碳交易政策的就业效应机制分析与实证设计

9.3.1　机制分析

现有文献认为环境规制的约束将导致企业雇佣环境治理人员或投资环境治理项目，从而增加企业生产成本，间接影响对劳动力的需求。这里研究后将企业的环境治理投资作为生产函数局部均衡模型中的准固定成本 Z_k，设产量为 Y，要素价格为 P_j，则变动成本 CV（原材料、固定资本及劳动力）的方程为：

$$CV = F(Y, P_1, \cdots, P_j, Z_1, \cdots, Z_k) \tag{9.1}$$

根据 Shephard 引理，由式（9.1）得到劳动力要素需求函数：

$$L = \alpha + \rho_Y \times Y + \sum_{j=1}^{J} \gamma_j P_j + \sum_{k}^{K} \beta_k Z_k \tag{9.2}$$

利用环境规制变量 R（本章指碳交易政策）简化式（9.2）并对 R 求一阶偏导后得到：

$$\frac{dL}{dR} = \rho_Y \frac{dY}{dR} + \sum_{j=1}^{J} \gamma_j \frac{dP_j}{dR} + \sum_{k}^{K} \beta_k \frac{dZ_k}{dR} \tag{9.3}$$

Berman 等（2001）认为式（9.3）中等号右边第二项在竞争性市场中

接近于零，这是因为此时环境规制对要素价格的影响较弱。而碳排放交易政策对就业的影响主要有式（9.3）中等号右边第一项和第三项两种路径，即规模影响路径 dY/dR 和要素替代路径 dZ_k/dR。其中，规模影响路径是指碳排放交易政策通过影响企业产量从而影响劳动力需求。波特假说认为企业受环境政策约束后会倒逼技术进步，扩大生产规模提高产量进而增加了企业的劳动力需求。而要素替代路径是指碳排放权交易政策将促使企业投资环境治理项目（$dZ_k/dR>0$）、购置清洁生产设备等，从而降低了劳动力需求。但是 β_k 的符号不确定。因此，碳交易政策对劳动力需求的影响主要取决于规模影响与要素替代两种影响效应的权衡。

另外，由于地方政府间存在策略性的互动行为，碳交易试点地区可能会间接影响邻近地区的就业情况，这种间接影响即为碳交易政策的空间溢出效应。即碳交易政策对邻近地区的就业市场可能存在空间溢出效应。

首先，碳交易试点地区的排污管控和碳市场交易制度可能会影响邻近地区制定相应的碳排污管控政策。通过统计碳交易试点地区周围省市的环境规制政策或碳市场规划，发现河北、河南等省市在近几年均开始管控污染型企业的二氧化碳排放并积极探索地区碳市场建设。故在碳交易政策的空间溢出效应的影响下，邻近省份更趋向于选择一致的环境策略。而逐渐加强的环境管控政策会迫使地方企业使用清洁技术，进而提高对劳动力的需求。

其次，有学者认为，碳交易政策的空间溢出效应对就业结构的影响主要取决于地方政府之间选择策略性互动行为的类型。但考虑到我国生态文明建设已上升为国家战略，相关制度也日渐完善，全国碳市场启动、运行即将实现。

因此，本章认为碳交易试点地区对邻近省份更多地产生同化学习的作用，即邻近地区会选择与碳交易试点省市的相同环境规制政策，碳交易政策对邻近省份的就业市场产生协同效应。这一观点与现有事实更为相符。碳交易政策对就业的影响机制如图 9.1 所示。

9.3.2 实证设计

基于上述理论分析，本章从微观企业层面共设计了两个实证研究空间

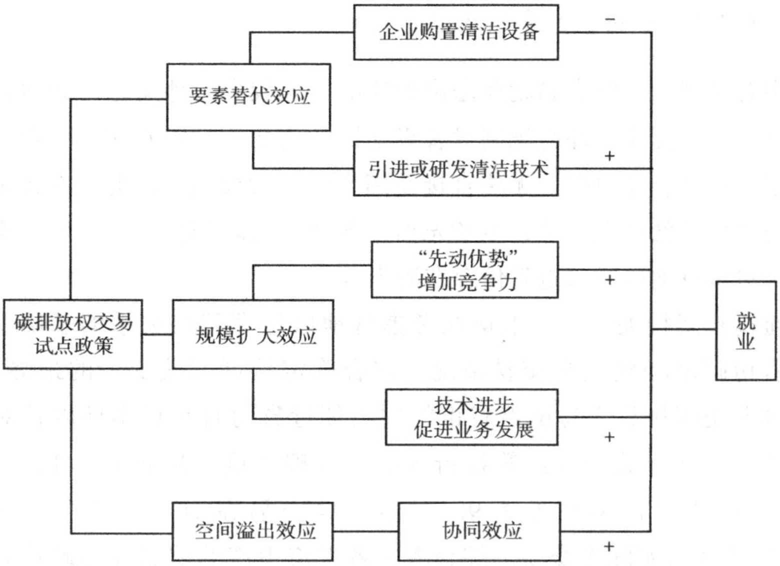

图 9.1　碳交易政策对就业的影响机制

溢出效应的视角下研究中国碳交易政策的就业效应。首先，明确地理邻接关系变量的定义，构建溢出效应的 TDM 模型对碳交易政策进行事前检验。其次，考虑到碳排放交易的主体是试点省份里的排污管控企业，传统双重差分模型的对照组，无论是选择试点省市里的其他企业或非试点省市里的企业均无法满足平行趋势的假设，且当碳交易政策存在空间溢出效应，即违反了 SUTVA 条件时，直接采用经典 DID 方法评估政策效应得到的结果是不准确的。而三重差分法（Difference - in - Difference - in - Difference, DDD）则可以很好地解决这个问题。通过另找一对不受碳排放权交易试点政策影响的"处理组"和"控制组"，保证该组间的差异只来源于其他政策的影响。将第一对处理组和控制组的差异（包含碳排放权交易政策和其他政策的差异）减去第二对处理组和控制组的其他政策差异，就得到了碳排放权交易政策的净效应。从而，规避其他政策对试点和非试点地区就业人数产生异质性影响，提高模型评估结果的准确性（例如，我国 2014 年在广东、湖北等省市实施的水权交易试点政策）。因此，本章采用 DDD 方法，在空间溢出存在的基础上，进一步建立政策评估的 TDM 模型来研究碳交易的就业效应。

9.3.2.1 溢出效应事前检验

现有文献关于碳交易就业溢出效应的研究较少，孙文远（2019）利用空间计量模型证实了环境规制对省级地区的就业结构存在正向影响。但本章是基于微观企业数据，无法直接使用空间计量模型。因此，在评估中国碳交易政策的就业效应前，本章先利用各地区地理邻接关系检验碳交易政策是否对试点地区的邻近省份存在溢出效应。

通过查阅相关文献，本章在考虑各地区地理邻接关系的基础上，统计各省份碳市场建立和交易情况，综合确定地理邻接变量的最终取值。若地区 k 是碳排放交易试点省市的周边邻近省份且在样本期内针对高碳行业进行了碳排放交易或管控行为时，地理邻接变量 $near_k=1$，否则为 0。各地区的邻接关系见表 9.1。中国碳交易在 2011 年底实行试点，2013 年才开启实际碳交易。综合考虑各省市生产的前瞻性和政策效果的滞后性，这里选取 2012 年为碳交易政策的交易元年，2012 年以前为非交易试点期，时间虚拟变量 $D_t=0$；在 2012 年及以后为交易试点期，$D_t=1$。定义 $DDD\_1 = near_k \times D_t \times CO_2$，则构建含溢出效应的计量模型如下：

$$\ln Labor_{ijkt} = \lambda_0 + \lambda_1 DDD\_1 + near_k + \theta X_{ijkt} + \varphi_j + \eta_k + \mu_t + \varepsilon_{ijkt} \tag{9.4}$$

其中，被解释变量 $\ln Labor_{ijkt}$ 为上市企业 i（属于行业 j 省份 k）在第 t 年从业人数的对数值；X_{ijkt} 为企业层面的控制变量；φ_j、η_k 和 μ_t 分别为行业、省份和年份的固定效应。若 λ_1 显著为正，则说明碳交易政策对周边邻近地区存在正向溢出效应。在该差分模型中，处理组为碳交易试点地区的邻接省份（$near_k=1$），对照组即为碳交易试点地区的非邻接省份（$near_k=0$）。其中，四川和陕西的碳交易市场分别建立于 2018 年和 2019 年，因此将其确定为非碳交易邻接地区。在这里 CO_2 为碳交易政策虚拟变量，$CO_2=1$ 则表示该企业隶属碳交易邻接地区（或设立区域碳交易市场），受碳交易政策的溢出效应影响；$CO_2=0$ 则表示该企业为非碳交易邻接地区（或未设立区域碳交易市场），不受碳交易政策约束。其中，四川和陕西的碳交易市场分别建立于 2018 年和 2019 年，因此将其确定为不受碳交易政策约束。

表 9.1 各地区地理邻接关系

碳交易试点地区	非碳交易试点地区			
	碳交易邻接地区 $near_k = 1$		非碳交易邻接地区 $near_k = 0$	
北京	河北	河南	山西	四川
天津	江苏	湖南	内蒙古	云南
上海	浙江	广西	辽宁	陕西
湖北	安徽	贵州	吉林	甘肃
广东	福建	海南	黑龙江	青海
重庆	江西		新疆	宁夏

9.3.2.2 三重差分模型

为从微观角度准确估计我国碳交易政策对就业结构的影响，本章构建如下三重差分模型：

$$lnLabor_{ijkt} = \beta_0 + \beta_1 DDD\_2 + \beta_2 K_{ij} D_t + \beta_3 K_{ij} G_{ik} + \beta_4 D_t G_{ik} + \theta X_{ijkt} + \varphi_j + \eta_k + \mu_t + \varepsilon_{ijkt} \tag{9.5}$$

其中，被解释变量 $lnLabor_{ijkt}$ 为上市企业 i（属于省份 k 行业 j）在第 t 年从业人数的对数值；K_{ij} 和 G_{ik} 分别为省份和行业虚拟变量，当企业 i 位于碳交易试点省份时，$K_{ij} = 1$；当企业 i 位于非碳交易试点省份时，$K_{ij} = 0$。当企业 i 属于碳市场管控的高碳行业时，$G_{ik} = 1$；当企业 i 不属于碳市场管控的高碳行业时，$G_{ik} = 0$。D_t 为时间虚拟变量，本章研究的核心解释变量 $DDD\_2 = K_{ij} D_t G_{ik}$ 为碳交易试点政策变量，由三个虚拟变量的交互项构成。X_{ijkt} 等控制变量均与模型（9.1）保持一致。

为保证双重差分评估结果的一致性，至少要确定被评估政策的实施不会产生外溢效应。这就是经典双重差分法的 STUVA 条件。但是，当碳交易政策存在溢出效应时，经典的 STUVA 条件被违背，若仍像已有研究采用碳交易试点政策变量 DDD_2 的系数 β_1 作为碳交易就业效应估计值，则会存在明显的评估差异。即在有无溢出效应的条件下，利用三重差分模型评估政策效应的结果是不同的。而参考 Baird 等（2014）、Angelucci 等（2015）的观点，若待评估政策对处理组样本产生正向溢出影响，则经典 DID 模型将低估政策的平均处理效应；同理，若待评估政策对处理组样本产生负向溢出影响，则经典 DID 模型将高估政策的平均处理效应。此外，政策的总效应与研究的个体样本比率相关。

因此，综合考虑以上因素，表 9.2 对比了有无溢出效应条件下，差分模型评估碳交易影响就业的平均效应、溢出效应和总效应系数值。其中，个体样本比率是指在研究中选取的处理组和对照组分别占总样本的比率。

表 9.2　　碳交易就业效应评估说明

有无溢出	就业效应	系数估计	个体样本比率
无溢出	平均效应	β_2	—
	总效应	β_2	—
有溢出	平均效应 ATE	$\beta_1+\beta_2$	ω_{ATE}
	间接溢出效应 ITE	β_2	ω_{ITE}
	总效应 TATE	$\omega_{ATE}(\beta_1+\beta_2)+\omega_{ITE}\beta_2$	$\omega_{ATE}+\omega_{ITE}=1$

9.4　中国碳交易政策的就业效应评估数据与样本

9.4.1　变量定义

（1）被解释变量。

与任胜钢（2019）、崔广慧（2019）等人所研究的被解释变量一致，本章选取企业当年在职员工人数的自然对数值来衡量企业的劳动力水平。

（2）核心解释变量。

结合已有研究，这里将碳交易试点政策、高碳行业及年份三个变量的交乘项作为核心解释变量，定义为 $DDD\_2=K_{ij}D_tG_{ik}$。考虑到碳交易政策溢出效应的存在，本章仍关注核心解释变量 $K_{ij}D_t$ 交互项的估计值。

（3）控制变量。

为考察碳交易政策对企业劳动力需求的影响，这里企业层面的控制变量选取了企业规模、企业年龄、企业所有制、资产负债率、总资产净利润率、成长性、现金比率、资本密集度。此外，还控制了省份、行业与年度变量。具体变量定义见表9.3。

表9.3 主要变量定义

变量性质	变量名称	变量符号	变量定义
被解释变量	劳动力需求	lnlabor	企业在职员工人数的自然对数
核心解释变量	碳交易政策	DDD_2	2012年后碳交易试点省市中受政策支持的企业，DDD_2，否则为0
控制变量	企业规模	lnasset	期末总资产的自然对数
	企业年龄	age	当年年份 - 企业成立年份 +1
	企业所有制	owner	国有企业 owner =1，否则为0
	资产负债率	lev	期末总负债/期末总资产
	总资产净利润率	roa	净利润/平均总资产
	成长性	growth	主营业务收入增长率
	现金比率	cflow	经营活动现金净流/流动负债
	资本密集度	lnkl	固定资产净额/年末就业人数
	年度	year	年度虚拟变量
	行业	industry	行业虚拟变量
	省份	province	地区虚拟变量

9.4.2 样本选取

我国碳交易市场的七个试点省市纳入碳排放管理和交易范围的行业企业各有不同。通过梳理归纳，本章将石化、化工、建材、钢铁、有色、造纸、电力和航空八大行业确定为二氧化碳排放行业。针对上述行业，本章依据2011年证监会行业分类为标准，以八大高碳行业的一级行业包括制造业、电力、热力、燃气及水生产和供应业以及交通运输、仓储和邮政业为全部研究样本选择范围，然后对2008～2017年沪深两市A股中的上市企业进行筛选，最终获得199家二氧化碳排放企业（试点和非试点省份分别有59家、140家），在非二氧化碳排放行业中筛选得到462家企业（试点和非试点省份分别有170家、292家）共计661家企业作为对照组的样本。

通过计算可以得到，本章处理组的个体样本比率为0.089，对照组的个体样本比率为0.911。全部样本均剔除了占比较小的遭受连续亏损、公司状态为终止上市、暂停上市和停牌及缺失值较严重的企业。这里要说明的是，所有数据来源于 WIND 数据库和国泰安 CSMAR 数据库。为保证数据的完整性和样本选择的同一标准，个别异常数据也予以保留。此外，本章通过对数据齐全、财务状况良好的 1122 家非高碳行业上市企业的对照实证分析，发现使用企业微观数据的选择对研究结果影响比较小，进一步确定了上述筛选的合理性。全部变量的描述性统计见表 9.4。

表 9.4　全部变量的描述性统计

变量名称	符号	个数	均值	标准差	最小值	最大值
劳动力需求	lnlabor	6610	8.1194	1.1488	3.8712	12.1049
企业规模	lnasset	6610	22.2252	1.2532	17.1305	26.9609
企业年龄	age	6610	16.8132	4.9856	3.0000	40.0000
企业所有制	owner	6610	0.6536	0.4759	0	1
资产负债率	lev	6610	0.4850	0.1879	0.0071	1.4107
总资产净利润率（%）	roa	6610	4.1847	6.6349	-64.4845	230.1
成长性	growth	6610	1.0682	0.9102	-1.0722	32.1679
现金比率	cflow	6610	0.5860	1.3871	-0.0716	67.3444
资本密集度	lnkl	6610	11.4292	1.9234	1.2102	17.1708
年龄二次方	age2	6610	307.5348	180.2675	9.0000	1600

9.5 碳交易政策的就业效应评估实证结果

9.5.1 溢出效应检验

关于碳交易政策溢出效应的检验结果如表 9.5 所示。其中，第（1）、（2）两列为 OLS 回归结果作为参考，后两列为面板固定效应回归结果。首先，由 $near_k$ 变量的估计系数可知，碳交易政策在试点过程中对邻近省份确实存在正向的溢出效应。其次，观察核心解释变量 DDD_1 的系数估计结果可知，碳交易试点政策的就业溢出效应约7.3%且在5%的统计显著性水平下为正。这说明，碳排放交易政策的实施不仅使试点省份就业需求明显提高，而且具有正向溢出效应，辐射周边邻近省份进行碳交易的尝试和探索。全部回归均选择稳健的聚类标准差。

表9.5　　溢出效应回归结果

变量	(1) lnlabor	(2) lnlabor	(3) lnlabor	(4) lnlabor
DDD_1	0.0731 (0.1822)	0.0243 (0.0977)	0.1029* (0.0717)	0.0727** (0.0585)
near	0.3962*** (0.1283)	0.3199*** (0.0662)	0.0197 (0.1087)	0.2279** (0.0919)
_cons	7.8047*** (0.3703)	-5.4882*** (0.5215)	7.8406*** (0.3758)	1.4236** (0.6430)
Controls	N	Y	N	Y
省份固定效应	Y	Y	Y	Y
行业固定效应	Y	Y	Y	Y
年份固定效应	Y	Y	Y	Y
R^2	0.1632	0.6799	0.1645	0.6703
N	4320	4320	4320	4320

注：***、**、*分别表示在1%、5%和10%水平上显著，括号中的值表示标准误差。

9.5.2　就业效应评估

在验证碳交易试点政策存在空间溢出效应的前提下，这里放宽了STUVA条件，基于2008~2017年沪深A股上市公司的面板数据，构建TDM模型评估碳交易政策对企业劳动力人数的直接影响效应。为增加模型估计的可比性，分别采用最小二乘法及固定效应法对TDM评估模型进行估计，结果如表9.6所示。

表 9.6　　基准回归结果

变量	(1) lnlabor	(2) lnlabor	(3) lnlabor	(4) lnlabor
DDD_2	0.1215 (0.0869)	0.0856 (0.0900)	0.1022 (0.0824)	0.0836 ** (0.0426)
Kij × Dt	0.0898 * (0.0456)	0.1123 ** (0.0443)	0.0898 ** (0.0456)	0.1085 *** (0.0210)
age		-0.0017 (0.0116)		0.0579 *** (0.0068)
age2		0.0001 (0.0003)		-0.0011 *** (0.0002)
owner		0.0250 (0.0605)		0.0000 (.)
growth		-0.0236 * (0.0138)		0.0277 *** (0.0055)
lnkl		-0.1149 *** (0.0190)		-0.1023 *** (0.0043)
lnasset		0.7129 *** (0.0330)		0.2547 *** (0.0108)
roa		0.0009 (0.0023)		-0.0040 *** (0.0009)
cfolw		-0.0516 * (0.0292)		-0.0047 (0.0045)
lev		0.0359 (0.1838)		0.1887 *** (0.0530)
_cons	8.2414 *** (0.4760)	-6.1615 *** (0.7518)	8.2265 *** (0.4850)	2.8774 *** (0.2251)
省份固定效应	Y	Y	Y	Y
行业固定效应	Y	Y	Y	Y
年份固定效应	Y	Y	Y	Y
R^2	0.1494	0.6449	0.1686	0.3123
N	6610	6610	6610	6610

注：***、**、*分别表示在1%、5%和10%水平上显著，括号中的值表示标准误差。

表9.6中的第（1）、（2）列是控制了地区和年份变量后进行OLS回归，结果显示政策交乘项的系数为正，但并不显著，说明可能遗漏了重要的解释变量，这里列出仅作为回归参考。由于溢出效应的存在，因此对TDM模型使用固定效应回归得到，碳交易政策的直接政策效应（ATE）为0.1921；间接处理效应（ITE）为0.1085，在5%的显著性水平下正向显著。因此，碳交易试点政策的就业总效应（TATE）约为11.6%，计算公式见表9.2。结果表明，TDM模型估计得到的溢出效应与事前检验的估计结果较为接近，进一步确定了在评估碳交易机制时考虑溢出效应的必要性。

9.5.3　动态效应与安慰剂检验

（1）动态检验。

为研究实施碳交易政策的动态效应，本章参考事件分析法的思想，将碳交易政策发生前2年以上设为基准组，用变量s表示碳交易政策推行后s年，将TDM模型中的交互项换成表示碳交易政策实施后s年的哑变量，估计如下方程：

$$\ln Labor_{ijkt} = \beta_0 + \beta_1 \sum_{s \geqslant -3}^{3} DDD_s + \lambda X_{ijkt} + \varphi_j + \eta_k + \mu_t + \varepsilon_{ijkt} \tag{9.6}$$

图9.2中实线为公式（9.6）中被解释变量系数估计值的大小，虚线为对应的90%置信区间。从图9.2中可以看出，在政策实施当年及之后系数估计值均通过了10%水平的显著性检验，并且随着碳交易政策实施年限的增加，碳市场日趋成熟，对就业的促进效应也逐渐增加，在实施第四年碳交易政策的就业效应达到最大。

（2）安慰剂检验。

为排除评估得到的就业效应受到其他非观测遗漏变量的干扰，本章参考安慰剂检验的思想，在全样本中随机选择6个样本作为"安慰处理组"进行间接检验并重复500次。观察图9.3可以发现，随机分配的估计值集中分布在零附近，基准估计结果（11.5%）位于整个分布之外。这说明了随机设立的碳排放交易试点区未产生就业效应，反推出2012年碳交易试点区设立对处理组就业产生的显著促进作用是真实存在的。该安慰剂检验的

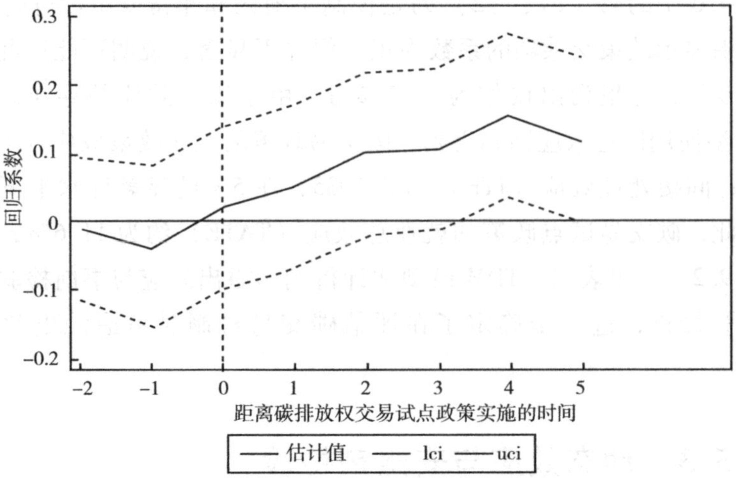

图 9.2　动态效应图

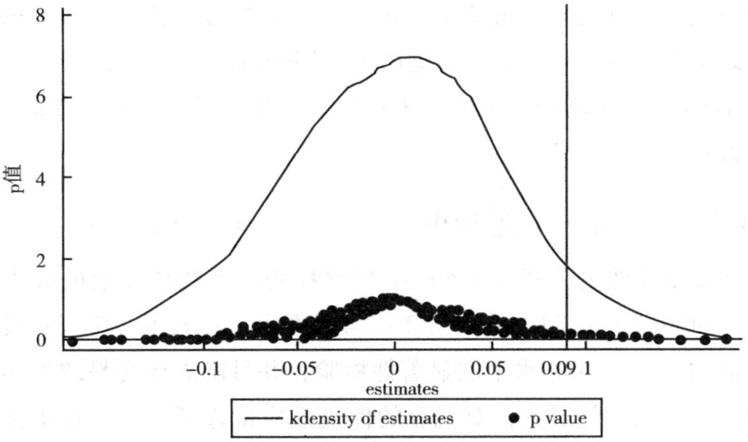

图 9.3　安慰剂检验结果图

结果进一步证明了本章研究结果不受其他随机因素的影响。

9.5.4　稳健性检验

为进一步说明前面碳交易就业效应评估模型回归结果的可靠性，本部分进行了控制变量滞后一期和更改样本时期两个稳健性检验。由两个稳健性检验的结果可知，碳交易试点政策对试点地区产生的正向就业效应值具有较高可信度。具体分析如下。

（1）控制变量滞后一期。

考虑到所选变量与碳排放交易试点的省份间可能产生影响，因此将三重差分评估模型中的控制变量滞后一期。回归结果见表9.7中第（2）列，由于控制力度降低，估计系数值0.1184相对基准模型0.0836有所增加，且在1%的显著性水平上显著。结合表9.7的个体样本比率，计算得到碳交易的直接政策效应（ATE）为0.2555，间接处理效应（ITE）为0.1371，就业总效应（TATE）约为14.8%。

表9.7　　稳健性检验结果

变量	(1) lnlabor	(2) lnlabor	(3) lnlabor
DDD_2	0.0836 ** (0.0426)	0.1184 *** (0.0354)	0.1002 * (0.0514)
Kij * Dt	0.1085 *** (0.0210)	0.1371 *** (0.0223)	0.0854 *** (0.0273)
Controls	Y		Y
L. Controls		Y	
_cons	2.8774 *** (0.2251)	3.1788 *** (0.2477)	3.7189 *** (0.2506)
省份固定效应	Y	Y	Y
行业固定效应	Y	Y	Y
年份固定效应	Y	Y	Y
跨度区间	2008～2017	2008～2017	2010～2017
R^2	0.3123	0.2242	0.2465
N	6610	5949	5288

注：***、**、*分别表示在1%、5%和10%水平上显著，括号中的值表示标准误差。

（2）更改样本时期。

基准回归的跨度区间为2008～2017年的全样本，但碳交易试点元年为2012年，试点前时期可能过长。为避免金融危机的影响，提高回归结果稳健性，选取2010～2017年的样本进行回归。结果见表9.7第（3）列，核心解释变量的系数估计值与基准回归仍较为一致。同样，计算得到碳交易的直接政策效应（ATE）为0.1856，间接处理效应（ITE）为0.0854，就业总效应（TATE）约为9.43%。

9.6 中国碳交易政策的就业效应评估结果的分析

通过前面分析得到，在存在约7.3%正向溢出效应条件下，我国碳交易政策对受约束企业就业的总影响效应约为11.6%。考虑到各碳交易试点省市产生的就业促进效果不同，而前面三重差分评估模型仅得到了碳交易政策的局部效应，无法对比各碳交易试点省市的就业效应差异。为此，本节拟采用合成控制法进行进一步分析。

结合已有研究，构建每一个试点省市的合成控制省市，进而逐一分析各试点省市的就业人数受碳交易政策的影响情况。具体来说，将碳排放交易试点地区的6个省市设定为处理组（考虑到深圳市和广东省的数据有部分重合，本节未对深圳试点单独分析），依靠数据驱动产生预测就业人数变量的权重，逐一与其他非碳交易试点省市进行拟合得到与处理组特征相近的“反事实”的合成组，同时控制了影响各省市就业人数的相关变量。碳交易的政策效果由每一个试点地区和其合成控制地区的就业人数差值来衡量。

图9.4（a）至（f）分别列出了各试点省市实际与拟合的就业人数路径，单位为万人。其中实线代表处理组的实际就业变动路径，虚线表示合成组的就业变动路径，垂直虚线代表设立碳交易试点区的起始年份（2012年）。由图9.4可知，2012年，实际与合成的就业人数变动路径几乎完全重合，说明合成组对碳交易试点政策实施之前各省市的就业人数拟合的较好。在2012年以后，实际的与合成的省市就业人数发生变化，这种变化的差值即为碳交易政策的就业效应，前面也已经证实。

值得关注的是，不同碳交易试点省市的实际和合成的就业人数变动出现差异。具体来说有：

① 北京试点的实际就业人数与拟合值趋势相反，2014年北京市就业

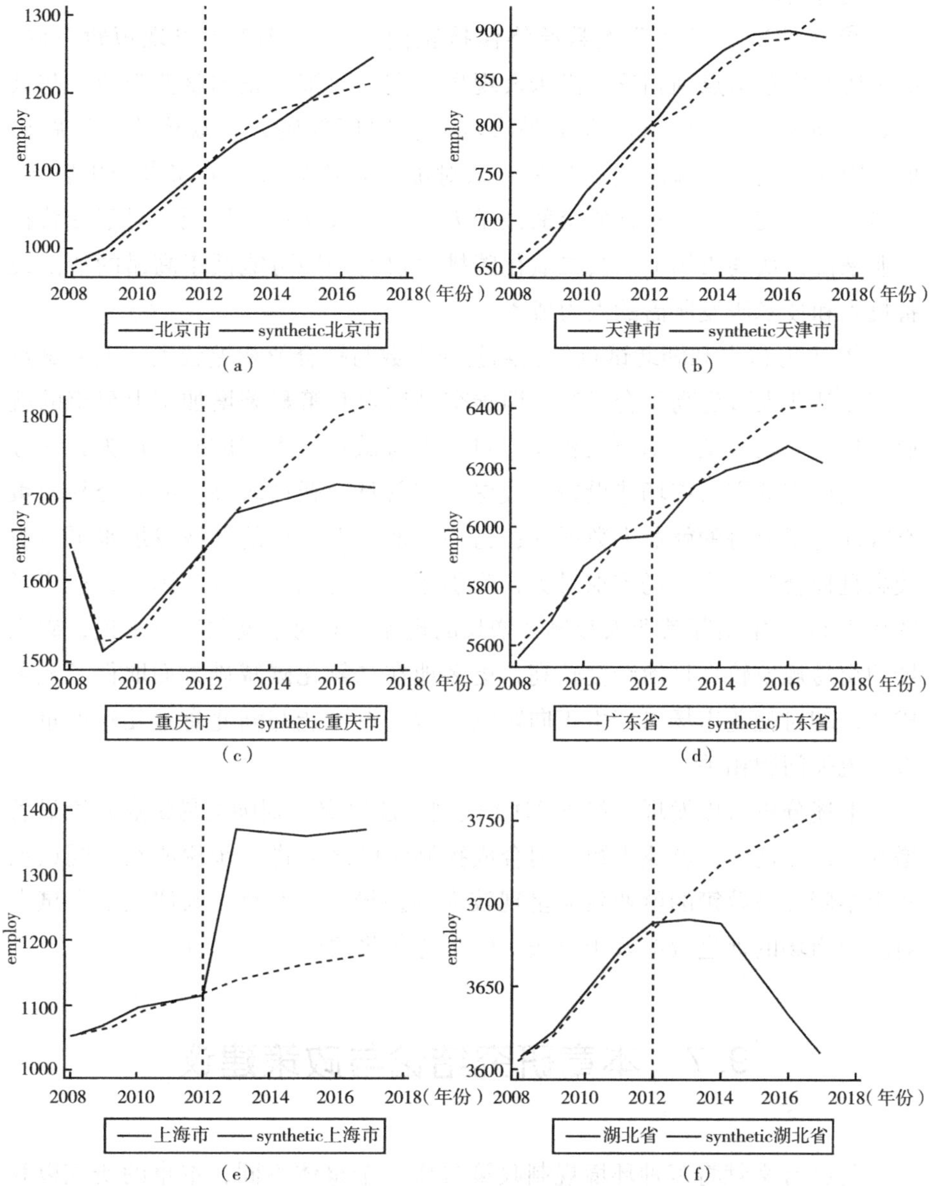

图9.4　试点省市实际与拟合的就业人数路径对比

人数为下降趋势，但在2015年以后出现明显增长。这说明北京市的碳交易政策对就业的影响前期为负向抑制且存在滞后效应，在试点第4年才出现正向促进的就业效应。

② 天津试点对就业人数始终保持正向影响，2017 年出现短暂下降。而重庆和广东试点则相反，尚未表现出碳交易政策的正向就业效应。与其他碳市场相比，重庆市的碳交易市场建立时间较晚，且规模小、活跃度低。因此重庆市实施碳交易政策暂未对加大企业的劳动力需求产生影响。虽然广东碳交易市场累计成交额破千万元，但成交价格较低。对于受管控企业来说，从碳市场上购买二氧化碳排放权的费用可能低于高昂的清洁设备投入和技术研发所需的人力成本。

③ 上海试点和湖北试点的实际就业人数与拟合值相差较大。上海试点的实际就业人数远高于合成组，即碳交易试点政策显著增加了上海市的就业人数；而湖北试点则与之相反。对于上海试点，本章的研究认为，一方面，上海市碳交易市场建设较为成熟、完善且活跃度较高，故碳交易政策有效促进了上海的就业人数增加；另一方面，上海市的经济发展水平本身较高且社会劳动力市场需求量大，吸引了大量劳动力涌入。因此，造成了图 9.4（e）中实际就业人数迅猛增长的现象。而对于湖北试点来说，碳市场的交易规模较大且活跃度较高，更多地在二氧化碳减排方面取得了显著成效，却对就业市场未产生正向影响。这一点可能与湖北省近几年严重的人才流失问题相关。

上述分析可以发现，尽管 TDM 模型实证研究得到碳交易试点政策显著增加了试点地区的就业人数，但合成控制法的结果进一步说明在不同试点省市中碳交易政策的就业效应呈现较大的差异性，北京、天津及上海试点对就业市场的促进效应好于重庆、广东与湖北试点。

9.7 本章研究结论与政策建议

与已有文献将多种环境规制政策看作一个整体不同，本章的研究以我国碳交易政策为研究对象，从空间溢出效应的视角下，实证研究我国碳排放交易试点政策对上市企业的就业效应，旨在更为直观、准确地评估碳交易的微观就业效应。

本章研究得到以下结论：

（1）碳交易试点政策对就业市场的影响效应有规模效应、要素替代效应及空间溢出效应。规模效应是指企业受环境政策约束后会倒逼技术进步，扩大生产规模提高产量进而增加了企业的劳动力需求，即碳排放交易政策通过影响企业产量进而影响就业。要素替代效应是指碳交易政策促使企业进行环境治理投资而降低劳动力需求，而逐渐加强的环境管控政策会迫使地方企业使用清洁技术，进而提高对劳动力的需求。空间溢出效应是指在碳交易政策的影响下，邻近地区会选择与碳交易试点省市的相同环境规制政策，进而对邻近省份的就业市场产生协同效应。

（2）三重差分评估模型的回归结果说明，碳交易政策在实施过程中对试点地区的邻近省份存在约7.3%的正向溢出效应。并且我国碳交易政策对就业影响的直接影响效应值约为20%，在考虑个体样本比率计算后得到碳交易政策的就业总效应约为11.6%。

（3）由动态效应的检验结果知，随着实施年限的增加，我国碳交易政策对就业的影响效应也在逐步增大。该实证结果不仅通过了安慰剂检验，而且通过了多个稳健性检验，说明本章的实证结果不受随机因素的影响且较为稳健。

（4）合成控制法的结果进一步说明在不同试点省市中碳交易政策的就业效应呈现较大的差异性，北京、天津及上海试点对就业市场的促进效应要好于重庆、广东与湖北试点。由此可见，碳交易政策的就业效应与区域的经济强弱呈现出较强的正相关性，与区域面积大小呈现出较强的负相关性。

基于以上研究结果，提出如下建议：

第一，创新绿色技术，搭建合作平台。在全国碳交易进入冲刺阶段的背景下，被纳入碳交易市场管控的企业应看到碳交易政策带来的经济红利，积极研究创新绿色清洁技术，扩大生产规模与市场占有率。政府方应鼓励企业提高R&D经费投入，搭建控排企业技术合作与交流的平台，实现源头治污管理与清洁技术创新，同时监督污染型企业履行环境治理的义务与责任。在保护环境、建设生态文明的同时助力企业实现利润最大化。

第二，加强协同，有序推进碳交易市场建设，改善区域就业质量。考虑到碳交易试点政策对邻近省份存在正向溢出效应，非碳交易试点的地方政府应积极顺应这种协同作用，加强与碳交易试点地区的交流学习并积极制定或改善更符合地区经济发展、就业结构的环境规制政策，逐步建立起成熟、稳定的、适应地方发展的碳交易市场。后续积极地向全国的碳交易市场靠拢，进而逐步提高地区就业人数，争取实现“碳减排”和“就业优化”的双重红利。

第三，建设具有区域特色的碳交易市场。目前较为落后的碳交易试点应加强与其他试点的沟通交易，取长补短并完善自身碳市场建设。例如，广东碳交易市场应适当调整碳价，促使受管控企业进行清洁技术创新，增大对清洁设备使用、绿色技术研发的高技能人才需求，从而有望发挥碳交易政策的正向就业效应；而重庆等交易规模尚小、活跃度较低的碳市场则应在如何盘活现有碳市场方面发力。可采取增加碳市场主体数量、加强排污管控力度等措施提高碳市场交易量等。

第四，加大对劳动力的培训。随着后期我国碳交易市场的逐步成熟化和全面化，控排企业对劳动力的需求也将改变。因此地方政府应加快优化配置中低技能劳动力，加大对中低技能劳动者的职业技能培训与核心技能升级，真正解决就业难题，促使就业与经济同步高质量发展。

协调篇

第10章　高质量发展背景下资源、环境与经济协调理论分析[①]

资源和环境作为一个地区或国家经济发展的基础，在发展中占有举重若轻的地位。作为经济发展相对落后的江西省来说，资源和环境对江西省经济的影响更显得尤为重要。尽管近年来全省经济得到了飞速发展，但从万元GDP能耗水平来看，江西的数据已超过发达地区，资源和环境的承载力已经接近极限，部分地区甚至超过极限。目前，江西省经济发展进入了新时代，正由高速发展阶段转向中等速度但高质量发展阶段，实现资源、环境和经济系统协调发展是保证社会可持续高质量发展的关键。本章分析了区域高质量背景下资源、环境与经济协调研究的背景及意义，从能源、环境与经济关系的研究、协调发展测度方法的研究、区域协调发展的研究、协调发展内容的研究、协调发展的理论、战略创新研究五个方面对资源、环境与经济协调国内外现有研究进行综述，介绍资源、环境与经济协调研究相关概念和理论基础，为后续实证打下基础。

---

① 本章内容为江西省高校人文社会科学研究项目《高质量发展背景下资源、环境与经济协调测度研究——以江西省为例（GL19108）》的主要阶段性研究成果，主要执笔人为余达锦、漆俊等。

10.1 区域高质量背景下资源、环境与经济协调研究的背景及意义

10.1.1 区域高质量背景下资源、环境与经济协调研究的背景

改革开放以来，中国经济迅猛发展，经济的增长势必造成资源的过度消耗及生态环境破坏日益严重等一系列问题。魏斌等（2015）对我国能源、环境和经济现状进行分析发现。就能源方面，我国能源利用率较低，结构失衡，且能源消耗总量高于能源生产总量；就环境方面，从全国范围来看，虽然环境治理有所加强，但是环境污染越来越严重，生态遭到严重破坏，环境形势令人担忧；就经济方面，总体上来看，我国国民经济综合实力发生了历史性的巨变，但我国人均国内生产总值仍处于较低水平。由于我国特定的国情和时代背景，中国经济要想得到更好更快发展，还需要经历诸多的考验。众所周知，社会各系统间的协调发展是促进我国经济良好发展的重要保障。实现资源、环境和经济等系统间的协调发展关键在于转变和创新经济发展方式，依靠创新驱动经济的高质量发展。为了应对经济发展中资源短缺和环境污染等问题，党和国家还先后提出可持续发展、循环经济、科学发展观和“绿色发展”理念。随着《能源发展“十三五”规划》的发布并实施，党的十九大对坚持节约资源和保护环境的基本国策，以及加快生态文明体制的改革和建设美丽中国的强调，使深化系统间协调发展的研究已成为建设美丽中国、实现社会可持续高质量发展的重要保证。

江西省经过多年的高速发展，自 2012 起，经济增长速度开始呈现回落，经济呈现新常态，由高速发展阶段进入中高速发展阶段。经济的快速发展导致江西省资源和环境问题日益严重，随着 2018 年国务院在政府工作报告中首次提出高质量发展概念，表明中国经济从简单追求速度转向坚持质量第一、效益优先。也就是说，中国的发展不再是那种粗放型的、破坏型的低质量低水平的发展模式，而是一种质与量结合的高质量发展模式。

江西省发展也应紧随国家发展的脚步。实际发展中，高质量发展要求全省以一种创新、协调、绿色、开放、共享新的发展理念去发展。为了更好地实现资源、环境和经济协调发展问题，使子孙后代能够永续发展和安居乐业，需要在现有研究基础上从投入—产出的角度分析造成资源、环境和经济不协调的来源及协调度的影响因素，以最小的能耗、最低限度的环境代价来实现高质量的经济发展。因此研究高质量发展背景下系统间不协调的来源和系统协调度的影响因素，具有重大的理论和实际意义。

10.1.2　区域高质量背景下资源、环境与经济协调研究的意义

经过 40 多年经济的高速发展，我国经济发展进入了新时代，以往粗放式发展已不再适用于当今发展。随着社会的不断进步，人们对物质文化的追求，使有限的资源过快、过度地被消耗。同时，在资源消耗过程中，环境污染物的无节制排放使生态环境遭到严重的破坏，资源、环境和经济矛盾加剧，因此，走高质量发展道路是可持续发展的必经之路，也是建设现代化经济体系的必由之路。要实现高质量发展，就必须资源、环境和经济三大系统间的关系协调。可以说，协调已经成为高质量发展的内在要求。然而以往学者对于三大系统协调的研究，尽管评价方法多样，但对于城市三大系统协调性研究较少，鲜有文章深入分析系统间不协调的来源和系统间协调的影响因素。

本章将高质量发展和资源、环境与经济协调发展的问题结合起来进行研究，不仅顺应时代发展趋势，而且其研究结果对于资源的优化配置和产业结构的升级有着重要的促进作用，为江西省资源、环境和经济的协调发展和高质量发展提供科学的决策依据。此外，在研究的方法和内容上，也有助于充实现有系统协调的理论文献。

10.2　资源、环境与经济协调国内外研究综述

通过对现有文献的整体发现，目前国内外对于协调发展的研究，大致

可以分为以下5个方面：能源、环境与经济关系的研究，协调发展测度方法的研究，区域协调发展的研究，协调发展内容的研究和协调发展的理论创新、战略研究。

（1）能源、环境与经济关系的研究。

学者们在研究能源、环境和经济之间关系之前，最初研究的是环境与经济两者之间的关系，主要研究是围绕EKC理论假说展开的。后续也有学者研究能源与经济的关系、能源与环境的关系。Norgaad首次提出了协调发展理论，研究表明，通过反馈循环在社会与生态系统之间可实现共同发展。1955年，美国经济学家西蒙·史密斯·库兹涅茨提出了库兹涅茨曲线，即收入分配状况随经济发展过程而变化的曲线，是国外研究环境和经济关系的起点。Grossman和Krueger（1991）在研究环境污染与经济增长关系时，发现两者呈现倒“U”形关系，随后两人共同提出了环境库兹涅茨曲线（简称EKC）。

环境库兹涅茨曲线提出后，学者们对环境质量与经济关系的探讨不断深入，丰富了理论的相关解释与说明。许多学者以不同地区为研究对象验证了EKC的真实性。Alam等（2013）以东亚和东南亚国家为背景，分析经济增长与环境质量之间的关系，进一步证实了环境库兹涅茨曲线理论的正确性。Al－Mulali等（2015）以一个国家的生态足迹作为环境退化的指标，按收入分类调查了93个国家，研究了环境库兹涅茨曲线（EKC）假说，指出这一关系仅代表了中高收入国家的EKC假说。刘安轩等（2017）用黑龙江近13年经济和环境数据对环境库兹涅茨曲线进行验证时发现该曲线是存在的。邹庆等（2014）在研究我国30个省区市CO_2排放时也得出了EKC假说成立这一结论。

随着研究的不断深入，也有学者对环境库兹涅茨曲线提出相关质疑，认为倒“U”形并非EKC的唯一表现形式。Özokcu等（2017）建立两个模型来验证EKC曲线的存在，第一个模型以26个高收入水平国家的数据建立的，第二个模型是以52个新兴国家的数据建立的，结果显示，两个模型分别呈现出“N”形和倒“N”形曲线，否定了EKC曲线假说。王敏等（2015）在研究中国112座城市数据后发现所有城市的大气污染浓度指标呈现“U”形曲线。于丽娜（2018）以北京市为研究对象验证环境库兹涅茨曲线是否存在时，发现在研究时间段内，北京环境库兹涅茨曲线呈现出反"N"形、倒"U"形和曲线递减多种特征。

此外，也有学者从其他角度去研究能源、环境与经济的关系。崔和瑞等（2010）基于 VAR 模型并利用脉冲响应函数和方差分解分析评价了我国 3E 系统的动态关系，表明 VAR 模型在评价过程中的可行性。林长华（2013）研究了中国环境保护工作和经济发展的相互作用，并为如何实现环境保护和经济协调发展提出了相关建议。范慧平等（2015）基于 BP 神经网络、脉冲响应函数和方差分解模型等对河南省 1993～2012 年生态环境和经济增长的互动关系进行了动态分析，研究结果表明，站在一个长远角度来看，经济增长对生态环境质量的提升有显著的正向效应。Tang 等（2016）在越南 1971～2011 年能源消费和经济增长数据基础上，使用新古典索洛增长框架分析对两者关系进行了研究，结果证实了变量之间协整的存在，特别是能源消费、外国直接投资和资本存量对越南的经济增长产生了经济的影响。Bhattacharya 等（2016）选择了 38 个可再生能源消费最高的国家，并利用其 1991～2012 年相关数据研究了可再生能源对经济增长的影响，结果表明，在大多数这些经济体中，政府、能源规划者、国际合作机构和相关机构必须共同努力提高可再生能源投资以实现低碳增长。李莺莉等（2017）为了了解我国旅游经济与能源消耗两者间的关系，采用 VAR 模型、Granger 因果分析和协整分析等方法对其进行了研究，结果显示，当前我国旅游事业的发展是建立在大量能源消耗基础上得来的，同时也带来诸多的环境问题。刘尧（2018）以攀枝花地区 2010～2016 年数据和中国 2004～2016 年数据为基础，利用 IPAT 模型和脱钩指数对经济增长与能源消耗两者关系进行了分析。

李晓飞等（2018）构建了相关 VAR 模型，利用脉冲响应函数和方差分解方法对河南省能源、经济和环境三者的动态关系进行研究，发现三者间存在相互影响的动态发展关系及长期稳定的协整关系。潘超（2021）利用 1971～2014 年中国的碳排放、能源消耗和 GDP 增长的数据，采用 Pillips－Ouliaris 等方法进行了相关协整检验和滚动窗口格兰杰因果检验，结果表明，人均二氧化碳排放量、人均能源消耗量和人均 GDP 之间的确存在着协整关系。滚动窗口格兰杰因果检验显示，人均能源消耗量又单向影响着人均 GDP，人均 GDP 单向影响着人均二氧化碳排放量。李博等（2018）构建了环境约束下的能源经济发展模型，探究我国能源消费与经济发展之间的关系。黄慧微（2018）采用全要素能源效率计算方法、面板数据处理方法，计算2006～2016年我国不同区域的全要素能源经济效率，比较分析能源经济效率与区域经济增长之间的协调关系。梁坤丽等（2018）通过构建误差修正模型，探讨能源消费、环境污染与绿色经济增长之间的关系，研究结果表明，能源消费量的提高对绿色经济增长具有正向拉动作用，而环境污染是抑制绿色经济增长的重要因素。

（2）协调发展测度方法的研究。

在评价系统协调发展的问题上，不同的学者给出了不同的测度方法，主要以耦合协调发展模型和模糊数学隶属函数度函数为主。李苒等（2014）选用榆林市1997～2012年15年数据，基于协同论思想构建的耦合协调发展模型对该市生态环境和经济发展协调度进行评价，强调重视生态环境的保护对实现经济和生态环境之间的平衡的重要性。幸晴晴等（2014）将主成分分析法和模糊数学隶属度函数结合起来测度了我国3E系统协调发展度，发现在研究期间我国3E系统协调度处于弱协调状态，但是整体协调度正逐渐提高。宋宇辰等（2016）运用耦合协调度评价模型评价西部六省区的能源消费与经济发展协调水平时，研究期间内西部六省区能源消费和经济发展协调水平逐步提高。陈静等（2016）借助模糊数学隶属度函数定量衡量福建省经济—资源—环境系统（ERE系统）之间协调发展水平，研究发现福建省ERE系统协调度发展是一个内部子系统协同交互、螺旋升降的自组织动态演化过程。邹颖（2019）运用计量模型、加权法等方法构建衡量区域发展协调度的综合评价指标体系和测度方法。洪兴建（2020）基于基尼系数提出了新的协调发展指标，测度了2000～2018年中国居民收入增长综合指数、经济发展综合指数以及两者的协调发展。王青等（2018）采用因子分析法、基尼系数和泰尔指数测度和分析了我国各地区经济发展水平不平衡程度。邹志明等（2021）基于2003～2017年中国省级面板数据，运用PVAR方法在验证IFDI和OFDI之间存在互动效应的基础之上，利用物理容量耦合系统模型测度了双向FDI协调发展水平，并对相关影响因素进行分析。

除了上述测度系统间协调程度的方法外，部分学者还采用其他方法对协调度进行了测算。David（1995）运用投入—产出分析方法模拟分析英国3E系统，并深入分析和研究了它们之间的相互作用关系。Bithas等

（1996）提出在语义和统计数据不充分的情况下，利用专家知识系统对环境和经济系统建模，基于此来研究环境和经济协调发展情况。Gottinger（1998）构建了3E系统的CGE模型对欧盟单边和多边政策工具对温室气体排放的影响进行了分析。连飞（2008）以经济监测预警理论基础，利用因子分析和BP神经网络测度和预测中国经济与环境协调度，发现中国经济和环境发展不断趋于协调。贺晟晨等（2009）建立了苏州市经济环境协调发展的系统动力学模型，旨在揭示城市系统的非线性结构和动态特征，研究表明经济和环境的协调发展模式是设计的三种发展模式中最优选择。杨玉珍等（2010）利用复合DEA的方法找出影响资源、环境、经济社会系统协调发展绩效的重要投入要素，进而评价三大系统协调发展情况并提出改进措施，以河南省为研究对象进行研究，结果显示，影响河南省区域3E系统协调发展的重要投入要素是物质资本和能源。郭卫华等（2015）基于遥感影像评价了中山市不同年份生态环境质量和协调发展情况。研究结果表明，就生态环境质量而言，中山市1994年和2009年生态环境质量都处于良好水平；就协调发展度而言，1994年中山市各镇区协调发展度较好，但是2009年大部分镇区发展度出现下滑趋势，部分地区出现协调度严重失调的情况。崔立志等（2016）在研究协调发展问题时，提出用PLSPM-GIA模型测算3E系统协调发展水平，且在对中国1996~2014年3E系统协调发展水平的实证研究中，证实了该模型的可行性。Lacitignola等（2007）、孙倩等（2012）和王学超（2016）等人也分别采用了不同的方法对协调发展水平进行了测度。王羽（2018）采用自相关分析和径向基神经网络模型（RBF）方法研究了经济社会与能源环境耦合协调发展演化趋势，提出了吉林省经济社会与能源环境耦合协调发展的实现机制。

（3）区域协调发展的研究。

在研究区域的选择上，学者们选择也各有不同，主要以国家、省域和市域为主。Lenzen等（2002）以澳大利亚为例，选取了能源消费、温室气体排放以及一系列经济参数对其能源、环境、经济系统3E系统进行研究，认为减少能源消耗和温室气体的排放要与一系列的社会经济利益相协调。黄新焕等（2015）考虑到在研究能源、经济和环境（3E）系统协调发展水平时信息和数据获取不易，引入灰靶理论建立了系统协调度模型，并对2012年我国各地区3E系统协调情况进行了评价，研究证实了该方法的有效性和实用性。塔娜等（2017）以内蒙古乌海市为研究对象，通过协调发展度模型研究和分析该市2004～2014年生态环境和经济发展水平。徐梦辰等（2017）通过构建环境和经济协调发展模型来研究济南市生态环境和经济发展水平，结果指出2011～2014年济南市环境和经济的协调水平明显下滑，并因此结合该省实际情况分析了导致该原因的几个方面，为济南市经济和环境更好地协调发展提供了很好的方向。段永蕙等（2017）基于主成分分析法和隶属度函数模型对山西省2004～2014年人口、资源环境、经济协调发展水平进行了评价。Ozkan（2013）提出来可持续发展框架，并将这一框架用来评估北极地区协调发展情况，研究中发现北极地区个人生活和集体存在矛盾和冲突，影响当地协调发展，只有将社会幸福和当地传统文化结合在一起才能实现其协调发展。Wang等（2014）提出3E系统的协调指标和综合评价模型来研究山东省协调发展情况，研究表明，能源、经济和环境三者存在着紧密的联系。此外，还有学者选择其他区域来研究协调发展问题，如叶得明等（2013）、李苒等（2014）、邹辉等（2016）分别研究了石羊河流域、县域和长江经济带的协调发展问题。

（4）协调发展内容的研究。

学者们关于协调研究已涉及农业、工业、旅游等领域，或扩展为加入人口、社会等子系统构建多维体系耦合模型。任志远等（2011）建立农业生态环境和农业经济系统耦合模型来评价2008年两系统间协调发展情况，发现陕西省各市两系统间的耦合程度均较高，但其协调程度较低。刘桦等（2013）在对工业园区能源、经济和环境协调发展的22个影响因素分析的基础上，采用问卷调查，运用主成分分析法找出了影响三者间协调发展的3个关键因素。周成等（2016）利用加权TOPSIS法、耦合协调模型、灰色模型研究了长江经济带沿线11个省区域经济、生态环境和旅游产业三者之间的关系。

胡国良（2009）利用协调系数评价了新疆地区人口、资源、环境和经济协调发展程度，研究发现资源和环境系统间协调性是制约四大系统协调发展的关键因素。王维（2017）利用综合评价法和耦合协调模型对长江经济带4E系统协调发展水平进行研究时，发现4E系统综合发展水平、协调发展水平均呈现出不同程度的上升趋势。鹿晨昱等（2017）以甘肃省庆阳市为例，建立了综合测度模型对该市经济、社会、资源和环境四大系统的协调发展状况进行了评价，结果显示该市的综合协调发展状况相对较好。张芳等（2021）分别计算了2011～2017年我国30个省区市的生态环境—经济社会复合系统的综合发展度、协调度和协调发展度，并从纵向和横向两方面对各省区市的生态文明建设协调发展程度进行分析。

王成和唐宁（2018）结合国土空间规划“三生”空间理论与耦合协调模型，定量测算相关年份重庆市37个区县的乡村“三生”空间功能及其两两间的耦合度和耦合协调度，并进行空间比较和时序分析。黄凌云等（2018）利用面板向量自回归模型对2003～2014年中国制造业细分行业数据分析发现对外投资和引进外资间存在互动效应，且全球价值链驱动模式、分工形式和治理模式能够有效改善上述直接抑制效应。孙剑锋等（2018）运用BP神经网络模型对山东省2018年文化资源禀赋与旅游发展水平进行定量评价，并引入耦合协调模型对山东省17地市文化资源与旅游发展耦合协调水平进行测度与分类。李永平（2020）利用面板数据资料，通过耦合模型实证研究山西省相关产业间协调发展并进行量化分析。

（5）协调发展的理论、战略创新研究。

随着时代的不断发展，学者们对协调发展的理论有了不同的认识和创新。李兰冰（2020）识别了我国区域协调发展阶段、特征事实与异质性条件，剖析地方政府间的复杂博弈关系，提出基于地方政府博弈优化的区域协调发展路径。张守文（2021）运用经济法的原理和理论，对区域协调发展的基本问题展开解析，提炼了“差异均衡发展理论”，拓展了经济法的“多元空间理论”等。钟文等（2020）拓展了MRW模型并分析“实物资本—人力资本—社会资本”最优匹配存在性与高效经济增长的关系，认为区域协调发展不仅受到资本积累数量的影响，更受到资本匹配质量的制约。

严金强（2019）以马克思的社会再生产理论为基础，将生态因素纳入再生产理论分析框架中，构建生态与经济协调发展的再生产理论模型，阐述了生态与经济系统之间的物质交换和价值补偿关系。吴穹等（2018）基于系统熵的演化博弈理论，采用熵权法从社会、资源、环境、经济四个维度构建了区域协调发展指标，从理论和实证两个方面研究了区域协调发展对产业结构变迁的影响及中介效应。冯志军等（2020）基于二象对偶理论与系统演化视角，分别运用基于微粒群算法的评价模型和Super－SBM模型测算中国制造业绿色创新二象子系统发展水平。王必达等（2020）以“协调性集聚”为核心概念，通过拓展现代集聚模型来构建要素在自由流动中走向协调发展的理论假说。徐海峰（2019）基于产业耦合、比较优势和赫克歇尔－俄林理论，研究新型城镇化与流通业、旅游业之间的耦合互动作用机制，并对北京市2005～2016年时间序列数据进行了相关实证分析。

除了以上学者对理论创新进行了研究外，还有其他学者对于协调发展的战略也提出了创新。姚宝珍（2019）通过博弈模型报告了制度不互补是导致区域协调发展低效运行的关键，提出了正向的制度激励将激发地区间在不断演化的博弈中自主实现合作行为的观点。孙晋等（2019）研究认为区域协调发展战略应兼顾公平和效率价值，其中前者通过政府制度供给的方式维护，后者则由市场竞争机制予以保障。

当前的区域协调发展仍然面临着行政壁垒束缚、协调机制还不够完善、规划设计不科学等现实挑战。小尺度、跨区域、精准化的都市圈建设是区域协调发展中的重要一环。张学良等（2019）研究认为应当及时推进跨区域层面的都市圈建设，促进要素流动，明确区域分工，加强城市治理和协调机制建设，形成都市圈“功能—产业—人口—空间—公共服务”相协调的发展格局。丁静（2019）认为目前我国二元社会结构依然存在，要转变发展思路，强调农业农村优先发展，创新体制机制和政策体系，实现资源要素由单向流动向双向流动转变，达至城乡融合发展。孙久文（2018）认为区域协调发展战略是建设现代化经济体系的重要一环，是我国指导区域经济和社会发展的基本战略之一。肖金成等（2019）研究分析了我国区域发展40年来从区域非均衡发展到区域协调发展的转变历程，总结各区域战略的实施效果与建设进展。

（6）文献评述。

上述文献对有关能源、环境与经济协调发展进行了丰富的研究，且取得了一定的成果。文献表明，关于协调发展的研究，最初以环境和经济协调发展的二维体系研究为主，随着研究的不断深入，学者们加入能源、人口、社会等子系统构建多维体系，研究多维体系的协调发展状况。对于协调测度的方法也是各不相同，但主要以耦合协调发展模型和模糊数学隶属函数度函数为主。此外，对于协调发展的研究领域涉及广泛，在农业、工业、旅游等领域均有研究。在现有的关于协调发展的研究中，多数研究仅对协调度进行了测度，并未从系统内部深入分析致使系统间不协调的原因，且对于影响协调度因素的研究较少。

10.3　资源、环境与经济协调研究相关理论基础

以往对于多个系统协调发展的研究将系统作为整体，侧重考虑系统间的同步关系，而对系统内部的投入产出考虑甚少，本章研究以绿色视角下测算出绿色效率来反映系统间协调度正好弥补了这一缺陷。为有效把握绿色效率和协调之间的关系，本章首先通过现有文献基础对绿色效率、协调和协调度等核心概念进行界定，然后进一步探究绿色效率和协调度之间的关系，最后为使内容具有一定的理论依据，需将所涉及的理论基础进行合理的阐述。

10.3.1　资源、环境与经济协调研究相关概念

（1）绿色效率。

绿色效率是指考虑了资源和环境代价的全要素生产率。本章在众多参考文献中采纳钱争鸣等（2013）对绿色效率概念的理解与定义。钱争鸣等认为绿色效率是绿色视角下的投入产出效率，是充分考虑资源和环境代价后，经济尽可能增长的全要素生产率。绿色效率可被用来反映一个国家或地区在发展过程中，用最低的资源和环境代价获取尽可能多的经济产出的指标。

（2）协调。

协调蕴意丰富，在不同学科有不同的意义。在经济学中指由于各种经济力的相互作用使经济系统逐渐向平衡过渡的一个过程。在管理学中指为实现某个管理目标，所经历的过程和采用的手段。在系统科学中指多个相关系统或系统要素通过相互作用，协同进步实现系统目标的过程。党和国家提出的协调发展理念，要求在发展过程中做到五个统筹：统筹城乡发

展、统筹区域发展、统筹经济社会发展、统筹人与自然和谐发展以及统筹国内发展和对外开放，[①] 反映出人类所追求的一种发展方式。这里的协调指的是资源、环境和经济系统在发展过程中，通过相互间的作用来实现一种最大的、兼容的、均衡的及循环的发展方式。其最终方向是用最小的资源和环境代价去获取尽可能多的经济产出。

（3）协调度。

协调度指多个系统在发展过程中协调发展的程度，是用来度量协调状况优劣程度的定量指标。

（4）绿色效率与协调的联系。

本章试图通过测算绿色效率来评价三大系统间的协调程度，依据如下：

① 从绿色效率和协调的概念来看，两者方向一致，即用最低资源和环境代价来获取尽可能多的经济效益。绿色效率值越大，系统间协调程度越高，反之绿色效率越小，系统间协调程度越低。

② 从现有文献来看，其他用来测度协调度的方法把多个系统作为一个整体，更多考虑的是系统间的同步关系，对系统内部的投入产出考虑甚少，而基于绿色视角的下测算出来的绿色效率恰好弥补了这一缺陷。

③ 另外，需要注意的是，由于系统内部有着千丝万缕的联系，且协调的蕴意丰富，本章测算的绿色效率侧重于从投入产出角度来反映系统间的协调程度。

10.3.2 理论基础

（1）可持续发展理论。

从发展历程来看，可持续发展理论最早可追溯到20世纪中叶，但其概念直至1987年才被挪威首相Gro Harlem Brundt land在联合国世界与环境发展委员会（WCED）大会上正式提出，并将其定义为“能满足当代人的需要，又不对后代人满足其需要的能力构成危害的发展”。可持续发展概念将环境保护和人类发展结合起来，一经提出，就得到世界各国的重视。可

① 科学发展观中的“五个统筹”是什么？https：//zhidao. baidu. com/question/594111829. html。

持续发展理论包括三大基本原则：公平性、持续性以及共同性。

可持续发展是一种双赢式的发展模式。在发展过程中，既保证资源和环境的可持续，又要保证经济的可持续，不把生态环境保护和经济发展割裂开来和对立起来，坚持在发展中保护、在保护中发展。具体而言，可持续发展涉及包括可持续经济、可持续生态和可持续社会三方面的协调统一。从经济可持续来看，可持续发展并不否定经济的增长，而是在发展中追求有质量的经济发展，是一种低能耗、环境代价低的高质量发展模式；从生态可持续来看，可持续发展要求经济建设和社会发展要与自然承载力相协调，在发展中，由于资源和环境承载力的有限，人类逐渐意识到生态环境保护的重要性，更加关注经济发展中的可持续性；从社会可持续来看，可持续发展强调社会公平是环境保护得以实现的机制和目标。事实上，在可持续发展系统中，保证生态可持续是人类赖以生存的基础，经济可持续是人类发展不可或缺的条件，保证社会的可持续才是人类发展的最终目的。

（2）生态经济学理论。

生态经济学产生于第二次世界大战结束后，随着经济的快速增长，使原本遭受战争破坏的自然环境受损更加严重，大气污染、水体污染以及土壤污染等一系列的环境问题涌现出来，这些环境问题严重威胁着人类的正常生产和生活，制约着社会的进步与发展，引起学者们的广泛关注。自此，越来越多的学者开始从事经济发展和生态环境的研究。1966年，美国经济学家Kenneth Boulding首次提出“生态经济学”这一概念，其认为人类在发展过程中，应摒弃传统的“高能耗、高污染”发展思想，必须寻求新的发展路径。生态经济学从经济学角度研究了生态系统和经济系统所构成的复合系统的结构、功能、行为及其规律性。[①] 其核心内容包括经济学和生态学协调发展理论，提倡在经济发展过程中必须保证经济发展所产生的影响必须在生态环境承载范围内。

生态经济学是以生态学原理为基础，经济学原理为主导，以人类经济活动为中心，运用系统工程方法，从最广泛的范围研究生态和经济的结合，从整体上去研究生态系统和生产力系统的相互影响、相互制约和相互

① 生态经济学，百度百科。

作用，揭示自然和社会之间的本质联系和规律，改变生产和消费方式，高效合理利用一切可用资源。简而言之，生态经济就是一种尊重生态原理和经济规律的经济。它要求把人类经济社会发展与其依托的生态环境作为一个统一体，经济社会发展一定要遵循生态学理论。①

（3）循环经济理论。

循环经济有别于传统经济，其思想萌芽最早可以追溯到环境保护兴起的20世纪60年代，由美国经济学家Kenneth Boulding提出。循环经济指在人、自然资源和科学技术的大系统内，在资源投入、企业生产、产品消费及其废弃的全过程中，把传统的依赖资源消耗的线性增长经济，转变为依靠生态型资源循环来发展的经济。② 循环经济在发展理念上就是要改变重开发、轻节约，片面追求GDP增长；重速度、轻效益；重外延扩张、轻内涵提高的传统的经济发展模式。③

需要指出的是，循环经济本质上是一种生态经济，它要求运用生态学规律而不是机械论规律来指导人类社会的经济活动。与传统经济相比，循环经济倡导的是一种与环境和谐的经济发展模式。它要求把经济活动组织成一个“资源—产品—再生资源”的反馈式流程，其特征是低开采、高利用、低排放。所有的物质和能源要能在这个不断进行的经济循环中得到合理和持久的利用，以把经济活动对自然环境的影响降低到尽可能小的程度。④

（4）协调发展理论。

协调理论思想在古代就已出现，虽然当时并没有明确协调这一概念，但是在一定程度上却蕴含着协调理念。20世纪中后期，经济学家发现了单一系统在发展中会出现发展失衡、发展不可持续等问题，为此他们提出协调发展理论。其核心思想是为了保证发展的可持续性，各方面必须做到统一发展、相互配合，以保证更好更持久的发展。20世纪后半叶，随着经济全球化的发展，世界范围内的工业化进程的加快，自然资源的消耗和使用给环境造成了巨大的压力，因此，协调发展的研究就显得尤为重要。

---

①② 生态文明视角下的循环经济，https：//www. xzbu. com/3/view－1504270. htm。

③ 循环经济理论，MBA智库百科。

④ 论循环经济与工业企业复合生态工程的关系，http：//www. wozhilunwen. com/jingjilunwen/zhong guojingji/171730. html。

所谓协调发展，就是妥善处理发展中的各系统关系，着力形成平衡发展结构。协调发展理念的提出，是对我国突出存在的发展不平衡问题的正面回应，通过协调各种关系和比例来解决各种发展的不平衡问题。[①] 在新的历史方位下，“协调”一词被赋予了新的时代内涵，具体包括区域协调发展、城乡协调发展、物质文明和精神文明协调发展、经济建设和国防建设融合发展等诸多方面的内容。

① 全国政协委员与专家学者谈协调发展理念，https：//www.chinanews.com.cn/ll/2015/12-02/7651918.shtml。

第 11 章　高质量发展背景下江西省资源—环境—经济协调测度研究[①]

本章在第 10 章理论分析的基础上，以江西省 11 地市作为研究对象，进行高质量发展背景下江西省资源—环境—经济协调测度研究。首先，分析江西省资源、环境和经济现状，指出高质量发展背景下研究江西省区域资源、环境和经济协调发展的意义。其次，在测算江西省区域绿色效率时，选取资本投入、能源投入、水资源投入、土地资源投入和人员投入作为投入指标；在考虑产出指标时，把环境污染物作为非期望产出，分别为工业废水、工业烟尘、工业固体废弃物及二氧化碳的排放量，以地区生产总值作为期望产出指标，基于非期望产出 SBM 模型测算江西省 11 个地市的绿色效率，并根据绿色效率大小来评价区域资源、环境和经济三大系统的协调程度。再次，计算资源投入、环境产出和经济产出松弛变量与资源投入、环境产出和经济产出比重得到资源无效率、环境无效率及经济无效率结果，分析了导致江西省区域系统间不协调的原因。最后，基于测算出来绿色效率结果，建立了三个计量模型，包括混合效应的面板 Tobit 模型、随机效应的面板 Tobit 模型和固定效应的面板 Tobit 模型，通过统计检验结果最终选择了以固定效应的面板 Tobit 模型从产业结构、工业化程度、环保政策、人口规模、消费水平、对外出口贸易、城镇化水平以及科研技术水平等多方面研究了江西省区域绿色效率的影响因素，即影响系统间协调程度的因素，并基于研究结果提出了具有建设性的政策建议。

---

① 本章内容为江西省高校人文社会科学研究项目《高质量发展背景下资源、环境与经济协调测度研究——以江西省为例（GL19108）》的主要阶段性研究成果，主要执笔人为余达锦、漆俊等。

11.1　江西省资源、环境和经济现状分析

本章研究的是高质量背景下江西省资源、环境和经济协调发展水平，为此应当先了解该地区资源、环境和经济系统三者现状，从而可更好地把握江西省整体发展中三者之间的相互作用关系，为后续的研究奠定基础。

11.1.1　江西省资源消耗现状

资源作为人类生存和发展的基础，对经济的发展起着重要的作用。资源短缺是当今世界面临的一大难题，合理地使用资源和开发新型资源是可持续发展的前提。江西省地域辽阔，从资源总量看，全省资源品种齐全且丰富，一些重要资源拥有量居全国领先地位。

从水资源来看，2020 年江西省用水总量达到 244.1 亿立方米。其中，农业用水量、工业用水量、居民生活用水量及生态环境用水量占用水总量比重分别为 66.33%、20.65%、11.8% 和 1.31%。从我国供水结构来看，2020 年江西省的水资源总量为 1685.56 亿立方米，全省的年径流量为 1666.72 亿立方米，地下水资源有 385.99 亿立方米，年降水量为 3093.70 亿立方米。随着江西省经济快速发展、城镇化和工业化进程不断推进，全省用水需求量与日俱增。与此同时，水污染问题日益严重。

从土地资源来看，截至 2016 年末，全省耕地面积 292.73 万公顷，2015 年全省因建设占用、灾毁、生态退耕、农业结构调整等原因减少耕地面积 16.18 万公顷；全省建设用地总面积为 12.79 万公顷，新增建设用地 0.48 万公顷。

从森林资源来看，江西省长年森林覆盖率稳定在 63.1%，2020 年活立木蓄积量 5.5 亿立方米，活立竹总株数 19 亿根，均位居全国前列。江西省森林多属天然次生林，针叶林面积比重大，杉木、马尾松、樟树为本省主要乡土树种；油茶、板栗、柑橘为江西省主要经济林树种。2020 年江西省林地保有量 1.61 亿亩，湿地保有量 1365.1 万亩，林业产业总产值突破 6000 亿元。截至 2016 年 9 月，江西有林业自然保护区 186 个（国家级 15

个、省级31个)，森林公园180个（国家级46个、省级121个），湿地公园84处（国家级28处、省级56处），44处湿地列入省重要湿地名录。①

从矿产资源来看，江西省成矿地质条件优越，矿产资源丰富，是我国重要的有色、稀有、稀土和铀矿产基地之一，矿产资源配套程度相对较高。截至2017年，江西省已发现各种有用矿产共193种（含亚种），查明资源储量居全国前十位的共有83种，矿产资源储量居全国首位的有10种，居第二位的有6种，居第三位的有14种。② 另外，江西省的有色金属、贵金属和稀有金属矿产在全国占有重要地位，铜、钨、铀、钽、重稀土、金和银矿有"七朵金花"之称，其中钨矿和离子型稀土矿在世界矿业领域具有重大影响，享有"世界钨都"和"稀土王国"的美誉。③ 在江西省能源矿产消耗中，仍以煤炭消耗为主，原油和天然气等其他能源矿产消耗为辅。

从历年能源生产和消费数据来看，从图11.1可知1994～2020年江西省能源生产总量呈现先降后升再降的波动趋势，能源消耗总量逐年递增，且两者差距较大，能源生产总量难以满足生产过程中能源消耗总量，能源的过度消耗迫使江西省不得不加大可再生能源的开发力度，以此来满足经济增长的需要。

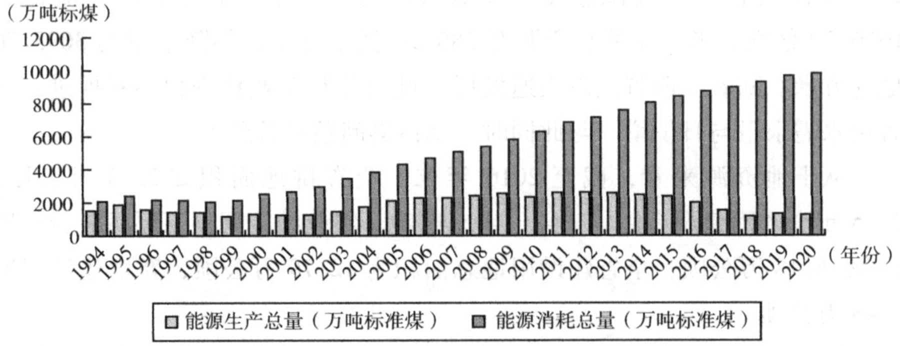

图11.1　1994～2020年江西省能源生产和消耗总量

① 江西省省情概况，https：//wenku.baidu.com/view/23927f7f492fb4daa58da0116c175f0e7dd11974。

② 中国江西省地理资源概况，https：//www.toutiao.com/article/6650367960156226062/。

③ 你不知道的江西，矿产资源多领域独占鳌头！https：//www.toutiao.com/article/6607738028246958595/。

11.1.2　江西省生态环境发展现状

生态环境的好坏直接影响到人类的生存和发展。在长期发展过程中，由于人类不合理的开发和利用资源以及长期以来对于生态环境保护和建设投入的不足，导致资源严重缺乏、生态环境日益恶化，部分地区环境已接近甚至超过环境承载力极限。

从大气环境来看，2020年江西全省空气质量实现持续改善，圆满完成"十三五"考核目标任务。全省PM2.5浓度年均值为30微克/立方米，比2019年下降14.3%，环境空气质量优良天数比率为94.7%，同比上升5.0个百分点，两项指标均继续名列中部省份第一；10个设区市PM2.5浓度年均值达到或优于二级标准，较2019年增加了3个设区市。[①]

从水环境来看，水作为人类生命之源，江西省水资源总量较多，人均占有量达4836.52立方米。相比全国而言，江西省人均水资源占有量是全国人均占有量的两倍多。2020年，全省地表水水质优良比例为94.7%，与2019年同比上升2.3个百分点；全省地表水国考断面水质优良比例为96%，同比上升2.7个百分点，高于国家目标值10.7个百分点，无Ⅴ类及劣Ⅴ类水质断面；[②] 长江干流江西段所有水质断面全部达到Ⅱ类标准；设区城市集中式生活饮用水水源地水质达标率为100%。2020年，江西鄱阳湖点位水质优良比例为41.2%，与2019年同比上升35.3个百分点；数据显示，三年来，鄱阳湖主要污染物总磷浓度一直呈下降趋势，2018年为0.082mg/L，2019年为0.069mg/L，2020年为0.058mg/L，与2019年同比下降15.9%。鄱阳湖水质持续明显改善。[③]

从土壤环境来看，全省土壤污染主要来源于除了工业"三废"的排放外，还包括污水灌溉、污泥农用及污染物大气沉降等。江西有色金属采冶

① 去年江西PM2.5和优良天数均保持中部第一，http://www.jx.xinhuanet.com/2021-06/07/c_1127536585.htm。

② 努力绘就美丽中国"江西样板"生态新画卷，http://news.jxntv.cn/2021/0123/9519401.shtml。

③ 主要污染物浓度呈下降趋势 江西鄱阳湖水质持续改善，https://www.toutiao.com/article/6969832490869457438/。

工业较发达，但在开采、冶炼的过程中严重影响着土壤质量。同时，江西省作为中国江南以水稻和主要农产品种植为主的地区之一，在粮食和农产品的生产种植过程中，大量农药和化肥的使用不可避免地对土壤造成严重的污染。

需要指出的是，由于城市居民生活水平的不断提高，城市垃圾产生量也急剧增加，“垃圾围城”问题日益严重。从图 11.2 可看出，2007～2020 年江西全省垃圾清运量大致呈现逐渐递增状态，到 2020 年末全省垃圾清运量达到 527.5 万吨。

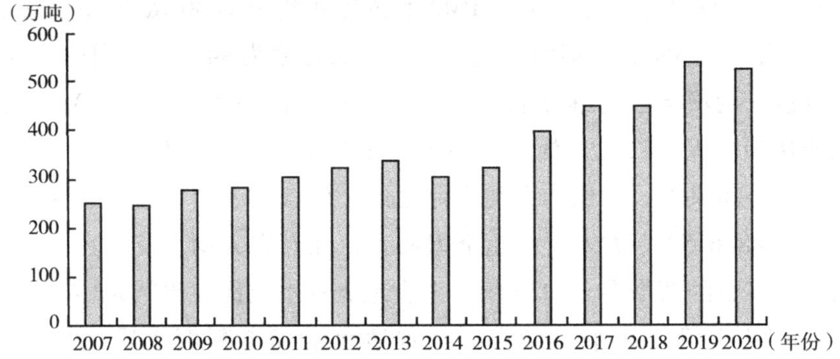

图 11.2　2007～2020 年江西省城市垃圾清运量

11.1.3　江西省经济发展现状

近年来，我国经济发展进入新常态，正从高速增长转向中高速增长，但相比其他国家而言，我国经济增长速度仍处于较高增长水平。江西省作为我国发展中城市之一，经济增长速度也有所减缓，正向中高速发展转变，从图 11.3 可知，2020 年全省地区生产总值达到 25691.5 亿元，全国各省区市排名 15 位，比上年增长 3.64%。全年人均 GDP 为 56871 元，全国各省区市排名 17 位，与上一年相比增长 6.52%。

从江西省产业结构来看，2020 年江西省第二产业占领主导地位，第三产业次之。2020 年江西省三次产业占 GDP 比重分别为 8.7%、43.1% 和 48.1%。与上年相比，第一产业比重上升 0.4 个百分点，第二产业比重降低 0.9 个百分点，第三产业比重提高 0.6 个百分点。从总体来看，全省经

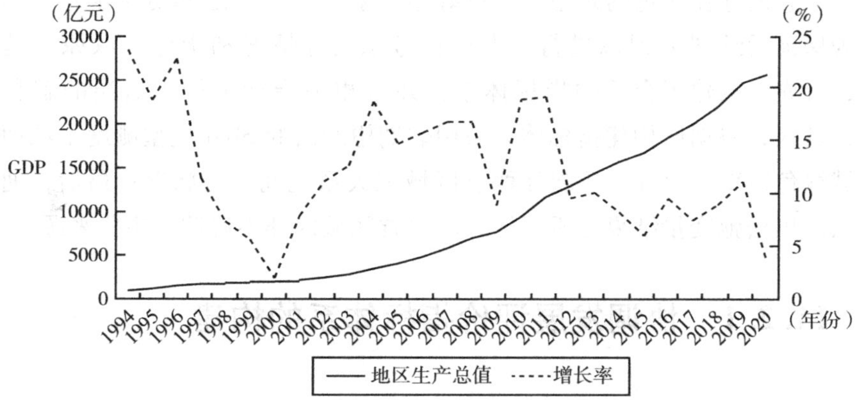

图 11.3　江西省地区生产总值和增速变化情况

济发展正逐步从粗放型经济向集约型经济方向发展，但从区域上来看，尽管近年来全省经济快速发展，但相比北京市、上海市和广东省发达地区而言，江西省在经济总量和人均经济总量都远远落后。如表 11.1 所示，在地区生产总值上，2020 年江西省地区生产总值占全国总值的 2.82%，占北京市的 71.16%，占上海市的 66.38%，占广东省的 23.19%。在人均 GDP 上，2020 年江西省人均 GDP 占全国人均 GDP 的 78.99%，占北京市的 34.49%，占上海市的 36.51%，占广东省的 64.47%。因此，江西省经济要想达到发达地区水平，还需要走很长一段路。

表 11.1　2020 年江西省与其他地区生产总值和人均 GDP 情况

地区	全国	北京市	上海市	广东省	江西省
地区生产总值（亿元）	911205.3	36102.55	38700.58	110760.94	25691.5
人均 GDP（元）	71999.59	164889	155768	88210	56871

11.2　江西省资源、环境和经济间协调发展评价指标体系与模型构建

上述对江西省资源、环境和经济三大系统现状进行了分析，可知江西省资源、环境和经济三大系统在发展中还存在诸多问题，与现阶段高质量

发展理念还存在一定的差距。为更好地了解三大系统之间协调水平，同时也为保证后续研究得以进行，本章在考虑实际情况和指标选取原则基础上，首先，构建了合适的指标体系，并对相关指标进行了适当的解释说明；其次，根据所构建指标体系采用非期望产出的SBM模型测度了江西省区域绿色效率，以此来反映江西省区域三大系统间协调状况；最后，通过投入产出松弛变量结果分析了导致江西省区域内部不协调的主要来源。

11.2.1 协调发展评价指标体系的构建

11.2.1.1 指标体系的构建原则

在研究协调发展问题时，指标的选取作为研究的基础，会直接影响到研究结果的好坏。因此，在指标选取前，一方面需要考虑所选取指标是否具有代表性、是否科学及是否合理等；另一方面也需要考虑指标数据获取的难易等问题。可以说，指标体系的构建原则极其重要。本章在指标选取时结合实际情况，按照以下指标选取原则进行指标的选定。

科学性和客观性原则：在构建指标体系的过程中，需要对相关指标进行解释说明，使其具有一定的科学内涵，这样既可保证指标的准确性，又能避免其模糊性，能用来反映系统间的协调发展状况。同时，指标的选取切忌依照主观想法胡乱捏造，要做到科学性、客观性。

全面性和代表性原则：指标体系的构建应尽可能地选取所有能反映系统协调发展的指标，避免出现考虑不当导致评价结果不够准确的情况。同时也应考虑所构建的指标具有一定的代表性，可依据系统复杂理论，结合现有文献，从中精细地筛选出足够少却能描述系统间协调的指标，将全面性和代表性结合起来进行指标的选取，在一定程度上能提高评价结果的精准性。

可操作性原则：在构建评价指标体系时，要确保所选取指标数据的可获得性。尽可能从现有公开统计资料已统计的指标中产生，可避免出现指标数据难以获取等不可操作的情况。另外，对于一些需要通过计算而得出的统计指标的数据，应明确指标的计算方法，且计算过程不宜太过烦琐复杂。

11.2.1.2　指标体系的构建

本书在参考现有文献的基础上结合上述指标选取原则，同时也考虑到生产过程中除期望的经济效益外还有非期望的环境污染产出，选取了 5 个投入指标，4 个非期望产出指标及 1 个期望产出指标共 10 个投入产出指标，具体的指标体系如表 11.2 所示。

表 11.2　　　　　　　　绿色效率评价指标体系

指标	类别	具体指标及单位
投入指标	资本消耗	资本存量（亿元）
	能源消耗	能源消耗总量（万吨标准煤）
	水资源消耗	用水总量（亿立方米）
	土地资源消耗	城市建设用地面积（平方公里）
	人力资源消耗	就业人数（万人）
产出指标	环境污染（非期望产出）	工业废水排放量（万吨）
		工业烟尘排放量（万吨）
		工业固体废弃物排放量（万吨）
		二氧化碳排放量（万吨）
	经济发展总量（期望产出）	地区生产总值 GDP（亿元）

投入指标的选取：本章结合数据的可获取性，从 5 个方面选取指标，来反映投入的资源消耗情况。（1）资本消耗：选取资本存量来作为生产和生活过程中资本的消耗。资本存量指在一定时点上所积存的实物资本。大多数研究经济增长的学者认为用资本存量作为度量资本投入的指标是合适的。[①] 现有文献中，关于资本存量的估算，学者们多采用永续盘存法来估计每年实际资本存量，具体计算方法 $K_{i,t} = I_{i,t} + (1 - \delta_{i,t}) \times K_{i,t-1}$，其中，$K_{i,t}$是第 i 个地区第 t 年的资本存量；$I_{i,t}$是第 i 个地区第 t 年的投资；$\delta_{i,t}$是第 i 个地区第 t 年的固定资产折旧率，同时以 2011 年为基期消除了价格影响因素。（2）能源消耗：选取能源消耗总量（万吨标准煤）来反映生产和生活过程中能源的消耗情况。（3）水资源消耗：选取用水总量（亿立方

① 资本存量，百度百科。

米）来反映生产和生活中水资源的消耗情况，包括生活用水、工业用水和农业用水等。（4）土地资源消耗：选取城市建设用地面积来反映城市建设时土地的消耗情况。（5）人力资源消耗：选取就业人数来反映生产过程中的人力消耗情况。

产出指标的选取：由于在一些实际的生产过程中，除了有好的经济效益外，不可避免地也伴随着一些坏的环境污染产出，如废水、废气和废弃物等的产生，对于好的经济产出，称其为期望产出（越多越好），而那些坏的产出，称其为非期望产出（越少越好）。因此本章将从两个方面来选取产出指标。

期望产出：选取各地市的地区生产总值来反映该城市的经济发展情况。

非期望产出：环境污染种类很多，考虑到数据的获取不易，这里选取了4种具有代表性的环境污染物作为非期望产出，分别为工业废水排放量（万吨）、工业烟（粉）尘排放量（万吨）、工业固体废弃物产生量（万吨）和二氧化碳排放量（万吨）。此外，由于各统计年鉴均未对二氧化碳排放量做统计，因此需要对二氧化碳排放做估计。从实际情况来看，化石燃料燃烧产生的二氧化碳是大气中二氧化碳的主要来源，基于此，本章在结合现有参考文献的基础上，主要考虑了煤炭、石油以及天然气这三种消耗最大的一次性能源产生的二氧化碳，采用以下计算公式对二氧化碳排放量进行粗略估算：

$$\text{二氧化碳排放量}\ M_{CO_2} = \sum E_i \times C_i \tag{11.1}$$

其中，E_i 表示第 i 种能源消耗量，C_i 表示第 i 种能源的二氧化碳排放系数，i = 1,2,3。各类能源数据来自江西省各地市统计年鉴、《江西统计年鉴》，各类能源的二氧化碳排放系数来自国家发展改革委的《节能低碳技术推广管理暂行办法》。各类能源二氧化碳排放系数如表 11.3 所示。

表 11.3　各类能源二氧化碳排放系数　　单位：t/tce

系数	煤炭	石油	天然气
$F(CO_2)$	2.64	2.08	1.63

11.2.2 基于非期望产出的 SBM 模型

11.2.2.1 数据包络分析方法介绍

数据包络分析（DEA）模型是一种评价效率的方法，常用来评价包含多个投入多个产出的决策单元（DUM）之间的相对效率，由美国德克萨斯著名的运筹学家 Charnes 及 Cooper 和 Rhodes 于 1978 年提出。由于其在使用过程中具有不需要投入和产出指标量纲统一，也不需要模型具有明确的表达式以及能解决多投入多产出问题等多个优良特性而被广泛运用于经济学、管理学以及金融学等多个领域。其基本思想是：通过判断一个决策单元是否处于数据包络的前沿面来衡量决策单元的有效性。传统 DEA 包括 CCR 模型和 BCC 模型两种，随着时间的流逝，DEA 方法得到不断的完善和发展，还包括 FG、ST 等多种模型。

11.2.2.2 非期望产出的 SBM 模型

传统 DEA 方法在效率评价方面除了未考虑投入产出松弛性问题外，还忽视了生产过程中环境污染物的产出，因此其评价结果准确性较差。为了解决这一问题，Tone 于 2001 年提出非期望产出的 SBM 模型。本章将采用非期望产出的 SBM 模型对江西省区域绿色效率 2011～2018 年进行测度。

非期望产出的 SBM 表达式如下：

$$
\begin{cases}
\rho = \min \dfrac{1 - \dfrac{1}{m}\sum\limits_{i=1}^{m}\dfrac{s_i^-}{x_{ik}}}{1 + \dfrac{1}{s_1 + s_2}\left(\sum\limits_{r=1}^{s_1}\dfrac{s_r^g}{y_{rk}^g} + \sum\limits_{l=1}^{s_2}\dfrac{s_l^b}{y_{lk}^b}\right)} \\
\text{s. t. } x_{ik} = \sum\limits_{j=1}^{n} x_{ij}\lambda_j + s_i^- \\
y_{rk}^g = \sum\limits_{j=1}^{n} y_{rj}^g\lambda_j - s_r^g \\
y_{lk}^b = \sum\limits_{j=1}^{n} y_{lj}^b\lambda_j + s_l^b \\
\sum\limits_{j=1}^{n}\lambda_j = 1, s_i^- \geqslant 0, s_r^g \geqslant 0, s_l^b \geqslant 0, \lambda_j \geqslant 0 \\
i = 1,\cdots,m; j = 1,\cdots,n; r = 1,\cdots,s_1; l = 1,\cdots,s_2
\end{cases}
\tag{11.2}
$$

其中，$\rho \in [0,1]$为目标效率值；λ 代表权重向量；x_{ik}、y_{rk}^g和 y_{lk}^b分别代表系统中第 k 决策单元的第 i 投入、第 r 种期望产出以及第 l 种非期望产出；s_i^- 、s_r^g 和 s_r^b 分别代表系统中第 k 个决策单元第 i 投入、第 r 种期望产出以及第 l 种非期望产出的松弛变量；对于某个决策单元 k 而言，当且仅当 $\rho=0$ 且 $s^-=0$、$s^g=0$ 和 $s^b=0$ 时，决策单元有效，其他情况均为决策单元无效。另外，第 k 个决策单元第 i 种投入松弛变量与实际投入的比值 $\frac{s_i^-}{x_{ik}}$ 表示第 k 个决策单元第 i 种投入的无效率，$\frac{1}{m}\cdot\sum_{i=1}^{m}\frac{s_i^-}{x_{ik}}$ 表示第 k 个决策单元投入的无效率；同理，$\frac{s_r^g}{y_{rk}^g}$ 表示第 k 个决策单元第 i 种期望产出的无效率，$\frac{1}{s_1}\cdot\sum_{r=1}^{s_1}\frac{s_r^g}{y_{rk}^g}$ 表示第 k 个决策单元期望产出的无效率；$\frac{s_l^b}{y_{lk}^b}$ 表示第 k 个决策单元第 i 种非期望产出的无效率；$\frac{1}{s_2}\cdot\sum_{l=1}^{s_2}\frac{s_l^b}{y_{lk}^b}$ 表示第 k 个决策单元非期望产出的无效率。

值得说明的是：①当效率值为 1 时，即决策单元有效，投入和产出松弛变量均为零，此时的无效率为零；②这里的无效率指的是实际投入或产出偏离最佳投入或产出水平的相对程度。

11.2.2.3 非期望产出问题处理方法的比较

在非期望产出问题的处理上，学者们给出了不同的处理方法，其中具有代表性的人物包括 Hailu 等（2001）、Seiford 等（2002）和 Fare 等（2007）。这些方法相比 Tone 的非期望产出模型，均存在一定的缺陷，下面将简单说明这些方法及其缺陷。Hailu 等（2001）在处理非期望产出问题时，其做法是将非期望产出作为投入要素，然后测算效率。显然，此处理方法与实际生产过程不符。Seiford 等（2002）在处理非期望产出问题时，先将非期望产出做负向处理，然后再测算效率。采用这种处理方法，虽能较好解决非期望产出问题，但由于强凸性约束，限制了其使用范围，此方法只能解决可变规模报酬下的效率评价问题。Fare 等（2007）采用了方向距离函数求解非期望产出问题。该做法缺陷在于忽视了投入产出松弛性问题，使其评价结果不够准确。相比上述几种，对于非期望产出问题的处理，本章所选取的非期望产出 SBM 模型能较好地克服上述方法中的处理缺陷。

11.3　江西省资源、环境和经济间协调度测度

11.3.1　数据来源及处理

限于数据原因（部分数据不全，这里只用新冠肺炎疫情发生之前的统计数据，以保证研究的可靠性），本章选取江西省 11 个地市作为决策单元（DUM），时间范围从 2011 ~ 2018 年，通过绿色效率对区域的协调度进行了评价，所用到的所有数据均来源于《江西统计年鉴》、各地市统计年鉴以及《中国城市统计年鉴》《中国统计年鉴》、各地市国民经济和社会发展统计公报整理后得到，对于部分缺失的数据采用插值法补全，并以 2011 年为基期消除了价格的影响。

11.3.2　测度结果与分析

本章采用可变规模报酬下非期望产出 SBM 模型测算出江西省区域绿色效率，并以此来评价各地区三大系统协调程度。同时，在测算绿色效率时，采用全局参比法进行测度。全局参比法可将 2011 ~ 2018 年投入产出效率置于同一前沿面，拓宽了 DUM 数量，保证了投入产出指标之积的两倍小于 DUM 的数量，使测算结果更为准确和可靠。本章基于投入产出数据，运用 MAXDEA7 软件测算出来的 2011 ~ 2018 年江西省各地市的绿色效率。

根据绿色效率值可以对系统的协调状态进行分类，本章的分类方法参考了黄建欢（2014）所提出的 5 级分类方法，具体分类见表 11.4。

表 11.4　　协调度分类

绿色效率值 ρ	协调状况
$\rho = 1$	完全协调
$\rho \in [0.9, 1)$	高度协调

续表

绿色效率值ρ	协调状况
$\rho\in[0.6,0.9)$	中度协调
$\rho\in[0.3,0.6)$	低度协调（不协调）
$\rho\in(0,0.3)$	严重不协调

表 11.4 中 $\rho=1$ 表示系统间完全协调，其经济含义是指此时资源的利用、环境的保护及经济的增长正处于相对的最佳水平，其他当 $\rho<1$ 时则表示资源的利用、环境的保护及经济的增长还未达到发展所需的最佳水平，需要在发展中不断调整，使资源、环境和经济系统间协调发展，这也是高质量发展背景下的内在要求。

基于非期望产出 SBM 模型测算的各地区绿色效率结果如表 11.5 所示。从模型结果来看，江西省各地区在各年度绿色效率有效地区相对较少，故不需要采用非期望产出 Super - SBM 模型进行进一步的绿色效率的测算。

表 11.5　　各地区绿色效率

地区	2011 年	2012 年	2013 年	2014 年	2015 年	2016 年	2017 年	2018 年	均值	排名
南昌市	0.7629	0.7176	0.8351	0.8605	0.9284	1	1	1	0.8881	1
景德镇	0.6583	0.6317	0.7135	0.765	0.8527	1	0.8594	0.8815	0.7953	5
萍乡市	0.7638	0.7405	0.7299	0.8346	0.8172	0.8726	0.8419	0.893	0.8117	3
九江市	1	1	0.6847	0.7901	0.8425	0.7665	0.8631	0.8564	0.8504	2
新余市	0.5528	0.6481	0.7509	0.7625	0.7747	0.9416	1	1	0.8038	4
鹰潭市	0.3751	0.3899	0.4438	0.3795	0.5435	0.6471	0.7682	0.8	0.5434	10
赣州市	0.5249	0.5582	0.6374	0.6829	0.6515	0.6994	0.6371	0.6214	0.6266	7
吉安市	0.4999	0.4573	0.5328	1	0.5725	0.5648	0.5326	0.5517	0.589	8
宜春市	0.5625	0.6138	0.6417	0.7146	0.6752	0.8257	1	1	0.7542	6
抚州市	0.3183	0.3425	0.3574	0.3691	0.4526	0.5083	0.5639	0.559	0.4339	11
上饶市	0.4471	0.4699	0.5002	0.5253	0.6385	0.6735	0.6918	0.7483	0.5868	9
赣西	0.6264	0.6675	0.7075	0.7706	0.7557	0.8800	0.9473	0.9643	0.7899	1
赣北	0.6937	0.6867	0.6257	0.6732	0.7412	0.7583	0.8090	0.8051	0.7241	2
赣中南	0.5124	0.5078	0.5851	0.8415	0.6120	0.6321	0.5849	0.5866	0.6078	4
赣东北	0.4935	0.4972	0.5525	0.5566	0.6782	0.7735	0.7731	0.8099	0.6418	3
江西省	0.5878	0.5973	0.6207	0.6986	0.7045	0.7727	0.7962	0.8101	0.6985	—

从绿色效率结果来看，2011～2018 年江西省大部分城市绿色效率呈现上升趋势，表明江西省资源、环境和经济系统间协调水平正在逐步改善。从空间维度来看，同一时间、不同地区绿色效率差距较大，系统间协调水平存在较大差异。具体来看，并结合表 11.3 的分类标准，2011 年江西省各地区中九江市绿色效率最高，该市资源、环境和经济系统间完全协调，抚州市绿色效率最低，该市系统间处于低度协调（不协调）状态。2012 年江西省绿色效率最高和最低的城市同 2011 年。2013 年南昌市绿色效率最高，该市系统间处于中度协调状态，抚州市绿色效率最低，该市系统间处于低度协调（不协调）状态；2014 年吉安市绿色效率最高，该城市系统间处于完全协调状态，抚州市仍为绿色效率最低，该城市系统间处于低度协调（不协调）状态。2015 年绿色效率最高的城市为南昌市，该市系统间处于完全协调状态，绿色效率最低的城市还是抚州市，该市系统间处于低度协调状态；2016 年绿色效率最高的城市为景德镇市和新余市，并列第一，这些地区系统间处于完全协调状态，绿色效率最低的城市为抚州市，该市系统间处于低度协调状态；2017 年和 2018 年绿色效率最高的城市有 3 个，分别为南昌市、新余市和宜春市，这些地区系统间处于完全协调状态，绿色效率较低的城市为吉安市和抚州市，两市系统间处于低度协调状态。

从时间维度来看，同一地区、不同时间绿色效率存在一定的差异，同一地区、不同时间系统间协调水平不同。结合各年绿色效率值和表 11.3 分类标准具体来看，2011～2018 年南昌市系统间协调水平逐年上升，由中度协调状态向高度协调和完全协调转变，景德镇市绿色效率值虽然有所增大，但是其系统间协调水平属于一般，处于中度协调状态，另外，2016 年该市系统间完全协调。萍乡市协调水平类似于景德镇市。九江市前两年系统间处于完全协调状态，后期系统间处于中度协调状态，造成这类现象的主要原因可能在于九江市曾积极改善资源、环境和经济发展之间的协调性，后因过度地追求经济的增长，导致资源过度消耗、环境破坏严重，进而使系统间协调度下降。新余市系统间从最初的低度协调变为中度协调，再到最后的完全协调，表明该市在发展过程中十分注重资源 、环境和经济之间的协调性。鹰潭市在 2011～2015 年协调水平均很低，系统间处于低度协调（不协调）状态，最近两年系统间协调性得到小幅度的提升，系统间处于中度协调状态。赣州市前两年系统间协调度低，处于低度协调（不协调）状态，之后几年系统间协调性变为中度协调。吉安市 2014 年绿色效率出现极值，系统间处于完全协调状态，其余年份系统间协调水平较差，处于低度协调（不协调）状态。宜春市系统间协调性逐年提升，从最初的低度协调（不协调）到最后的完全协调。抚州市七年间，系统间协调性整体较低，处于低度协调（不协调）状态。上饶市系统间协调水平由最初的低度协调（不协调）转变为中度协调。

从江西省各地区 2011～2018 年绿色效率均值来看，南昌市绿色效率均值最大，达到 0.8881，该城市系统间处于中度协调状态；相对最低的城市为抚州市，仅有 0.4006，该城市系统间处于低度协调（不协调）状态。绿色效率排名靠前的三个地区分别是南昌市、九江市和萍乡市。在江西省 11 个地市中，除鹰潭市、抚州市、吉安市和上饶市四个城市绿色效率均值在 0.3～0.6，系统间协调水平较差外，其余城市绿色效率均值均在 0.6～0.9，这些地区系统间协调水平一般，处于中度协调状态。

从区域上来看，按照本章对江西省的划分标准，将江西省划分为四个区域，分别为赣西（萍乡市、新余市和宜春市）、赣北（南昌市、九江市和抚州市）、赣中南（赣州市和吉安市）和赣东北（景德镇市、鹰潭市和上饶市）。2011～2018 年四大区域绿色效率均值赣西 > 赣北 > 赣东北 > 赣中南，赣西地区绿色效率均值最大，赣中南地区绿色效率均值最小。但根据表 11.3 分类结果来看，四个区域协调水平均处于中度协调状态，相比赣西和赣北两个地区而言，赣中南和赣东北地区仅是勉强达到中度协调水平。总体来看，江西省处于系统间协调水平不高，处于中度协调状态，2011～2018 年绿色效率均值逐年递增，由 2011～2012 年的系统间不协调发展为后期的中度协调状态。各地区协调度变化情况具体如表 11.6 所示。

表 11.6　各地区协调度变化

城市	2011 年	2012 年	2013 年	2014 年	2015 年	2016 年	2017 年	2018 年	变化结果
南昌市	中度	中度	中度	中度	高度	完全	完全	完全	上升
景德镇	中度	中度	中度	中度	中度	完全	中度	中度	大致不变
萍乡市	中度	中度	中度	中度	中度	中度	中度	中度	大致不变
九江市	完全	完全	中度	中度	中度	中度	中度	中度	下降
新余市	低度	中度	中度	中度	中度	高度	完全	完全	上升

续表

城市	2011 年	2012 年	2013 年	2014 年	2015 年	2016 年	2017 年	2018 年	变化结果
鹰潭市	低度	低度	低度	低度	低度	中度	中度	中度	上升
赣州市	低度	低度	中度	中度	中度	中度	中度	中度	上升
吉安市	低度	低度	低度	完全	低度	低度	低度	低度	先升后降
宜春市	低度	中度	中度	中度	中度	中度	完全	完全	上升
抚州市	低度	低度	低度	低度	低度	低度	低度	低度	大致不变
上饶市	低度	低度	低度	低度	中度	中度	中度	中度	上升
赣西	中度	中度	中度	中度	中度	中度	高度	高度	上升
赣北	中度	中度	中度	中度	中度	中度	中度	中度	大致不变
赣中南	低度	低度	低度	中度	中度	中度	低度	低度	先升后降
赣东北	低度	低度	低度	低度	中度	中度	中度	中度	上升
江西省	低度	低度	中度	中度	中度	中度	中度	中度	上升

综上可知，江西省绿色效率均值为 0.6985，系统间处于中度协调水平，赣西地区和赣北地区绿色效率高于赣中南地区和赣东北地区，但从协调度分类标准来看，后两个地区勉强达到中度协调水平，江西省整体协调水平不高与江西省整体发展有关，从全国范围来看，江西省经济发展水平远落后于东部地区，尽管国家相继提出包括中部崛起在内的发展计划后，江西省整体经济水平得到了显著的提升，与此同时，发展过程中也存在资源、环境和经济的三者之间的矛盾，加上本身缺乏良好的发展基础，致使系统间协调性的提高受到了限制。不过，随着经济新常态出现，江西省调整经济发展方式，逐步由过去的粗放式发展向高质量发展方向转变，近年来，江西省资源、环境和经济系统间协调水平也得到了些许的改善，但这些是远远不够的，从目前来看，江西省要想实现更好的循环发展模式仍需要走很长的一段路。

11.3.3　基于投入产出松弛变量的分析

从投入产出视角来看，资源、环境和经济三大系统不协调主要来自资源的过度消耗、环境代价太高以及经济产出不足三个方面。基于此，本节欲用前面提到无效率来衡量系统的不协调程度，无效率指定实际投入或产出偏离最佳投入或产出的相对程度，无效率值越高，表明偏离最佳水平越远，系统越不协调。结合本章所研究的问题，此处的投入无效率为资源无效率，指实际投入的资源超过最佳水平的程度；非期望产出无效率为环境无效率，指实际环境代价的超过最佳水平的程度；期望产出无效率为经济无效率，指经济产出低于最佳水平的程度。对于绿色效率有效的决策单元，由于投入和产出松弛变量为0，其对应的无效率值均为0。具体如表11.7、表11.8和表11.9所示。

表11.7　各地区资源无效率值变化（2011~2018年）

地区	2011年	2012年	2013年	2014年	2015年	2016年	2017年	2018年	均值
南昌市	27.46%	27.21%	26.33%	27.58%	13.95%	0.00%	0.00%	0.00%	15.32%
景德镇	33.57%	34.25%	36.70%	33.93%	28.36%	0.00%	26.11%	25.72%	27.33%
萍乡市	31.74%	33.82%	29.26%	28.37%	26.53%	25.59%	24.6%	24.35%	28.03%
九江市	0.00%	0.00%	34.53%	32.7%	30.45%	28.61%	27.88%	25.95%	22.52%
新余市	39.41%	35.04%	37.62%	35.1%	33.78%	34.25%	0.00%	0.00%	26.90%
鹰潭市	45.69%	46.51%	44.95%	45.47%	43.91%	39.58%	37.67%	34.99%	42.35%
赣州市	38.53%	39.48%	36.72%	35.81%	33.46%	36.38%	35.27%	34.95%	36.33%
吉安市	39.75%	37.8%	37.26%	0.00%	36.42%	35.74%	34.59%	32.83%	31.8%
宜春市	38.2%	36.66%	34.9%	35.56%	33.14%	32.05%	0.00%	0.00%	26.31%
抚州市	48.13%	49.51%	47.34%	46%	45.81%	43.59%	42.31%	41.88%	45.57%
上饶市	46.82%	44.29%	43.80%	41.12%	41.76%	40.84%	40.55%	38.17%	42.17%
赣西	36.45%	35.17%	33.93%	33.01%	31.15%	30.63%	8.20%	8.12%	27.08%
赣北	25.20%	25.57%	36.07%	35.43%	30.07%	24.07%	23.40%	22.61%	27.8%
赣中南	39.14%	38.64%	36.99%	17.91%	34.94%	36.06%	34.93%	33.89%	34.06%
赣东北	42.03%	41.68%	41.82%	40.17%	38.01%	26.81%	34.78%	32.96%	37.28%
江西省	35.39%	34.96%	37.22%	32.88%	33.42%	28.78%	24.45%	23.53%	31.33%

表11.8　各地区环境无效率值变化（2011~2018年）

地区	2011年	2012年	2013年	2014年	2015年	2016年	2017年	2018年	均值
南昌市	35.48%	33.72%	34.19%	33.61%	28.57%	0.00%	0.00%	0.00%	20.7%
景德镇	49.63%	48.51%	51.06%	45.33%	43.04%	0.00%	41.75%	39.8%	39.89%
萍乡市	47.4%	47.35%	47.22%	46.57%	42.18%	41.25%	40.88%	41.53%	44.30%
九江市	0.00%	0.00%	44.90%	44.81%	43.49%	42.64%	40.96%	39.99%	32.10%

续表

地区	2011 年	2012 年	2013 年	2014 年	2015 年	2016 年	2017 年	2018 年	均值
新余市	46.15%	44.39%	45.82%	44.36%	43.09%	39.11%	0.00%	0.00%	32.87%
鹰潭市	56.81%	55.4%	55.15%	53.52%	52.38%	51.64%	50.57%	48.85%	53.04%
赣州市	48.77%	48.62%	47.16%	45.85%	43.37%	43.50%	41.89%	41.63%	45.1%
吉安市	47.96%	47.27%	46.59%	0.00%	45.55%	44.39%	43.62%	42.45%	39.73%
宜春市	49.37%	48.25%	47.16%	46.93%	43.44%	43.8%	0.00%	0.00%	34.87%
抚州市	57.26%	56.51%	54.83%	54.07%	53.95%	52.13%	51.57%	50.37%	53.84%
上饶市	56.81%	55.99%	55.41%	53.56%	52.10%	52.29%	49.74%	50.25%	53.27%
赣西	47.64%	46.66%	46.73%	45.95%	42.90%	41.39%	13.63%	13.84%	37.34%
赣北	30.91%	30.08%	44.64%	44.16%	42%	31.59%	30.84%	30.12%	35.54%
赣中南	48.37%	47.95%	46.88%	22.93%	44.46%	43.95%	42.76%	42.04%	42.41%
赣东北	54.42%	53.3%	53.87%	50.8%	49.17%	34.64%	47.35%	46.3%	48.73%
江西省	45.06%	44.18%	48.14%	42.6%	44.65%	37.34%	32.82%	32.26%	40.88%

表 11.9　　各地区经济无效率值变化（2011～2018 年）

地区	2011 年	2012 年	2013 年	2014 年	2015 年	2016 年	2017 年	2018 年	均值
南昌市	23.45%	21.61%	19.39%	17.99%	10.52%	0.00%	0.00%	0.00%	11.62%
景德镇	31.17%	30.59%	28.84%	28.2%	26.14%	27.35%	0.00%	26.26%	24.82%
萍乡市	29.35%	28.46%	26.35%	25.14%	24.09%	23.74%	21.62%	20.58%	24.92%
九江市	0.00%	0.00%	23.51%	22.69%	28.33%	24.58%	22.46%	21.7%	17.91%
新余市	35.21%	34.83%	34.71%	33.05%	34.28%	31.73%	0.00%	0.00%	25.48%
鹰潭市	59.51%	57.97%	57.28%	55.64%	56.18%	54.36%	52.75%	51.23%	55.62%
赣州市	25.37%	28.25%	26.03%	24.28%	22.76%	21.19%	19.32%	20.85%	23.51%
吉安市	34.63%	33.04%	32.49%	0.00%	35.27%	33.65%	32.44%	31.89%	29.18%
宜春市	25.85%	23.36%	23.11%	21.73%	20.81%	19.63%	0.00%	0.00%	16.81%
抚州市	57.46%	55.55%	54.64%	52.08%	51.25%	49.54%	48.29%	50.43%	52.41%
上饶市	38.23%	37.79%	36.88%	34.94%	33.36%	32.75%	29.01%	28.28%	33.91%
赣西	30.14%	28.88%	28.06%	26.64%	26.39%	25.03%	7.21%	6.86%	22.40%
赣北	26.97%	25.72%	32.51%	30.92%	30.03%	24.71%	23.58%	24.04%	27.31%
赣中南	30.00%	30.65%	29.26%	12.14%	29.02%	27.42%	25.88%	26.37%	26.34%
赣东北	42.97%	42.12%	41.00%	39.59%	38.56%	38.15%	27.25%	35.26%	38.11%
江西省	32.75%	31.95%	33.02%	28.70%	31.18%	28.96%	20.54%	22.84%	28.74%

从资源无效率值变化来看，大部分地区资源无效率在各年度呈现递减趋势，但是变化幅度较小，说明尽管资源无效率值有所下降，但资源的利用情况并没有得到显著的改善，在实际生产和生活中存在严重资源浪费的情况。从各地区资源无效率均值来看，资源无效率最低的城市为南昌市，仅有16.70%，该市资源利用较为合理，资源无效率最高的城市为抚州市，达到45.54%，该市资源浪费较严重，需要提高资源利用率。资源无效率不足20%的地区仅有南昌市，表明该市在发展中，资源利用率较高，大部分投入发展的资源均得到合理的利用，在产出不变的情况下，仅需要减少近20%的资源投入即可实现系统间协调。资源无效率在20%～30%的城市有景德镇市、萍乡市、九江市和新余市，这些地区有20%～30%的资源被浪费，需要在产出不变时，减少20%～30%的资源的投入来实现系统间协调。资源无效率在30%～40%的地区有吉安市和宜春市，这两个地区需要在产出不变时，减少30%～40%的资源的投入来实现系统间协调。资源无效率超过40%的地区有鹰潭市、抚州市和上饶市，在产出不变时，这些地区必须减少超过40%的资源投入来实现系统间的协调。从总体来看，江西省资源无效率值逐年递减，平均资源无效率在30%左右，意味着在产出不变时，需要减少30%左右资源投入来实现系统间协调。赣西和赣北地区资源无效率均值相差不大，资源利用较为合理，相对而言，赣中南和赣东北地区资源具有较高的资源浪费情况。

从环境无效率值变化来看，江西省各地区环境无效率处于较高的水平，说明各地区环境问题较为严重。从各地区环境无效率均值来看，南昌市环境无效率最低，仅有23.85%，环境污染物排放相对合理，与此同时，抚州市环境无效率最高，达到54.68%，环境污染较为严重。环境无效率低于30%的城市仅有南昌市，该市在投入不变时，需要减少近30%的环境污染物的排放才能实现系统间的协调；环境无效率在30%～40%的地区有九江市、新余市和吉安市，这些地区在投入不变时，需要减少30%～40%环境污染物的排放来实现系统间的协调；环境无效率在40%～50%的地区有景德镇市、萍乡市、赣州市和宜春市，这些城市在投入不变时，想要实现系统间协调，必须减少40%～50%环境污染物的排放；环境无效率超过50%的城市包括鹰潭市、抚州市和上饶市，这些地区环境无效率较高，在产出不变时，需要减少至少50%以上环境污染物的排放来实现系统间的协调。从总体来看，环境无效率逐年递减，平均环境无效率为 41.92%。全省在现有投入情况下，约需要减少 40% 的环境污染物排放。赣北地区环境无效率均值最低，环境污染物排放较为合理，赣东北地区环境无效率均值最高，污染物排放较多。

从经济无效率值变化结果来看，各地区在各年度的经济无效率变化不大，且水平较低。从各地区经济无效率均值来看，经济无效率不足 20% 的地区有南昌市、九江市和宜春市，这些地区经济无效率较低，在投入不变时，仅需要增加近 20% 的经济产出即可实现系统间的协调；经济无效率在 20% ~30% 的地区有景德镇市、萍乡市、赣州市和吉安市，这些地区在投入不变时，需要增加 20% ~30% 的经济产出来实现系统间协调；经济无效率在 30% ~40% 的地区仅有新余市和上饶市，这两个城市在投入不变时，需要增加 30% ~40% 的经济产出来实现系统间协调；经济无效率超过 40% 的地区有鹰潭市和抚州市，这两个城市资源无效率较高，存在严重的经济产出不足，在现有投入的基础上，需要增加至少 40% 的经济产出来实现系统间协调。从总体来看，全省经济无效率值并不高，经济无效率平均仅为 28.74%，赣东北地区经济无效率最高，其余三个地区经济无效率无较大差异。

结合表 11.7 ~ 表 11.9 可进一步通过比较资源无效率、环境无效率和经济无效率三者的相对程度，来揭示资源、环境和经济三大系统不协调的原因。从全省来看，资源无效率、环境无效率以及经济无效率均值分别为 31.33%、40.88%、28.74%。说明在其他因素不变的情况下，为实现三大系统的协调，全省资源的投入平均减少 31.33% 或环境污染物产出平均减少 40.88% 或经济产出平均增加 28.74%，换句话说，江西省三大系统不协调主要原因是环境的无效率，环境子系统的滞后发展是影响三大系统协调发展的主要原因。即，在现有投入条件下，环境污染物排放远高于最佳环境污染物的排放。从单个地区来看，除了新余市和鹰潭市系统间不协调主要来源于经济无效率外，其他地区系统间不协调的主要原因是环境无效率。同时，这也很好地说明了尽管全省经济随着全国趋势进入了新的时代，由高速发展阶段进入高质量发展阶段，但是过去粗放式发展方式所造成的影响要想得到显著的改变，需要一个长久的时间，坚持不懈走可持续的高质量发展道路，也即文明发展道路。具体而言，高质量发展道路包括物质文明道路、精神文明道路、政治文明道路、生态文明道路和社会文明发展道路。

为了进一步了解资源投入中哪类资源和环境产出中哪类环境污染物排放无效率更为严重，进而找出资源无效率和环境无效率的主要来源，本章在前面基础上还具体测算了五种资源的投入无效率和四种环境污染物的环境无效率。表 11.10 中揭示了 2018 年各资源投入和环境产出无效率，从中可知，在江西省不同地区资源无效率和环境无效率来源存在一定的差异，从各地区资源无效率的主要来源来看，鹰潭市和赣州市资源无效率主要来源于土地资源和人力资源的无效率，而吉安市资源无效率主要来源于水资源和人力资源的无效率，但从整体来看，江西全省资源无效率主要来源于水资源、土地资源及人力资源的无效率，各无效率均超过 30%。从各地区环境无效率的主要来源来看，景德镇环境无效率主要来源于烟尘和固体废弃物的排放，而上饶市环境无效率却主要来源于废水和烟尘的排放。但从总体来看，江西全省环境无效率主要来源于“三废”的排放。

表 11.10　2018 年各资源投入无效率和各环境污染产出无效率　单位：%

地区	资源无效率	各投入无效率					环境无效率	各产出无效率				经济无效率
		资本	能源	水源	土地	人力		废水	烟尘	固废	CO_2	
南昌市	0	0	0	0	0	0	0	0	0	0	0	0
景德镇	25.7	8.5	20.9	42.3	34.7	22.2	39.8	42.2	53.6	49.1	14.3	26.3
萍乡市	24.4	12.1	19.2	33.7	39.5	17.3	41.5	42.4	57.3	50	16.4	20.6
九江市	26.0	15.9	18.4	38.2	30.8	26.5	40.0	45.5	50.7	51.3	12.5	21.7
新余市	0	0	0	0	0	0	0	0	0	0	0	0
鹰潭市	35.0	12.8	14.2	43.9	51.3	52.7	48.9	53.7	63.3	54.5	23.9	51.2
赣州市	35.0	15.1	21.7	45.2	47.5	45.3	41.6	45.3	53.1	51.8	16.3	20.9
吉安市	32.8	14	13.8	42.3	40.4	53.6	42.5	42.5	58.8	54.1	14.4	31.9
宜春市	0	0	0	0	0	0	0	0	0	0	0	0
抚州市	41.9	17.8	25.6	55.7	58.3	52	50.4	57.8	63.6	54.9	25.2	50.4
上饶市	38.2	11.7	21.1	53.6	54.9	49.6	50.3	57.7	64.6	55.3	23.4	28.3
赣西	8.1	4.0	6.4	11.2	13.2	5.8	13.8	14.1	19.1	16.7	5.5	6.9
赣北	22.6	11.2	14.7	31.3	29.7	26.2	30.1	34.4	38.1	35.4	12.6	24.0
赣中南	33.9	14.6	17.8	43.8	44.0	49.5	42.0	43.9	56.0	53.0	15.4	26.4
赣东北	33.0	11.0	18.7	46.6	47.0	41.5	46.3	51.2	60.5	53.0	20.5	35.3
江西省	23.5	9.8	14.1	32.3	32.5	29.0	32.3	35.2	42.3	38.3	13.3	22.8

同时，本章还计算出2011～2018年江西省各资源投入无效率对资源无效率和各环境污染产出无效率对环境无效率的贡献度，如表11.11所示。这里的贡献度通过各资源投入无效率和各资源投入无效率之和之比或各环境污染产出无效率和各环境污染产出无效率之和之比得到。

表11.11 2011～2018年各资源投入无效率和各环境产出无效率贡献 单位：%

年份	各投入无效率					总计	各产出无效率				总计
	资本	能源	水源	土地	人力		废水	烟尘	固废	CO_2	
2011	5.85	12.15	29.37	28.35	24.28	100	27.18	31.34	29.95	11.53	100
2012	6.17	14.32	26.94	27.37	25.2	100	27.06	30.22	29.27	13.45	100
2013	6.01	14.78	28.25	26.81	24.15	100	26.41	32.59	29.14	11.86	100
2014	6.49	13.56	29.91	26.58	23.46	100	25.36	33.5	28.75	12.39	100
2015	6.6	12.25	29.11	27.19	24.85	100	24.98	33.12	30.25	11.65	100
2016	6.78	11.75	28.29	28.01	25.17	100	26.22	32.85	30.01	10.92	100
2017	7.46	11.51	28.21	27.87	24.95	100	27.28	32.51	29.43	10.78	100
2018	8.33	11.98	27.44	27.61	24.64	100	27.27	32.76	29.67	10.3	100
均值	6.71	12.79	28.44	27.47	24.59	100	26.47	32.36	29.56	11.61	100

从表11.11可知，对资源无效率贡献由大到小依次为土地资源、水资源、人力资源、能源、资本，其中土地资源、水资源、人力资源对资源无效率贡献度达到近80%。对环境无效率贡献度由大到小依次为烟尘、固废、废水、CO_2，其中“三废”无效率对环境无效率贡献度达到近90%。由此也说明它们分别是资源无效率和环境无效率的主要来源，也是全省实现资源、环境和经济三大系统间协调的关键。

11.4 江西省资源、环境和经济间协调度影响因素及分析

11.4.1 主要影响因素

上述利用非期望产出SBM模型测算了江西省各地区绿色效率，并根

据协调度划分标准对地区协调水平进行了划分，同时，在此基础上通过对系统内部投入产出指标的松弛变量的分析，发现江西省资源、环境和经济三大系统间不协调主要原因来自污染物排放的不合理。接下来本章将从外部几个方面来研究影响系统协调的因素，包括产业结构、工业化程度、人口规模、消费水平、城镇化水平、对外出口贸易、环保政策和科研水平。

（1）产业结构。

产业结构是指三大产业在一个国家或地区的经济结构中所占的比重。人们常把产业结构的变动和经济联系在一起，认为合理的产业结构不仅有利于经济和社会的发展，也能促进人民物质文化生活的改善。随着经济的不断发展，产业结构的变动主要分为产业结构合理化和高级化两个方面。从表征来看，第一，根据配第—克拉克定理的描述，在产业的结构调整过程中，劳动力会按以下趋势演进：先由第一产业向第二产业转移，然后再向第三产业转移；第二，从三大产业的内在变动来看，产业结构的演进方向也是先以第一产业为主导过渡到以第二产业为主导，再到以第三产业为主导。从目前来看，江西省各地区还处在第二产业占主导地位的阶段。

按照钱纳里的工业化阶段理论，一般将工业化分为六个阶段。从实际情况来看，目前江西省各地区处在工业化中后期阶段，所付出资源和环境代价较大。从三大产业增加值所占 GDP 比重来看，2020 年占比情况分别为 8.7%、43.2% 和 48.1%，本章选取第二产业增加值占 GDP 比重来代表产业结构指标，预计产业结构中第二产业增加值占 GDP 比重与绿色效率负相关，该比重越大，绿色效率越低，会制约系统间协调度。

（2）工业化程度。

工业化进程的加快必将加剧资源的消耗以及污染物的排放。目前，江西省处在工业化中后期阶段，工业产业主要以钢铁、冶金、化学以及建材等重工业为主，其工业生产过程的主要特点是需要消耗大量的不可再生资源，环境污染物排放多，并且由于技术水平的限制，造成资源的严重浪费和环境代价过高。在现有资源和环境承载力有限的条件下，江西省工业的可持续发展还任重而道远。本章选取工业产业增加值占第二产业增加值的比重作为工业化进程指标，预计工业产业增加值占第二产业增加值的比重与绿色效率负相关，该比重越大，绿色效率越低，系统间协调度越差。

（3）人口规模。

人口增加的同时资源消耗量也随之增加，且随着资源的不断消耗，使环境污染物的排放量增加，制约了经济的发展。因此，合理的人口规模对于一个国家或地区资源、环境和经济的协调发展具有深远的影响。江西省人口众多，截至 2018 年末全省人口达到 4647.6 万人，在长期的资源过度消耗、环境严重污染过程中，人口数量的不断增加，更加加剧了资源、环境和经济三者间的关系。本章选取江西省各地市年末人口数作为人口规模指标，预计人口规模与绿色效率负相关，人口规模越大，系统间协调度越差。

（4）消费水平。

随着人民收入水平的不断提高，相应地，人民消费能力也显著增强，据统计，2018 年江西省居民人均消费支出为 15792 元，相比 2017 年增长了 1333 元；其中 2018 年江西省城镇居民人均消费支出为 20760 元，农村居民人均消费支出为 10885 元，城乡居民人均消费支出差额为 9875 元。然而人们在追求物质需要的同时，却忽视了不合理的消费行为给资源和环境带来的影响。一方面，消费过程中所需均属于自然资源的一部分，不合理的消费行为将导致资源过度的消耗；另一方面，人们在消费过程中不可避免地会对环境产生压力。事实上，在历史的任何时期，消费水平都有一个合理适度的界限，人们根据本国或本地区的物质生产发展的水平去合理消费。消费水平过高，势必加剧资源和环境的压力；消费水平太低，不能起到推动经济发展的作用。合理的消费水平，不仅能使资源、环境和经济三者更好地协调发展，同时有利于物质文明和精神文明的协调发展。本章选取各地区最终消费支出作为消费水平指标，预计最终消费支出与绿色效率负相关，即最终消费支出越大，绿色效率值越低，不利于系统间的协调发展。

（5）城镇化水平。

城镇化水平是衡量区域经济发展特别是工业发展的重要指标。王浩宇（2018）通过研究发现新型城镇化进程中地方政府行为存在缺乏科学的规划、粗放式资源使用、社会管理能力不强等问题。一般说来，发达国家或地区的城镇化水平远远高于发展中国家或地区的城市化水平，江西省相对全国其他省区市而言，处于发展的中下游，截至2020年，江西省城镇化率已经达到60.44%（城镇常住人口占该地区常住总人口的比重），相比其他发达地区而言（北京城镇化率87.5%，上海市城镇化率89.3%，广东省城镇化率74.15%，全国城镇化率63.89%），江西省在城镇化的道路上仍需不断前行。城镇化进程的加快，一方面有利于改善地区产业结构，促进经济的发展；另一方面，城镇作为资源消耗和环境污染物排放的主要地区，在城镇化进程中由于人口的聚集，加大了资源和环境代价，将严重影响系统间的稳定。因此，在江西省的城市化过程中，应充分考虑城镇化的发展速度和发展目标。本章选取城镇化率作为城镇化水平的衡量指标，预计城镇化水平与绿色效率负相关，城镇化水平越高，系统间协调性越差。

（6）环保政策。

随着现代社会的发展，环境污染问题越来越严重，并呈现出多样化的污染方式。与此同时，我国环境保护政策也在不断完善，体现了我国在环境保护的重视。江西省也采取了一定的环境保护措施，主要采用国内一些较好的环保措施及结合本地实际情况展开，在实际环境治理中，一方面根据“谁污染谁治理”原则发挥政府的监督作用，在一定程度上能减少污染物的排放；另一方面，政府加大环境保护投资也会能改善环境污染现状。本章选取水利、环境和公共设施管理业投资额GDP比重作为环保政策指标，预计环保政策与绿色效率正相关，水利、环境和公共设施管理业投资额GDP比重越大，系统间的协调度越好。

（7）对外出口贸易。

对外贸易的发展一方面通过促进产业结构的升级，推动了经济的快速发展；另一方面，江西省作为中国发展相对落后的省份之一，相比其他贸易强省而言，江西省对外贸易发展质量不高，还存在诸多的问题，出口增长主要依赖资源或劳动密集型产业，高精尖领域的出口不足，科技创新能力差，外贸发展与资源能源供给和环境承载力的矛盾日益突出。本章选取出口总额作为对外贸易指标，预计出口总额与绿色效率负相关，出口总额越高，系统间协调性越差。

（8）科研技术水平。

陈昌兵（2018）指出高质量发展动力在于创新。而创新主要源于科研技术水平的提高。事实上，早在 20 世纪 50 年代，由索洛等所提出的新古典经济增长模型中就已经指出技术进步对于促进经济增长有着重要的作用。随着经济的不断深入发展，资源过度消耗和环境污染问题也越来越显现，在资源和环境承载力有限的情况下，大力发展科技是可持续发展的必要途径。数据表明江西省投入研究和实验发展（R&D）经费逐年提高，2020 年，全省全年研究与试验发展（R&D）经费支出 430.72 亿元，比上年增长 12.1%，占国内生产总值的 1.68%。

科技水平进步在节约资源和保护环境方面具有重要的意义。一方面，科技的进步可以通过逐步淘汰那些高能耗、高污染的设备来提高资源的利用率，减少环境污染物的排放；另一方面，科技的进步使一些对环境危害小甚至无害的可再生能源能得到高效的利用，目前，人类对于可再生能源的使用包括太阳能、风能、水能、地热能以及潮汐能等。本章选取研究与试验发展（R&D）经费支出占 GDP 比重（R&D 经费投入强度）作为科研技术投入指标，预计 R&D 经费投入强度与绿色效率正相关，R&D 经费投入强度越大，绿色效率值越高，系统间协调度越好。

11.4.2　计量模型及分析

11.4.2.1　指标选取及面板模型

11.4.1 小节对可能影响绿色效率的因素进行了定性分析，本小节以效率评价模型中测算出绿色效率 ρ 作为被解释变量，同时在解释变量上，选取第二产业增加值占 GDP 比重来代表产业结构；选取工业产业增加值占第二产业增加值的比重表示工业化进程；选取各地区年末人口数表示人口规模；选取各地区最终消费支出作为消费水平指标；选取城镇化率作为城镇化水平的衡量指标；选取水利、环境和公共设施管理业投资额 GDP 比重作为环保政策指标；选取出口总额作为对外贸易指标；选取研究与试验发展（R&D）经费支出占 GDP 比重（R&D 经费投入强度）作为科研技术水平指标。具体说明见表 11.12。

表 11.12　　相关变量说明

被解释变量	解释变量及符号	变量含义及单位
绿色效率 ρ	产业结构 X1	第二产业增加值占 GDP 比重（%）
	工业化程度 X2	工业增加值占第二产业增加值的比重（%）
	人口规模 X3	各地区年末人口数（万人）
	消费水平 X4	最终消费支出（亿元）
	城镇化水平 X5	城镇化率（%）
	环保政策 X6	水利、环境和公共设施管理业投资额占 GDP 比重（%）
	对外出口贸易 X7	出口总额（万美元）
	科研技术水平 X8	R&D 经费投入强度（%）

在模型的选择上，由绿色效率取值范围可知：ρ 在 0 到 1 之间变动，属于受限因变量模型的一种，由于其因变量受到限制，其部分数据被归并处理，此时若采用普通最小二乘法做回归分析，会得到有偏的不一致的结果，为此这里采用面板 Tobit 模型对绿色效率的影响因素进行分析。

Tobit 模型是由经济学家托宾（Tobin）在 1958 年提出来用于解决因变量是部分连续分布或部分离散分布数据问题的一种计量模型，又被称为截尾回归模型或审查回归模型。Tobit 模型的一般形式如下：

$$Y=\begin{cases}Y^*=X\beta+\varepsilon,\varepsilon\sim N(0,\sigma^2),Y^*>0\\0,Y^*\leqslant 0\end{cases}\tag{11.3}$$

其中，Y 为受限被解释变量，X 为解释变量，ε 为服从正太分布的随机误差项，其均值为 0，方差为 σ^2，该模型采用了极大似然法进行估计，得到无偏的一致的结果。

需要指出的是，在建立面板 Tobit 模型时，含有混合效应的面板 Tobit 模型、随机效应的面板 Tobit 模型和固定效应的面板 Tobit 模型几种模型，因此，在实际建模过程中，为保证模型结果的稳定和可靠，采用上述模型建模后统计检验方法进行模型的选择，具体统计检测方法包括 LR 检验、F 检验及 Hausman 检验。以下是各种模型的形式。

① 混合效应的面板 Tobit 模型：

$$\rho_{it}=\alpha+\beta_1X1_{it}+\beta_2X2_{it}+\beta_3X3_{it}+\beta_4X4_{it}+\beta_5X5_{it}+\beta_6X6_{it}+\beta_7X7_{it}+\varepsilon_{it}\tag{11.4}$$

其中，β_i 为解释变量的回归系数，α 为截距项，ε_{it} 为随机误差项，i 表示第 i 个地区，t 表示第 t 年。

② 随机效应的面板 Tobit 模型：

$$\rho_{it} = \alpha_i + \beta_1 X1_{it} + \beta_2 X2_{it} + \beta_3 X3_{it} + \beta_4 X4_{it} + \beta_5 X5_{it} + \beta_6 X6_{it} + \beta_7 X7_{it} + u_i + \varepsilon_{it} \quad (11.5)$$

其中，β_i 为解释变量的回归系数，α_i 为截距项，u_i 是指不随时间变化且不可观测的个体效应，ε_{it} 为随机误差项，i 表示第 i 个地区，t 表示第 t 年。

③ 固定效应的面板 Tobit 模型：

$$\rho_{it}^* = \alpha_i + \beta_1 X1_{it} + \beta_2 X2_{it} + \beta_3 X3_{it} + \beta_4 X4_{it} + \beta_5 X5_{it} + \beta_6 X6_{it} + \beta_7 X7_{it} + \varepsilon_{it} \quad (11.6)$$

其中，β_i 为解释变量的回归系数，α_i 为截距项，ε_{it} 为随机误差项，i 表示第 i 个地区，t 表示第 t 年。

11.4.2.2　模型测算与结果分析

根据前面设定的解释变量和被解释变量，本小节将运用 StataMP64 软件对影响江西省区域绿色效率的因素进行实证检验和估计，同时为保证模型估计结果的稳定可靠，本小节分别采用混合效应的面板 Tobit 模型、随机效应的面板 Tobit 模型及固定效应的面板 Tobit 模型三种模型进行模型估计，并运用一定的方法进行模型的选择。数据的来源及处理同前面一样。模型结果如表 11.13 所示。

表 11.13　　面板回归结果

变量	混合效应的面板 Tobit 模型	随机效应的面板 Tobit 模型	固定效应的面板 Tobit 模型
常数 α	0.42753 ** (0.231548)	0.33516 (0.25152)	0.58115 ** (0.36024)
产业结构 X1	−0.09472 *** (0.00839)	−0.10195 *** (0.00936)	−0.06399 *** (0.01557)
工业化程度 X2	−0.36284 ** (0.20037)	−0.46054 ** (0.15446)	−0.60051 ** (0.42572)

续表

变量	混合效应的面板 Tobit 模型	随机效应的面板 Tobit 模型	固定效应的面板 Tobit 模型
人口规模 X3	-0.12803 (0.08539)	-0.16903 *** (0.10811)	-0.11953 *** (0.05308)
消费水平 X4	0.36803 (0.23573)	-0.29305 (0.33181)	-0.51482 (0.39457)
城镇化水平 X5	-0.53419 *** (0.20653)	-0.46458 (0.51271)	-0.63018 *** (0.40735)
环保政策 X6	0.04519 ** (0.04736)	0.07563 ** (0.03248)	0.18426 ** (0.1329)
对外出口贸易 X7	-0.14692 (0.05791)	-0.07506 (0.06310)	-0.12056 (0.02452)
科研技术水平 X8	0.24753 ** (0.09436)	0.31629 ** (0.15184)	0.26211 ** (0.17989)
随机效应 OR 混合效应	LR 检验	Chibar2 = 650.18	P = 0.00000
固定效应 OR 混合效应	F 检验	X2 = 29.65	P = 0.00000
随机效应 OR 固定效应	Hausman 检验	F = 13.21	P = 0.00000

注：***，** 分别表示在 1%，5% 水平上显著，括号中的值表示标准误差。

从表 11.13 三个模型结果来看，首先，LR 检验结果在 1% 显著水平上显著，拒绝随机效应的面板 Tobit 模型与混合效应的面板 Tobit 模型的原假设，表明不选择混合效应的面板 Tobit 模型进行估计；其次，由 F 检验结果在 1% 显著水平上显著可知，拒绝固定效应的面板 Tobit 模型与混合效应的面板 Tobit 模型的原假设，表明不选择混合效应的面板 Tobit 模型进行估计；最后，Hausman 检验在 1% 显著性水平下拒绝固定效应的面板 Tobit 模型与随机效应的面板 Tobit 模型的原假设，说明不选择随机效应的面板 Tobit 模型进行估计，应采用固定效应的面板 Tobit 模型。综上统计检验这里将对固定效应的面板 Tobit 模型结果进行分析。

从固定效应的面板 Tobit 模型的检验结果来看，江西省绿色效率的高低受多种因素的影响，包括产业结构、工业化程度、人口规模、消费水平、城镇化水平、环保政策、对外出口贸易及科研水平。其中环保政策和科研水平这两个因素对绿色效率有显著的正向影响。产业结构、工业化程度、人口规模以及城镇化水平这些因素对绿色效率有显著的负向影响，而消费水平和对外出口贸易虽然对绿色效率有负向影响，但其并不显著。总体来看，该结果与最初预计大致相同。

具体来看，产业结构与绿色效率在 1% 显著性水平上呈现显著的负相关关系，表明随着第二产业占 GDP 比重的增多，会降低江西省绿色效率。这是因为江西省相对发达城市而言，经济发展相对落后，仍以第二产业占主导地位，第二产业的发展虽能加快经济的增长，但是经济的增长也会使其与资源和环境之间的矛盾加剧，故导致绿色效率降低，资源、环境和经济系统间协调性更差。工业化程度与绿色效率在 5% 显著性水平上呈现显著的负相关关系，表明第二产业增加值中，工业产业增加值越高，对资源投入需求量越大，同时在粗放式发展过程中，对环境造成的压力也就越大，这种高消耗、高污染的发展模式严重抑制着江西省区域绿色效率的提高，使江西省系统间协调程度得不到较好的改善。

人口规模与绿色效率在 1% 显著性水平上有着显著的负相关关系。从目前来看，虽然江西省出生率处于较低水平，但是人口还在持续增加，人口规模越大，对资源需求也就越大，同时人口增多也加剧环境恶化速度，换句话来说，人口数量的增加，会加剧人口、资源、环境和经济之间的矛盾，进而制约着社会的可持续发展，这与国家所提倡的高质量发展背道而驰。因此，合理的人口规模有助于协调资源、环境和经济系统间的协调发展。

消费水平与绿色效率负相关，但从显著性来看，未能通过显著性检验。不过从两者关系可知，消费水平增加，必然加重对资源、环境的压力，这是与预期假设一致的。投资、消费和出口被喻为拉动经济增长的“三驾马车”，消费作为其中之一起着不可代替的作用。合理的消费能促进经济的快速增长，如果只顾盲目追求物质生活脱离实际基础，过度消费，将不利于资源、环境和经济的协调发展。城镇化水平与绿色效率在 1% 的显著性水平下显著且负相关。城镇化进程的加快，不仅涉及就业、社会发展和经济增长等问题，还将涉及资源和环境问题。不合理的城镇化进程将影响着资源、环境和经济的协调。

环保政策与绿色效率在 5% 显著性水平上显著且正相关，本书选取水利、环境和公共设施管理业投资额占 GDP 比重作为环保政策指标，意味着在环境保护过程中，随着水利、环境和公共设施管理业投资额占 GDP 比重的提高，绿色效率也越高，即系统间协调度越高。在我国虽然环保法有着"谁污染谁治理"这一基本原则，规定企业或个人需要支付一定的排污费，但就江西省长久以来对生态环境造成的破坏已不容忽视，就现阶段而言，环境治理仍以国家治理为主，政府需要不断加大环境保护投资来保证系统的协调。

对外出口贸易与绿色效率负相关关系，虽未能通过显著性检验，但其经济意义却与预期相同。对外出口贸易水平提高，会抑制绿色效率的提高，影响着系统间的协调。这是因为随着对外开放水平显著提升，进出口也随之增加，然而从实际来看，江西省出口贸易中主要以高能耗的产品为主，其在生产和制造过程消耗大量的资源，同时也给环境造成了巨大的压力。科研水平与绿色效率在5%的显著性水平上正相关，科研投入的增加将改变以往的高能耗、高污染的发展方式，有利于经济结构的转变，促进经济的发展，对促进系统协调有着巨大的促进作用。

综上可知，江西省资源、环境和经济系统间协调度受多个因素的影响，从检验结果来看，尽管消费水平和对外出口贸易这两个影响因素未能得到显著的结果，但总体来看与前述预期还是有较高的一致性，因此模型结果具有一定的可信性。从模型分析结果来看，江西省要想进一步改善资源、环境和经济系统间的协调水平，必须深化其影响因素的分析，不仅要关注那些具有显著正向影响的影响因素，如环保政策和科研技术水平，也要重视那些具有显著负向影响的变量，包括产业结构、工业化程度和人口规模等，这些因素严重制约着系统间协调度的提高，在政策的具体制定过程中，应注重政策导向和调整，在保证经济快速增长的同时，又能协调好其与资源和环境之间的关系，使发展朝着高质量发展方向迈进。

11.5 本章主要结论与相关政策建议

11.5.1 主要结论

本章以江西省11个地级市作为研究对象，首先，分析全省资源、环境和经济现状，结合高质量发展指出研究江西省区域资源、环境和经济协调发展的意义；其次，基于非期望产出 SBM 模型测算了江西省区域绿色效率，以此来评价区域资源、环境和经济三大系统的协调程度；并且根据资源投入、环境产出和经济产出松弛变量与资源投入、环境产出和经济产出比重得到资源无效率、环境无效率及经济无效率结果，分析了导致江西省区域系统间不协调的原因；最后，基于测算出来绿色效率结果，建立了合适的计量模型来研究江西省区域绿色效率的影响因素，即影响系统间协调发展的因素。本章研究后得出以下结论：

（1）2011 ~ 2018 年，江西省大部分地区绿色效率均呈现上升趋势，资源、环境和经济系统间协调水平均得到不同程度的提升，就区域而言，赣西和赣北地区系统间绿色效率高于赣中南和赣东北地区，从协调度分类来看，尽管四大区域系统间协调程度均属于中度协调水平，但赣中南和赣东北地区勉强达到中度协调状态。总体来看，江西省系统协调水平不高，正处于中度协调阶段，系统间协调程度有待提高。

（2）为分析导致江西省区域系统间不协调的原因，本章测算了资源无效率、环境无效率及经济无效率，结果表明环境无效率是导致系统不协调的主要原因，也就是说，三大系统中不协调主要源于生态环境的过度破坏，当然，资源的过度消耗、利用率不高以及经济产出不足对系统不协调的影响也不能忽视。

（3）江西省绿色效率低下、系统协调程度较低受到较多因素的影响。其中环保政策、科研技术水平对绿色效率有显著的正向影响。产业结构、工业化程度、人口规模以及城镇化水平这些因素对绿色效率有显著的负向影响，而消费水平和对外出口贸易虽然对绿色效率有负向影响，但其并不显著。

（4）尽管全省经济发展进入新常态，开始注重高质量发展，但是由于在过去多年发展中，资源消耗过大，生态环境遭到严重破坏，资源、环境和经济三者间存在较大矛盾，要想改变现有状态，不仅要深入理解高质量发展的内涵，还应在未来发展中坚持走高质量发展道路。

11.5.2　相关政策建议

根据前面分析结果，为提高区域绿色效率，促进资源、环境和经济协调水平的提高，实现高质量发展，本章提出以下几点建议。

（1）转变经济增长方式。

长期以来，江西省粗放式的经济增长方式致使大量的不可再生资源被过度开发利用，各区域生态环境也遭到不同程度的破坏，整体绿色效率不高，资源、环境和经济协调水平有待提高。2018年我国提出的高质量发展这一理念表明，过去单纯追求速度的粗放式发展已不再适用于当今社会发展，应尽快向坚持质量第一、效益优先的绿色发展、循环发展的方向转变。只有这样才能保证现有资源得到高效循环的利用，环境污染现状得以改善，才能实现资源、环境和经济更好的协调发展。

（2）优化产业结构，走新型工业化道路。

产业的结构的优化有益于资源的充分利用，提高资源的配置效率，调节经济增长过程中资源、环境和经济之间的矛盾，实现系统间协调水平的提高。目前，江西省整体还处在第二产业占主导地位的阶段，在发展过程中应充分发展第三产业。同时，由于工业发展主要以“高能耗、高污染”的钢铁、冶金、化学以及建材等重工业为主，因此，在第二产业发展过程中，走新型工业化道路，大力发展高新技术产业，以信息化带动工业化，以工业化促进信息化。

（3）倡导节能环保，坚持“谁污染、谁治理”基本原则。

大力倡导绿色的、高质量发展理念，增加人民的绿色环保意识，在一定程度上也能促进绿色效率的提高，改善系统间的协调。鼓励人们绿色出行，较少使用一次性产品等不仅减少了资源的耗用，而且也减少了污染物的产生。长久以来，区域生态环境治理主要依靠国家治理，从一定程度上来说，治理效果不好，难以改善现有局面。为此应坚持“谁污染、谁治理”这一基本原则。由于企业设备的缺陷及过多注重经济效益而忽视了污染的治理，导致生态环境恶化加剧。为此政府可对个人或企业的排污行为收取一定的排污费用，用于生态环境的修复。

（4）实施创新驱动发展战略。

从绿色效率结果来看，江西省整体协调水平并不高，资源、环境和经济系统间处于中度协调状态。从江西省实际情况来看，由于企业创新能力的缺乏和政府对科学技术投入的限制，很多关键技术仍以引进为主。而江西省要想改变现状必须依靠先进的科学技术，为实现这一目标，政府在发展中应加大对科研技术的投入、引进创新型人才和完善创新型激励体制，鼓励创新，以创新驱动发展。通过技术水平的提高，来改善现有生产方式，提高资源利用效率，提高排放效率。与此同时，科研技术水平的提高还可缓解资源不足的局面，通过对新能源的探索和利用在一定程度上减轻了对不可再生资源的需求。在发展过程中，应探索绿色、循环的发展模式，以最小的能耗、最低的环境代价来实现高质量发展，以此来改善资源、环境和经济系统间的协调程度。

（5）促进人口规模合理增长。

目前，人口老龄化问题已严重制约江西省社会经济的发展。随着人口老龄化进程的加快，我国实施“二孩”政策来完善人口的发展。尽管如此，人口规模也应与社会发展相适应，因为合理的人口规模，对一个国家或地区未来可持续的高质量发展有着深远的影响，是资源、环境和经济系统协调发展的关键之一。江西要根据国家政策，适度放宽生育政策，进行相关补贴，鼓励适龄青年婚育，将人口规模的增长保持在一个合理水平。

（6）保持科学合理的消费水平。

在特定背景下，消费水平有个合理界限。消费水平的高低直接影响经济发展。一方面，消费水平过高会影响社会经济可持续的高质量发展；另一方面，消费水平太低又不足以推动社会经济的发展。随着人民生活水平的提升，越来越多的人脱离实际经济基础而盲目追求过高的生活水平，显然不合理。合理的消费水平应与地区经济发展水平相适应，保证资源的充分利用和环境的可持续。

（7）加强城镇化的顶层设计。

合理的城镇化水平有利于经济的发展。随着城镇化的推进，诸多地区面临着巨大的就业压力和资源环境压力。关兴良等（2016）在研究中指出，中国城镇化进程中的空间集聚态势导致局部地区已经超出了资源环境承载容量，区域可持续发展受到了严重的威胁。因此，在实际发展中，应根据地区实际情况加强城镇化的顶层设计，制定合理的城市化发展目标，走新型化城市发展道路，注重城镇可持续的高质量发展。

参考文献

[1] 陈诗一，陈登科．雾霾污染、政府治理与经济高质量发展［J］．经济研究，2018，53（2）：20－34.

[2] 李强，魏巍．提高经济增长质量会抑制中国经济增长吗［J］．财贸研究，2016，27（1）：28－35.

[3] 孙久文，张翱．“十四五”时期的国际国内环境与区域经济高质量发展［J］．中州学刊，2021（5）：20－27.

[4] 孙久文．新技术变革下的城乡融合发展前景展望［EB/OL］．http：//ae. ruc. edu. cn/xwzx/mtsd/ 2888e942ae554e21ae75c463f0947ef9. htm.

[5] 王晓红．中国经济高质量发展面临的国际国内环境分析［J］．全球化，2019（10）：16.

[6] 徐坤，刘明．经济高质量发展：基于中国问题研究的文献综述［J］．兰州财经大学学报．2021，37（1）：32－45.

[7] 习近平．推动形成优势互补高质量发展的区域经济布局［J］．求是，2019（24）：1－6.

[8] 向国成，李真子．实现经济的高质量稳定发展：基于新兴古典经济学视角［J］．社会科学，2016（7）：57－63.

[9] 沈坤荣，赵倩．世界级城市群国际比较与区域高质量发展路径选择——以江苏为例［J］．江海学刊，2018（2）：102－107，238.

[10] 李永娜，左鹏．新时代边疆治理现代化视域下国家认同与民族认同的融合［J］．云南社会科学，2018（3）：34－39.

[11] 张林，莫彩玲．要素—营商环境—效益耦合协调研究［J］．开发研究，2020（4）：27－35.

[12] 张虹．马克思宏观经济思想的新时代价值——灌输论视角下对

历史文本的现实解读［J］．时代报告，2021（43）：95－96．

［13］曾坚．贯彻新时期党的建设总要求以高质量党建引领企业高质量发展［J］．国企，2020（31）：8－10．

［14］钟廷勇，何玲，孙芳城．产业政策对企业全要素生产率的影响研究［J］．经济纵横，2019（12）：86－98．

［15］辛向阳．新时代“四个伟大”的基本要求与精神实质［J］．陕西师范大学学报（哲学社会科学版），2018，47（2）：5－11．

［16］张俊山．对经济高质量发展的马克思主义政治经济学解析［J］．经济纵横，2019（1）：36－44．

［17］吴士炜，余文涛．环境税费、政府补贴与经济高质量发展——基于空间杜宾模型的实证研究［J］．宏观质量研究，2018，6（4）：18－31．

［18］廖耀华，徐凯赟．新时代区域高质量协调发展战略内涵、机理及路径［J］．宁夏社会科学，2019（3）：12－17．

［19］戴翔．主动扩大进口：高质量发展的推进机制及实现路径［J］．宏观质量研究，2019，7（1）：60－71．

［20］刘家旗，茹少峰．西部地区经济增长影响因素分析及其高质量发展的路径选择［J］．经济问题探索，2019（9）：82－90．

［21］任保平，宋雪纯．“十四五”时期我国新经济高质量发展新动能的培育［J］．学术界，2020（9）：58－65．

［22］汪侠，徐晓红．长江经济带经济高质量发展的时空演变与区域差距［J］．经济地理，2020，40（3）：5－15．

［23］王家明，余志林．沿黄地区中心城市及城市群高质量发展的测度及影响因素［J］．中国人口·资源与环境，2021，31（10）：47－58．

［24］陈爱东，修凯．新时代党的治藏方略下金融支持西藏经济高质量发展路径研究［J］．西藏民族大学学报（哲学社会科学版），2021，42（6）：81－86．

［25］袁保瑚，李继伟．新发展格局下山东省县域经济高质量发展路径研究［J］．山东社会科学，2021（8）：115－123．

［26］符建华，曹晓晨．人口老龄化对中国经济高质量发展的影响研究［J］．经济问题探索，2021（6）：44－55．

［27］任保平，付雅梅，杨羽宸．黄河流域九省区经济高质量发展的

评价及路径选择［J］. 统计与信息论坛，2022，37（1）：89－99.

［28］任保平，李禹墨. 新时代我国高质量发展评判体系的构建及其转型路径［J］. 陕西师范大学学报（哲学社会科学版），2018，47（3）：105－113.

［29］杜爱国. 中国经济高质量发展的制度逻辑与前景展望［J］. 学习与实践，2018（7）：5－13.

［30］冯莉，曹霞. 破题生态文明建设，促进经济高质量发展［J］. 江西师范大学学报（哲学社会科学版），2018，51（4）：74－80.

［31］李香菊，杨欢. 助推我国经济高质量发展的税收优化研究［J］. 税务研究，2019（5）：18－24.

［32］张军扩，侯永志，刘培林，等. 高质量发展的目标要求和战略路径［J］. 管理世界，2019，35（7）：1－7.

［33］赵剑波，史丹，邓洲. 高质量发展的内涵研究［J］. 经济与管理研究，2019，40（11）：15－31.

［34］马茹，罗晖，王宏伟，等. 中国区域经济高质量发展评价指标体系及测度研究［J］. 中国软科学，2019（7）：60－67.

［35］王永昌，尹江燕. 论经济高质量发展的基本内涵及趋向［J］. 浙江学刊，2019（1）：91－95.

［36］白谨豪，刘儒，刘启农. 基于空间均衡视角的区域高质量发展内涵界定与状态评价——以陕西省为例［J］. 人文地理，2020，35（3）：123－130，160.

［37］高帆. 基于社会主要矛盾转化深刻理解我国高质量发展内涵［J］. 上海经济研究，2021（12）：14－21.

［38］马雪松，冯修青. 国家治理现代化视域下高质量发展的内在机理与实现路径［J］. 云南社会科学，2022（1）：1－9，187.

［39］陈冲，吴炜聪. 消费结构升级与经济高质量发展：驱动机理与实证检验［J］. 上海经济研究，2019（6）：59－71.

［40］刘伟江，王虎邦. 地方债务对经济高质量发展的影响分析［J］. 云南财经大学学报，2018，34（10）：73－85.

［41］马茹，张静，王宏伟. 科技人才促进中国经济高质量发展了吗？——基于科技人才对全要素生产率增长效应的实证检验［J］. 经济与

管理研究，2019，40（5）：3-12.

［42］赵丽霞，阿拉腾额古乐．科技创新能力对经济高质量发展影响路径量化研究［J］．科学管理研究，2019，37（4）：103-107.

［43］肖周燕．中国高质量发展的动因分析——基于经济和社会发展视角［J］．软科学，2019，33（4）：1-5.

［44］上官绪明，葛斌华．科技创新、环境规制与经济高质量发展——来自中国278个地级及以上城市的经验证据［J］．中国人口·资源与环境，2020，30（6）：95-104.

［45］赵儒煜，常忠利．经济高质量发展的空间差异及影响因素识别［J］．财经问题研究，2020（10）：22-29.

［46］何冬梅，刘鹏．人口老龄化、制造业转型升级与经济高质量发展——基于中介效应模型［J］．经济与管理研究，2020，41（1）：3-20.

［47］吕炜，邵娇．转移支付、税制结构与经济高质量发展——基于277个地级市数据的实证分析［J］．经济学家，2020（11）：5-18.

［48］高志刚，张毅．区域经济差距对西部地区经济高质量发展的影响研究［J］．宁夏社会科学，2021（1）：99-110.

［49］化祥雨，金祥荣，吕海萍，等．高质量发展耦合协调时空格局演化及影响因素——以浙江省县域为例［J］．地理科学，2021，41（2）：223-231.

［50］李梦程，李琪，王成新，等．黄河流域人地协调高质量发展时空演变及其影响因素研究［J］．干旱区资源与环境，2022，36（2）：1-8.

［51］冷崇总．构建经济发展质量评价指标体系［J］．宏观经济管理，2008（4）：43-45.

［52］Diefenbacher H，Zieschank R，Rodenhäuser D. Measuring Welfare in Germany. A Suggestion for a New Welfare Index［M］. Federal Environment Agency，2010.

［53］钞小静，任保平．中国经济增长质量的时序变化与地区差异分析［J］．经济研究，2011，46（4）：26-40.

［54］袁瑛，郑艳兵，耿丹．系统考查经济发展质量的五个维度［J］．经济研究导刊，2013（8）：4-6.

［55］宋明顺，张霞，易荣华，等．经济发展质量评价体系研究及应

用 [J]. 经济学家, 2015 (2): 35 -43.

[56] Zhang C, Kong J. Effect of Equity in Education on the Quality of Economic Growth: Evidence From China [J]. Internationale Journal of Human Sciences, 2010, 7 (1): 47 -69.

[57] Mei L, Chen Z. The Convergence Analysis of Regional Growth Differences in China: The Perspective of the Quality of Economic Growth [J]. Journal of Service Science and Management, 2016, 9 (6): 453 -476.

[58] 杨新洪. “五大发展理念”统计评价指标体系构建——以深圳市为例 [J]. 调研世界, 2017 (7): 3 -7.

[59] 金碚. 关于“高质量发展”的经济学研究 [J]. 中国工业经济, 2018 (4): 5 -18.

[60] 李金昌, 史龙梅, 徐蔼婷. 高质量发展评价指标体系探讨 [J]. 统计研究, 2019, 36 (1): 4 -14.

[61] 李梦欣, 任保平. 新时代中国高质量发展指数的构建、测度及综合评价 [J]. 中国经济报告, 2019 (5): 49 -57.

[62] 袁晓玲, 李朝鹏, 方恺. 中国城镇化进程中的空气污染研究回顾与展望 [J]. 经济学动态, 2019 (5): 88 -103.

[63] 郑耀群, 葛星. 中国经济高质量发展水平的测度及其空间非均衡分析 [J]. 统计与决策, 2020, 36 (24): 84 -88.

[64] 余达锦, 李锦, 林海城. 高质量发展背景下城市品质评价研究——以江西为例 [J]. 生态经济, 2020, 36 (11): 82 -87.

[65] 石清, 王骏, 梁燕. 南昌市“大规模拆迁”旧城改造模式的成因剖析与转型思考 [J]. 城市建筑, 2018 (35): 7 -11.

[66] 陈迪. “一带一路”战略下北海城市建设的 SWOT 分析及对策建议 [J]. 科技资讯, 2018, 16 (19): 241 -243.

[67] 郑辉, 殷媛媛, 韦波. 国外城市增强城市综合服务功能的借鉴与启示 [J]. 价值工程, 2016, 35 (31): 199 -201.

[68] 李萌. 新型城镇化建设中城市经济转型国际经验借鉴与启示 [J]. 经济与管理评论, 2015, 31 (2): 26 -32.

[69] 解读《江西省“2 +6 +N”产业高质量跨越式发展行动计划》[Z]. 江西省政府新闻办, 2019 -04 -04.

［70］何锦义．科技进步贡献率测算中值得注意的几个问题［J］．学术问题研究（综合版），2006（2）：18－21.

［71］马宇博，裴桂芬．京津冀城市群全要素生产率测评与提升路径研究［J］．经济问题，2019（6）：104－112.

［72］王小鲁，樊纲，胡李鹏．中国分省份市场化指数报告（2018）［M］．北京：社会科学文献出版社，2019.

［73］金乐琴．高质量绿色发展的新理念与实现路径——兼论改革开放40年绿色发展历程［J］．河北经贸大学学报，2018，39（6）：22－30.

［74］习近平．在党的十八届五中全会第二次全体会议上的讲话（节选）［J］．求是，2016（1）．

［75］王小鲁，樊纲，马光荣．中国分省企业经营环境指数2017年报告［R］．北京：中国社会科学文献出版社，2017.

［76］中国战略文化促进会，中国经济传媒协会，万博新经济研究院和第一财经研究院．2019中国城市营商环境指数评价报告［R］．2019，5.

［77］刘鹰．全面释放中国高质量发展的创新力［J］．人民论坛，2019（16）：80－81.

［78］邱烨，毛思远．江西省传统产业优化升级行动（2018—2020）［N］．江西日报，2018－06－07.

［79］习近平．决胜全面建成小康社会夺取新时代中国特色社会主义伟大胜利［Z］．国务院，2017，10.

［80］帅筠，邱烨．江西聚焦打好污染防治攻坚战，取得阶段性成效［N］．人民日报．2019－06－06.

［81］张立群等．“推动我国经济实现高质量发展”笔谈［J］．河北经贸大学学报，2018，39（5）：1－10.

［82］杜爱国．中国经济高质量发展的制度逻辑与前景展望［J］．学习与实践，2018（7）：5－13.

［83］吉志鹏．新时代绿色消费价值诉求及生态文化导向［J］．山东社会科学，2019（6）：153－160.

［84］徐海贤，段兆广，王军．国内外城市发展转型经验借鉴与启示［J］．江苏城市规划，2010（3）：44－47.

［85］谢雨虹，李佳珍，赖崇瑜，等．VR技术在二三线城市规划方面的

应用研究——以南昌未来规划发展为例 [J]. 市场论坛，2018 (1)：69 –71.

[86] 张学良. 以都市圈建设推动城市群的高质量发展 [J]. 上海城市管理，2018，27 (5)：2 –3.

[87] 孙冰，方舟卿. 城镇化进程下城市交通拥堵治理研究——以南昌市为例 [J]. 中国商论，2017 (26)：141 –142.

[88] 王淑娇. 城市文化空间功能变迁与当代性重塑——以北京前门为例 [J]. 治理现代化研究，2019 (2)：61 –66.

[89] 安树伟，张晋晋. 山西高质量发展战略研究 [J]. 经济问题，2019 (5)：1 –8.

[90] 赖永峰，刘兴. 大南昌都市圈："圈" 出发展制高点 [N]. 经济日报，2019 –05 –06.

[91] 尹稚等. 2018 年中国都市圈发展报告 [R]. 清华大学中国新型城镇化研究院，2019，2.

[92] 陈迪. "一带一路" 战略下北海城市建设的 SWOT 分析及对策建议 [J]. 科技资讯，2018，16 (19)：235 –237.

[93] World Bank. Inclusive Green Growth: The Pathway to Sustainable Development [R]. The World Bank, Washington D. C., 2012: 171.

[94] 徐海贤，段兆广，王军. 国内外城市发展转型经验借鉴与启示 [J]. 江苏城市规划，2010 (3)：46 –49.

[95] 朱英. 2017 年江西省全省环境质量状况 [N]，江西日报，2018 –06 –05.

[96] 踪家峰. 城市与区域经济学 [M]. 北京：北京大学出版社，2016.

[97] Taaffe E J, Morrill R L, Gould P R. Transport Expansion in Underdeveloped Countries: A Comparative Analysis [M]. Transport and Development. Palgrave, London, 1973.

[98] Shin K, Ciccantell P S. The Steel and Shipbuilding Industries of South Korea: Rising East Asia and Globalization [J]. Journal of World – Systems Research, 2009: 167 – 192.

[99] Bostock J, Lane A, Hough C, et al. An Assessment of the Economic Contribution of EU Aquaculture Production and the Influence of Policies for its

Sustainable Development [J]. Aquaculture International, 2016, 24 (3): 699 -733.

[100] Kwak S J, Yoo S H, Chang J I. The Role of the Maritime Industry in the Korean National Economy: An Input - output Analysis [J]. Marine Policy, 2005, 29 (4): 371 -383.

[101] Dyck A J, Sumaila U R. Economic Impact of Ocean Fish Populations in the Global Fishery [J]. Journal of Bioeconomics, 2010, 12 (3): 227 -243.

[102] Jiang D, Chen Z, Dai G. Evaluation of the Carrying Capacity of Marine Industrial Parks: A Case Study in China [J]. Marine Policy, 2017, 77: 111 -119.

[103] 郑铁桥. 日本海陆经济一体化经验 [J]. 中外企业家, 2014 (16): 269 -271.

[104] 郑铁桥. 欧盟及其成员国海陆经济一体化经验 [J]. 现代经济信息, 2014 (11): 172 -173.

[105] 郑铁桥. 美国海陆经济一体化经验 [J]. 现代商业, 2014 (18): 280 -282.

[106] 张耀光. 中国海洋经济地理学 [M]. 南京: 东南大学出版社, 2015.

[107] 栾维新. 海陆一体化建设研究 [M]. 北京: 海洋出版社, 2004.

[108] 卢宁. 山东省海陆一体化发展战略研究 [D]. 青岛: 中国海洋大学, 2009.

[109] 李健, 滕欣. 天津市海陆产业系统耦合协调发展研究 [J]. 干旱区资源与环境, 2014, 28 (2): 1 -6.

[110] 高源, 韩增林, 杨俊, 等. 中国海洋产业空间集聚及其协调发展研究 [J]. 地理科学, 2015, 35 (8): 946 -951.

[111] 王莉莉, 肖雯雯. 基于投入产出模型的中国海洋产业关联及海陆产业联动发展分析 [J]. 经济地理, 2016, 36 (1): 113 -119.

[112] 郑鹏, 胡亚琼. 海陆经济一体化对海洋产业高质量发展影响研究 [J]. 中国国土资源经济, 2020, 33 (6): 18 -24.

［113］Luger M I. The Economic Value of the Coastal Zone［J］. Journal of Environmental Systems，1991，21（4）：279－301.

［114］曾呈奎，孙斌，徐质斌．海洋经济学［M］．青岛：青岛出版社，2000.

［115］陈可文．树立大海洋观念 发展大海洋产业——广东省海洋产业发展与广东海洋经济发展的相关分析［J］．南方经济，2001（12）：33－36.

［116］杨坚．山东海洋产业转型升级研究［D］．兰州：兰州大学．2013.

［117］刘希宋，李响，曹洪亮．我国海洋科技产业先导性综合评价［J］．科学学与科学技术管理，2004（11）：101－105.

［118］仲雯雯，郭佩芳，于宜法．中国战略性海洋新兴产业的发展对策探讨［J］．中国人口·资源与环境，2011，21（9）：163－167.

［119］韩增林，夏雪，林晓等．基于集对分析的中国海洋战略性新兴产业支撑条件评价［J］．地理科学进展，2014，33（9）：1167－1176.

［120］王志文．借力浙江信息经济优势 打造浙江数字海洋经济高地［C］．海洋开发与管理学术会议，2018：45－48.

［121］孙才志，宋现芳．数字经济时代下的中国海洋经济全要素生产率研究［J］．地理科学进展，2021，40（12）：1983－1998.

［122］蹇令香，苏宇凌，曹珊珊．数字经济驱动沿海地区海洋产业高质量发展研究［J］．统计与信息论坛，2021，36（11）：28－40.

［123］曾敏，肖静怡，卢丽平．金融支持海洋产业经济发展的研究［J］．全国流通经济，2020（21）：53－54.

［124］前瞻产业研究院．中国海洋经济发展概述［J］．海洋世界，2020（11）：28－43.

［125］严小军．中美海洋经济对标研究及我国发展海洋经济的对策建议［J］．浙江海洋大学学报：人文科学版，2018，35（2）：21－28.

［126］狄乾斌，於哲，王敏．海洋高端人力资源与海洋创新经济发展能力的耦合协调［J］．海洋开发与管理，2018，35（12）：16－21.

［127］赵昕，白雨，李颖，等．我国海洋金融十年回顾与展望［J］．海洋经济，2021，11（5）：76－89.

［128］Rorholm N. Economic Impact of Marine－Oriented Activities［M］.

1967.

［129］ Pontecorvo G, Wilkinson M, Anderson R, et al. Contribution of the Ocean Sector to the United States Economy ［J］. Science, 1980, 208 (4447): 1000 - 1006.

［130］ Noailly J, Shestalova V. Knowledge Spillovers From Renewable Energy Technologies: Lessons From Patent Citations ［J］. Environmental Innovation and Societal Transitions, 2017, 22: 1 - 14.

［131］ Blackford J, Stahl H, Bull J M, et al. Detection and Impacts of Leakage From Sub - seafloor Deep Geological Carbon Dioxide Storage ［J］. Nature Climate Change, 2014, 4 (11): 1011 - 1016.

［132］ Ciannelli L, Hunsicker M, Beaudreau A, et al. Transdisciplinary Graduate Education in Marine Resource Science and Management ［J］. Ices Journal of Marine Science, 2014, 71 (5): 1047 - 1051.

［133］ 吴梵，高强，刘韬．海洋科技创新对海洋经济增长的效率测度［J］．统计与决策，2019，35 (23): 119 - 122.

［134］ 杜军，赵培阳，寇佳丽．基于 VAR 模型的海洋科技创新与海洋经济增长的互动关系研究［J］．生态经济，2019，35 (9): 61 - 67.

［135］ 喻颖洁，张恒波．体育产业、绿色创新对经济增长影响的实证［J］．统计与决策，2019 (17): 154 - 157.

［136］ 卓志衡，侯玉巧，汪发元．绿色科技创新对实体经济发展影响的动态互动分析——基于 1990—2017 年湖北省数据分析［J］．长江技术经济，2019 (3): 102 - 109.

［137］ 欧阳红兵，孙智博．实际汇率，技术创新与对外贸易升级［J］．工业技术经济，2019，38 (6): 55 - 62.

［138］ 姜犇，侯玉巧．科技创新，金融发展对企业成长的影响——基于 VAR 模型的实证分析［J］．长江技术经济，2020，4 (4): 67 - 73.

［139］ 黄思怡，康霖．海南海洋经济发展情况及对策研究［J］．新东方，2019 (3): 36 - 42.

［140］ 杜军，寇佳丽，赵培阳．海洋产业结构升级、海洋科技创新与海洋经济增长——基于省际数据面板向量自回归（PVAR）模型的分析［J］．科技管理研究，2019，39 (21): 137 - 146.

[141] 杜军，寇佳丽．基于 VAR 模型的海洋教育、科技成果应用与经济增长的动态关系研究［J］．齐齐哈尔大学学报：哲学社会科学版，2019（8）：95－100．

[142] 杜军，鄢波．基于 PVAR 模型的我国海洋经济高质量发展的动力因素研究［J］．中国海洋大学学报：社会科学版，2021（4）：46－58．

[143] 屈莉莉，汪心怡，程杨阳．海洋科技创新驱动区域经济增长影响效应分析［J］．科技和产业，2021，21（6）：15－22．

[144] 刘芳，原峰，熊涛．海洋科技投入对海洋经济增长的协动性影响研究［J］．当代经济，2018（9）：88－91．

[145] 吴小勇，洪功翔．科技创新与经济发展的耦合研究及影响因素分析——基于中国 2008－2017 年省际面板数据［J］．东莞理工学院学报，2021（2）：79－88．

[146] 寇佳丽，杜军．中国海洋产业结构与海洋经济增长的关系［J］．华北水利水电学院学报（社科版），2019，35（5）：40－45．

[147] 房辉，原峰，熊涛，等．我国区域海洋科技创新与海洋经济发展协调度研究［J］．海洋经济，2019，9（3）：48－54．

[148] 戴美艳．中国沿海区域海洋科技创新效率测度及其影响因素分析［J］．新经济，2018（8）：35－40．

[149] 冯瑞敏，杜军，鄢波．广东省海洋产业竞争力评价与提升对策研究——基于海洋经济综合试验区建设视角［J］．生态经济，2016，32（12）：104－109．

[150] 王泽宇，卢函，孙才志．中国海洋资源开发与海洋经济增长关系［J］．经济地理，2017，37（11）：117－126．

[151] Bhattarai M，Barker R，Narayanamoorthy A. Who Benefits from Irrigation Development in India? Implication of Irrigation Multipliers for Irrigation Financing［J］. Irrigation and Drainage，2007，56（2－3）：207－225.

[152] 吴文庆，王立勇．我国水利基础设施现状、问题与对策［J］．宏观经济管理，2011（11）：36－38．

[153] 张晨敏．水库移民补偿政策问题研究［D］．北京：华北电力大学，2011．

[154] 刘朔，李倩茹．生态水利建设对我国发展绿色经济的启示

[J]. 环境保护, 2014, 42 (22): 61 - 63.

[155] 柴娟娟, 方来. 经济高质量发展下财政分权的能源消费效应——作用机理与经验分析 [J]. 财经问题研究, 2021 (11): 99 - 108.

[156] 吴海峰. 论强化乡村振兴的水利保障 [J]. 农村经济, 2021 (1): 62 - 69.

[157] 井沛然, 郭利丹. 基于生态足迹的浙江省水资源利用与经济协调发展研究 [J]. 水利水电技术, 2021, 52 (6): 5 - 14.

[158] 韩文艳, 陈兴鹏, 张子龙. 基于脱钩理论的城市水资源利用与经济增长关系研究 [J]. 水土保持通报, 2017, 37 (5): 24 - 29.

[159] 苏建广, 张天力, 鲁程鹏, 顾世祥. 基于层次分析法的云南省小康水利现状评估 [J]. 长江科学院院报, 2016, 33 (11): 122 - 126.

[160] 吴丹. 中国水利绿色现代化发展进程评价与战略构想 [J]. 中国人口·资源与环境, 2015, 25 (9): 114 - 123.

[161] Taisuke T, Hirotaka M, Tomoaki N. The Determinants of Collective Action in Irrigation Management Systems: Evidence from Rural Communities in Japan [J]. Agricultural Water Management, 2018, 206: 113 - 123.

[162] 周琴慧, 谭娟, 张和喜. 贵州省水利法治能力建设现状及对策研究 [J]. 灌溉排水学报, 2018, 37 (S2): 81 - 84.

[163] 刘景纯. 20 世纪 30 年代陕西新兴农田水利的系统建设与灌区新经济体构建 [J]. 陕西师范大学学报 (哲学社会科学版), 2020, 49 (6): 152 - 161.

[164] 赖红兵, 鲁杏. 我国农业现代化发展与农村水利建设关系的研究 [J]. 中国农业资源与区划, 2020, 41 (2): 66 - 74.

[165] 赖红兵, 鲁杏. 国外农业现代化和农村水利建设经验对我国的启示 [J]. 中国农业资源与区划, 2019, 40 (11): 266 - 273.

[166] 栗欣如. 中国水利绿色发展研究 [D]. 北京: 中国农业科学院, 2020.

[167] 杨智翔, 周航宇, 万先斌. 江西省典型水库信息管理系统设计与研究 [J]. 人民长江, 2014, 45 (13): 86 - 90.

[168] Feizizadeh B, Omarzadeh D, Ronagh Z, et al. A Scenario - based Approach for Urban Water Management in the Context of the COVID - 19 Pan-

demic and a Case Study for the Tabriz Metropolitan Area, Iran [J]. Science of the Total Environment, 2021, 790: 148272 – 148272.

[169] 任保平，文丰安．新时代中国高质量发展的判断标准、决定因素与实现途径 [J]．改革，2018 (4)：5 – 16.

[170] 苗峻玮，冯华．区域高质量发展评价体系的构建与测度 [J]．经济问题，2020 (11)：111 – 118.

[171] 胡海青，张茜，王兆群，等．中国水利投资与经济社会可持续发展关系研究 [J]．生态经济，2021，37 (12)：163 – 169.

[172] 徐银良，王慧艳．基于"五大发展理念"的区域高质量发展指标体系构建与实证 [J]．统计与决策，2020，36 (14)：98 – 102.

[173] 郑耀群，崔笑容．城镇化高质量发展的测度与区域差距——基于新发展理念视角 [J]．华东经济管理，2021，35 (6)：79 – 87.

[174] 潘桔，郑红玲．区域经济高质量发展差异的时空演变特征 [J]．统计与决策，2021，37 (24)：88 – 92.

[175] 李志强．基于收入差距视角的经济高质量发展内涵研究 [J]．生产力研究．2021 (10)：8 – 12，55

[176] 秦放鸣，唐娟．经济高质量发展：理论阐释及实现路径 [J]．西北大学学报（哲学社会科学版），2020 (3)：138 – 143.

[177] 白谨豪，刘儒，刘启农．基于空间均衡视角的区域高质量发展内涵界定与状态评价——以陕西省为例 [J]．人文地理，2020，35 (3)：123 – 130，160.

[178] 曹聪灵，肖国安，徐邵蕊，等．人口老龄化对经济高质量发展的影响——基于财政可持续视角 [J]．财经理论与实践，2022，43 (1)：114 – 153.

[179] 谢旭升，严思屏．福建省绿色金融与经济高质量发展的耦合协调性研究 [J]．福建商学院学报，2021 (2)：36 – 44.

[180] 李福平，李欣．区域创新、产业升级与经济高质量发展——基于空间溢出视角的经验分析 [J]．调研世界，2021 (12)：3 – 11.

[181] 金玉雪．洪涝灾害对延边经济增长影响研究 [D]．延边：延边大学，2021.

[182] 马悦．黄河流域绿色水资源效率与经济高质量发展耦合研究

[D]. 华北水利水电大学，2021.

[183] 张铃，王纪入，李志刚，等. 区域经济高质量协同发展测度及影响因素识别——以四川省为例 [J]. 统计与决策，2021，37 (22)：111－115.

[184] 章彦萍. 水丰度差异下水环境质量对旅游经济的影响 [D]. 杭州：浙江工商大学，2021.

[185] Peter R, Christopher H, Nagaraja H. Water Resources Planning in a Strategic Context: Linking the Water Sector to the National Economy [J]. Water Resources Research, 1993, 29 (7): 1895－1906.

[186] John L, Colm M C, Sue S. Investment in Water Infrastructure: Findings from an Economic Analysis of a National Programme [J]. Journal of Environmental Planning and Management, 2007, 50 (1): 41－63.

[187] 吴丽萍，陈宝峰，张旺. 中国水利投资对农业经济增长影响的实证研究 [J]. 技术经济，2012，31 (10)：76－81.

[188] 吴丹. 中国经济发展与水资源利用脱钩态势评价与展望 [J]. 自然资源学报，2014，29 (1)：46－54.

[189] 魏轩，周立华，马永欢，等. 民勤绿洲50余年水利建设的生态经济影响 [J]. 干旱区地理，2015，38 (5)：1014－1021.

[190] 陈文超，强茂山，郑腾飞，等. 工程移民投资对区域经济带动作用研究 [J]. 水力发电学报，2016，35 (8)：87－94.

[191] 张勋，张睿. 水利基础设施的经济增长效应及其作用机制 [J]. 财政研究，2017 (10)：30－42.

[192] 尹庆民，陈普，许长新. 高耗水行业差异化政策对经济的影响研究 [J]. 软科学，2017，31 (12)：29－33，38.

[193] 马艺钊，郭群力. 小浪底水利枢纽对周边经济带动作用研究 [J]. 人民黄河，2019，41 (S2)：138－139，142.

[194] 蔡芳，姜维，白呈富，等. 停建令对水利水电工程停建区域经济社会发展的影响研究 [J]. 中国农村水利水电，2021 (11)：198－202，208.

[195] 吴海峰. 论强化乡村振兴的水利保障 [J]. 农村经济，2021 (1)：62－69.

[196] 刘本琪，李满营．水利工程对于区域经济发展的影响研究［J］．水利水电科技进展，2022，42（1）：105-106.

[197] 马昱，闫瑞雪，胡涵清，等．金融发展对经济高质量发展的影响研究——基于金融规模视角的分析［J］．价格理论与实践，2022（1）：156-159.

[198] 罗小曼．农村水利建设减贫效应与政策优化研究［D］．重庆：重庆交通大学，2019.

[199] 王振宝，王浩，谢新民．水利现代化评价指标体系及评价方法研究［J］．水利发展研究，2013，13（3）：33-36，57.

[200] 谭运坤，关松，赵娜．水利工程管理现代化评价指标体系及其方法研究［J］．三峡大学学报（自然科学版），2013，35（3）：36-39.

[201] 赵前信．四种水环境质量评价方法在六安市水库中的应用［J］．环境工程，2014，32（3）：113-116，120.

[202] 方国华，高玉琴，谈为雄，等．水利工程管理现代化评价指标体系的构建［J］．水利水电科技进展，2013，33（3）：39-44.

[203] 高玉琴，陆晓华，黄祚继．基于模糊综合评价法的水库管理现代化评价及其应用［J］．三峡大学学报：自然科学版，2017，39（6）：35-39.

[204] 石丹，包倍增．基于AHP-模糊数学法的崇明岛生态旅游开发潜力评价［J］．桂林理工大学学报，2019，39（3）：34-39.

[205] 李仟，马跃先，郑佩佩．基于AHP-Fuzzy法的绿色小水电综合评价［J］．水电能源科学，2018，36（6）：40-43.

[206] 王岩．大洼县三角洲平原水库管理现代化综合评价［J］．黑龙江水利科技，2019，47（4）：8-11.

[207] 孙丽娟．基于水利工程管理现代化及其评价指标体系研究［J］．黑龙江水利科技，2018（10）：65-68.

[208] 王晓光．抚顺县农村水利工程现状、存在问题及建议［J］．水土保持应用技术，2013（2）：32-34.

[209] 聂相田，宋雅静，段文凤．基于模糊优选BP网络的水利工程建设管理绩效评价［J］．水电能源科学，2013，31（4）：136-138，116.

[210] 张冲．水利工程现代化与精细化管理方法探讨［J］．地下水，2018（3）：184-185.

[211] 刘福玉．水库工程管理思路探究［J］．水利技术监督，2015（3）：1－2，23.

[212] 纪中庭．关于现代水利工程中的生态问题探讨［J］．水土保持应用技术，2016（1）：22－23.

[213] 邹来友．基于水利工程项目施工管理问题及创新措施分析［J］．黑龙江水利科技，2016（6）：77－79.

[214] 高玉琴，方国华，韩春晖，等．水利工程管理现代化内涵、目标及内容分析［J］．三峡大学学报（自然科学版），2009，31（4）：45－48，60.

[215] 郑斯瑞．震损水库应急管理机制与应急准备能力评价研究［D］．南京：南京大学，2012.

[216] 龚竹．基于 GIS 的遂宁船山区水库信息管理系统的设计和实现［D］．成都：电子科技大学，2011.

[217] 朱秀珍．大型灌区运行状况综合评价研究［D］．武汉：武汉大学，2005.

[218] 周志维，喻蔚然，罗梓茗，等．基于标准化管理大坝风险指标体系与评价［J］．中国水利，2019（12）：28－32.

[219] Costanza R，D'Arge R，Groot R D，Farber S，Grasso M，Hannon B，Limburg K，Naeem S，O'Neill R V，Paruelo J. The Value of The World's Ecosystem Services and Natural Capital［J］．Ecological Economics，1998，25（1）：3－15.

[220] Jorgensen S E. Exergy and Ecological Buffer Capacities as Measures of Ecosystem Health［J］．Ecosystem Health，1995，1（3）：150－160.

[221] 王则一，赵辉，齐实，等．基于 RESCON 的三门峡水库泥沙淤积管理评价［J］．人民黄河，2011，33（9）：25－27，30.

[222] Rashid M U，Shakir A S，Khan N M. Evaluation of Sediment Management Options and Minimum Operation Levels for Tarbela Reservoir，Pakistan［J］．Arabian Journal for Science & Engineering，2014，39（4）：2655－2668.

[223] 淳伟德，张业霞，陈威．碳限额与碳交易机制研究现状及趋势展望［J］．电子科技大学学报（社科版），2022，24（1）：92－104.

[224] 魏宇，张佳豪，陈晓丹．基于 DMS 和 DMA 的我国碳排放权交

易价格预测方法研究——来自湖北碳市场的经验证据 [J]. 系统工程，2022 (1)：1-20.

[225] 蓝虹，陈雅函. 碳交易市场发展及其制度体系的构建 [J]. 改革，2022 (1)：57-67.

[226] 郑路，张明霞，胡觉亮，等. 碳交易及消费补贴下的服装行业碳减排决策问题 [J]. 纺织学报，2022，43 (1)：193-200.

[227] 代应，戴佳宏，宋寒，等. 碳交易下驱动企业碳减排的碳配额机制 [J]. 计算机集成制造系统，2022 (1)：1-16.

[228] 王俊伟，任艺，郭尊，等. 基于综合需求响应和奖惩阶梯型碳交易的综合能源系统优化调度 [J]. 储能科学与技术，2022 (2)：1-13.

[229] 黄文轩，刘道兵，李世春，等. 双碳目标下含 P2G 与需求响应的综合能源系统双层优化 [J]. 电测与仪表，2022 (1)：1-11.

[230] 刘自敏，黄敏，申颢. 中国碳交易试点政策与绿色技术进步偏向——基于城市层面数据的考察 [J]. 产业经济评论，2022 (1)：201-219.

[231] 曾诗鸿，李璠，翁智雄，等. 碳市场的减排效应研究——来自中国碳交易试点地区的经验证据 [J]. 中国环境科学，2022 (10)：1-15.

[232] 范秋芳，张园园. 碳排放权交易政策对碳生产率的影响研究 [J]. 工业技术经济，2021，40 (12)：113-121.

[233] Dong Y，Whalley J. Carbon，Trade Policy and Carbon Free Trade Areas [J]. World Economy，2010，33 (9)：1073-1094.

[234] Naegele H，Zaklan A. Does the EU ETS Cause Carbon Leakage in European Manufacturing [J]? Journal of Environmental Economics and Management，2019 (93)：125-147.

[235] Zakeri A，Dehghanian F，Fahimnia B，Sarkis J. Carbon Pricing Versus Emissions Trading：A Supply Chain Planning Perspective [J]. International Journal of Production Economics，2019，164：197-205.

[236] 金碚. 关于"高质量发展"的经济学研究 [J]. 中国工业经济，2018 (4)：5-18.

[237] 余红艳，沈坤荣. 财政制度改革与经济高质量发展——基于全景视野的绩效评估 [J]. 财政研究，2021 (12)：34-47.

[238] 黄庆华，时培豪，胡江峰. 产业集聚与经济高质量发展：长江

经济带107个地级市例证［J］. 改革，2020（1）：87－99.

［239］郭然，梁艳．环境规制、财政分权与经济高质量增长［J］. 大连理工大学学报（社会科学版），2022（3）：1－11.

［240］李志洋，朱启荣．中国经济高质量发展水平的时空特征及其影响因素［J］. 统计与决策，2022（6）：95－99.

［241］吴刚，魏修建，解芳．区域对外开放、全要素生产率与经济高质量发展［J］. 经济问题，2022（4）：108－115.

［242］李超，马若男．我国三大经济圈经济高质量发展水平的测度与影响因素分析——基于社会福利水平视角［J］. 商业经济研究，2022（5）：162－165.

［243］Jahanger A. Influence of FDI Characteristics on High－Quality Development of China's Economy. Environmental Science and Pollution Research，2021，28（15）：18977－18988.

［244］Yang S P，Chen Z L，Umar M，Khursheed A. Environmental Regulation and High－quality Sustainable Development of China's Economy－An Empirical Study Based on A Spatial Durbin Model and Threshold Model［J］. Economic Research－Ekonomska Istrazivanja，2022（3）：1－21.

［245］Liu Y，Liu M，Zhao L L，An P. Effect of Environmental Regulation on High－quality Economic Development in China－An Empirical Analysis Based on Dynamic Spatial Durbin Model［J］. Environmental Science and Pollution Research，2021，28（39）：54661－54678.

［246］Yu D J，Li J. Evaluating the Employment Effect of China's Carbon Emission Trading Policy：Based on the Perspective of Spatial Spillover［J］. Journal of Cleaner Production，2021（292）：1026052.

［247］熊云飏，张子璇．人力资本门槛视阈下绿色创新对经济高质量发展的影响及其区域差异研究［J］. 生态经济，2022，38（4）：43－52，59.

［248］李晶．中国能源消费与经济高质量发展的关系及影响研究［J］. 现代经济探讨，2022（4）：11－20，132.

［249］李翠妮，葛晶，赵沙俊一．人工智能、老龄化与经济高质量发展［J］. 当代经济科学，2022，44（1）：77－91.

[250] 管昌玲，张继彤．经济韧性与经济高质量发展的关系研究——以长三角地区 26 个地级市为例［J］．资源开发与市场，2022，38（2）：194－201.

[251] Esmaeilpoorarabi N, Yigitcanlar T, Guaralda M, Kamruzzaman M. Evaluating Place Quality in Innovation Districts: A Delphic Hierarchy Process Approach [J]. Land Use Policy, 2018, 76: 471－486.

[252] 武云亮，钱嘉兢，张廷海．环境规制、绿色技术创新与长三角经济高质量发展［J］．华东经济管理，2021，35（12）：30－42.

[253] 曹聪灵，肖国安，徐邵蕊，周小渝．人口老龄化对经济高质量发展的影响——基于财政可持续视角［J］．财经理论与实践，2022，43（1）：114－122.

[254] Roger H B, Robert M W, Paula D. Environmental Protection, the Economy, and Jobs: National and Regional Analyses [J]. Journal of Environmental Management, 2008, 86 (1): 63－79.

[255] Kondoh K., Yabuuchi S. Unemployment, Environmental Policy, and International Migration [J]. The Journal of International Trade and Economic Development, 2012, 21 (5): 677－690.

[256] Jefferson G H, Tanaka S, Yin W. Environmental Regulation and Industrial Performance: Evidence from Unexpected Externalities in China [J]. Social Science Electronic Publishing, 2013, 14 (2): 1－34.

[257] Hafstead M A C, Williams R C. Unemployment and Environmental Regulation in General Equilibrium [J]. Journal of Public Economics, 2018, 160 (4): 50－65.

[258] 陈媛媛．行业环境管制对就业影响的经验研究：基于 25 个工业行业的实证分析［J］．当代经济科学，2011（3）：67－73，126.

[259] 王勇，施美程，李建民．环境规制对就业的影响——基于中国工业行业面板数据的分析［J］．中国人口科学，2013（3）：54－64，127.

[260] 闫文娟，郭树龙．中国环境规制如何影响了就业——基于中介效应模型的实证研究［J］．财经论丛，2016（10）：105－112.

[261] 邵帅，杨振兵．环境规制与劳动需求：双重红利效应存在吗？——来自中国工业部门的经验证据［J］．环境经济研究，2017（2）：

64 – 80.

[262] 石喜爱，李廉水，刘军．“互联网 +”对制造业就业的转移效应 [J]. 统计与信息论坛，2018 (9)：66 – 73.

[263] 陆旸．中国的绿色政策与就业：存在双重红利吗？[J]. 经济研究，2011 (7)：42 – 54.

[264] Färe R, Shawna G, Carl A P. Potential Gains from Trading Bad Outputs: The Case of U. S. Electric Power Plants [J]. Resource and Energy Economics, 2014, 36 (1): 99 – 112.

[265] 范洪敏，穆怀中．环境规制对城镇二元劳动力就业的影响——基于劳动力市场分割视角 [J]. 经济理论与经济管理，2017 (2)：34 – 47.

[266] 唐孝文，相楠，李雨辰．低碳经济下北京现代制造业创新能力影响因素研究 [J]. 科研管理，2019 (7)：87 – 96.

[267] 李元龙．能源环境政策的增长、就业和减排效应：基于 CGE 模型的研究 [D]. 杭州：浙江大学，2011.

[268] 蒋勇．环境规制、FDI 与就业效应——基于省际空间面板杜宾模型的实证研究 [J]. 国际商务（对外经济贸易大学学报），2017 (3)：86 – 98.

[269] 闫文娟，郭树龙．中国排污权交易政策与企业就业效应——基于微观企业数据的分析 [J]. 产经评论，2017 (6)：45 – 53.

[270] 沈洪涛，黄楠，刘浪．碳排放权交易的微观效果及机制研究 [J]. 厦门大学学报（哲学社会科学版），2017 (239)：13 – 22.

[271] 闫文娟，郭树龙，史亚东．环境规制、产业结构升级与就业效应：线性还是非线性？[J]. 经济科学，2012 (6)：23 – 32.

[272] 李珊珊．环境规制对异质性劳动力就业的影响——基于省级动态面板数据的分析 [J]. 中国人口·资源与环境，2015 (8)：135 – 143.

[273] 娄昌龙，冉茂盛．环境规制对行业就业的影响研究 [J]. 重庆大学学报（社会科学版），2016 (3)：44 – 52.

[274] 李梦洁．环境规制、行业异质性与就业效应——基于工业行业面板数据的经验分析 [J]. 人口与经济，2016 (1)：66 – 77.

[275] 秦楠，刘李华，孙早．环境规制对就业的影响研究——基于中国工业行业异质性的视角 [J]. 经济评论，2018 (1)：106 – 119.

[276] 任胜钢，李波．排污权交易对企业劳动力需求的影响及路径研究——基于中国碳排放权交易试点的准自然实验检验［J］．西部论坛，2019（5）：101－113.

[277] 任胜钢，郑晶晶，刘东华，等．排污权交易机制是否提高了企业全要素生产率——来自中国上市公司的证据［J］．中国工业经济，2019（5）：5－23.

[278] 孙文远，周寒．环境规制对就业结构的影响——基于空间计量模型的实证分析［J］．人口与经济，2019（12）：1－17.

[279] Berman E，Bui L T M. Environmental Regulation and Labor Demand：Evidence from the South Coast Air Basin［J］．Journal of Public Economics，2001，79（2）：265－295.

[280] 崔广慧，姜英兵．环保产业政策支持对劳动力需求的影响研究——基于重污染上市公司的经验证据［J］．产业经济研究，2019（1）：99－112.

[281] 刘晔，张训常．碳排放交易制度与企业研发创新——基于三重差分模型的实证研究［J］．经济科学，2017（3）：102－114.

[282] 胡日东，林明裕．双重差分方法的研究动态及其在公共政策评估中的应用［J］．财经智库，2018（3）：84－111，143－144.

[283] Baird S，Bohren J A，Mcintosh C. Designing Experiments to Measure Spillover Effects［J］．Social Science Electronic Publishing，2014，3（1）：1－50.

[284] Angelucci M，Maro V D. Program Evaluation and Spillover Effects［J］．Journal of Development Effectiveness，2015，8（1）：1－34.

[285] Abadie A，Diamond A，Hainmueller J. Synthetic Control Methods for Comparative Case Studies：Estimating the Effect of California's Tobacco Control Program［J］．Journal of American Statistical Association，2010，105（490）：493－505.

[286] Bulte E H，Xu L，Zhang X. Post－disaster Aid and Development of the Manufacturing Sector：Lessons From a Natural Experiment in China［J］．European Economic Review，2018，101（9）：441－458.

[287] 丁静．新时代乡村振兴与新型城镇化的战略融合及协调推进

[J]. 社会主义研究，2019 (5)：74 -81.

[288] 冯志军，明倩. 制造业绿色创新系统的协调发展：基于二象对偶理论视角 [J]. 产经评论，2020，11 (4)：149 -160.

[289] 洪兴建. 中国居民收入增长与经济发展同步的测度方法及其应用 [J]. 数量经济技术经济研究，2020，37 (11)：157 -173.

[290] 黄慧微. 能源经济效率、能源环境绩效与区域经济增长关系研究 [J]. 生态经济，2018，34 (8)：86 -91.

[291] 黄凌云，刘冬冬，谢会强. 对外投资和引进外资的双向协调发展研究 [J]. 中国工业经济，2018 (3)：80 -97.

[292] 李博，李海波. 生态资源、能源环境绩效与经济发展的关系探讨 [J]. 商业经济研究，2018 (24)：182 -185.

[293] 李兰冰. 中国区域协调发展的逻辑框架与理论解释 [J]. 经济学动态，2020 (1)：69 -82.

[294] 李晓飞，赵黎晨，吕可文. 基于VAR模型的河南省能源—经济—环境动态关系研究 [J]. 河南理工大学学报（社会科学版），2018，19 (1)：48 -54，71.

[295] 李永平. 旅游产业、区域经济与生态环境协调发展研究 [J]. 经济问题，2020 (8)：122 -129.

[296] 梁坤丽，赵康杰. 中国能源消费与绿色经济增长关系实证研究——兼论环境污染的影响 [J]. 石河子大学学报（哲学社会科学版），2018，32 (6)：58 -64.

[297] 潘超. 经济增长、环境污染和能源消耗关系 [J]. 冶金管理，2021 (13)：155 -170.

[298] 孙剑锋，李世泰，纪晓萌，秦伟山，王富喜. 山东省文化资源与旅游产业协调发展评价与优化 [J]. 经济地理，2019，39 (8)：207 -215.

[299] 孙晋，钟原. 我国区域协调发展战略的理论逻辑与法治保障——基于政府和市场的二元视角 [J]. 江西社会科学，2019，39 (4)：145 -154，256.

[300] 孙久文. 论新时代区域协调发展战略的发展与创新 [J]. 国家行政学院学报，2018 (4)：109 -114，151.

[301] 王必达，苏婧. 要素自由流动能实现区域协调发展吗——基于

"协调性集聚"的理论假说与实证检验［J］. 财贸经济，2020，41（4）：129－143.

［302］王成，唐宁. 重庆市乡村三生空间功能耦合协调的时空特征与格局演化［J］. 地理研究，2018，37（6）：1100－1114.

［303］王青，金春. 中国城市群经济发展水平不平衡的定量测度［J］. 数量经济技术经济研究，2018，35（11）：77－94.

［304］王羽. 吉林省经济社会与能源环境系统耦合协调发展模拟及实现路径研究［D］. 长春：吉林大学，2018.

［305］吴穹，仲伟周. 区域协调发展与产业结构变迁——基于演化博弈理论的GMM实证分析［J］. 河南社会科学，2018，26（10）：59－63.

［306］肖金成，安树伟. 从区域非均衡发展到区域协调发展——中国区域发展40年［J］. 区域经济评论，2019（1）：13－24.

［307］徐海峰. 新型城镇化与流通业、旅游业耦合协调发展——基于协同理论的实证研究［J］. 商业研究，2019（2）：45－51.

［308］严金强. 基于再生产理论的生态与经济协调发展理论探讨［J］. 政治经济学报，2019，16（3）：146－158.

［309］姚宝珍. 博弈视角下区域协调发展的制度困境及其创新路径——以制度互补理论为基础［J］. 城市发展研究，2019，26（6）：1－7.

［310］张芳，袁媛. 中国省域生态文明建设协调发展的统计测度［J］. 统计与决策，2021，37（10）：47－51.

［311］张守文. 区域协调发展的经济法理论拓展［J］. 法律科学（西北政法大学学报），2021，39（4）：14－24.

［312］张学良，林永然. 都市圈建设：新时代区域协调发展的战略选择［J］. 改革，2019（2）：46－55.

［313］钟文，钟昌标，郑明贵. 资本匹配、创新力培育与区域协调发展：理论机制与经验证据［J］. 科技进步与对策，2020，37（18）：36－43.

［314］钟文，钟昌标，郑明贵. 资本匹配的区域创新效应及其机制：基于创新力培育视角［J］. 广东财经大学学报，2021，36（1）：50－60.

［315］邹颖. 区域协调发展评价指标体系及测度方法研究［J］. 商讯，2019（27）：113－114，138.

［316］邹志明，陈迅. 双循环背景下中国双向FDI协调发展水平及其

影响因素研究——基于 PVAR 模型的测度和动态面板模型的实证分析 [J]. 经济问题探索，2021 (8)：179 - 190.

[317] 魏斌，张全国. 我国能源、环境、经济的现状及其关联性分析 [C]. 高等教育学会工程热物理专业委员会全国学术会议，2015 - 05 - 09.

[318] Richard B N. Economic Indicators of Resource Scarcity: A Critical Essay [J]. Journal of Environment Economics and Management, 1990, 19 (1): 19 - 25.

[319] Grossman G M, Krueger A B. Environmental Impacts of a North American Free Trade Agreement [J]. Social Science Electronic Publishing, 1992, 8 (2): 223 - 250.

[320] U Al - Mulali, C Weng - Wai, L Sheau - Ting, AH Mohammed. Investigating the Environmental Kuznets Curve (EKC) Hypothesis by Utilizing the Ecological Footprint as an Indicator of Environmental Degradation [J]. Ecological Indicators, 2015, 48 (8): 315 - 323.

[321] 刘安轩，杨展，梁雪石. 黑龙江省环境库兹涅茨曲线的实证研究 [J]. 国土与自然资源研究，2017 (2)：58 - 62.

[322] 邹庆，陈迅，吕俊娜. 经济与环境协调发展的模型分析与计量检验 [J]. 科研管理，2014，35 (12)：175 - 182.

[323] Özokcu S, Özlem Özdemir. Economic Growth, Energy, and Environmental Kuznets Curve [J]. Renewable & Sustainable Energy Reviews, 2017, 72 (5): 639 - 647.

[324] 王敏，黄滢. 中国的环境污染与经济增长 [J]. 经济学（季刊），2015，14 (2)：557 - 578.

[325] 于丽娜. 北京环境库兹涅茨曲线实证研究 [J]. 广东化工，2018，45 (5)：91 - 93.

[326] 崔和瑞，王娣. 基于 VAR 模型的我国能源 - 经济 - 环境 (3E) 系统研究 [J]. 北京理工大学学报（社会科学版），2010，12 (1)：23 - 28.

[327] 林长华. 环保投入与经济发展互动关系的实证分析及应用 [J]. 首都师范大学学报（社会科学版），2013 (2)：74 - 79.

[328] 范慧平，孟天醒，文倩等. 河南省生态环境与经济增长关系的动态计量分析 [J]. 河南农业大学学报，2015，49 (4)：511 - 516，523.

[329] Tang C F, Tan B W, Ozturk I. Energy Consumption and Economic Growth in Vietnam [J]. Renewable & Sustainable Energy Reviews, 2016, 54 (11): 1506 - 1514.

[330] M Bhattacharya, SR Paramati, I Ozturk, S Bhattacharya. The Effect of Renewable Energy Consumption on Economic Growth: Evidence from Top 38 Countries [J]. Applied Energy, 2016, 162 (11): 733 - 741.

[331] 李莺莉，黄梓绵．基于VAR模型的中国旅游经济增长与能源消耗关系实证研究 [J]. 武汉商学院学报，2017，31 (5): 10 - 15.

[332] 刘尧．经济增长和能源消耗关系的实证分析 [J]. 统计与决策，2018 (8): 141 - 144.

[333] 李苒，曹明明，胡胜等．基于耦合模型的生态环境与经济协调发展研究——以榆林市为例 [J]. 西北大学学报（自然科学版），2014，44 (2): 285 - 291.

[334] 幸晴晴，郭存芝．我国能源、经济与环境的新3E系统协调度实证分析 [J]. 南京财经大学学报，2014 (2): 15 - 20.

[335] 宋宇辰，陈田澍，李昊东．西部六省能源消费与经济发展协调度分析 [J]. 资源开发与市场，2016，32 (7): 848 - 852.

[336] 陈静，陈加兵．福建省经济—资源—环境系统协调发展的演化分析研究 [J]. 环境科学与管理，2016，41 (1): 157 - 161.

[337] David. Energy and Environment Equilibrium Model for Assessment of Emission Control in Britain [J]. Energy Economics, 1995 (1): 103 - 124.

[338] Nijkamp P, Bithas K. Environmental - Economic Modeling with Semantic Insufficiency and Factual Uncertainty [J]. Journal of Environmental Systems, 1966, 25 (2): 225 - 231.

[339] Gottinger H W. Greenhouse Gas Economics and Computable General Equilibrium [J]. Journal of Policy Modeling, 1998, 20 (5): 537 - 580.

[340] 连飞．中国经济与生态环境协调发展预警系统研究——基于因子分析和BP神经网络模型 [J]. 经济与管理，2008，22 (12): 8 - 11.

[341] 贺晟晨，王远，高倩等．城市经济环境协调发展系统动力学模拟 [J]. 长江流域资源与环境，2009，18 (8): 698 - 703.

[342] 杨玉珍，许正中．基于复合DEA的区域资源、环境与经济社会

协调发展研究——以河南省为例 [J]. 统计与决策，2010 (7)：82 -84.

[343] 郭卫华，周永章，阚兴龙．基于遥感影像的中山市城市生态环境状况及经济协调发展度分析 [J]. 中山大学学报（自然科学版)，2015，54 (6)：156 -162.

[344] 崔立志，江海峰.3E 系统协调发展的 PLSPM - GIA 测度模型及其应用研究 [J]. 数理统计与管理，2016，35 (6)：984 -996.

[345] D Lacitignola，I Petrosillo，M Cataldi，G Zurlini. Modelling Socio - Ecological Tourism - Based System for Sustainability [J]. Ecological Modelling，2007，206 (1/2)：191 -204.

[346] 孙倩，汤放华．基于欧氏距离协调发展度聚类模型的区域协调发展状况研究——以湖南省为例 [J]. 城市发展研究，2012，19 (1)：35 -40.

[347] 王学超．郑州人口、资源、环境与经济协调发展研究 [J]. 江西农业学报，2016，28 (4)：124 -129.

[348] Lenzen M，Dey C J. Economic，Energy and Greenhouse Emissions Impacts of some Consumer Choice，Technology and Government Outlay Options [J]. Energy Economics，2002，24 (4)：377 -403.

[349] 黄新焕，王文平，蔡彬清．我国能源—经济—环境系统协调发展评价 [J]. 统计与决策，2015 (9)：68 -70.

[350] 塔娜，宁小莉．乌海市生态环境与经济协调发展评价 [J]. 干旱区资源与环境，2017，31 (5)：94 -99.

[351] 徐梦辰，张梦汝，金美英等．济南市环境与经济协调发展评价及对策研究 [J]. 环境科学与管理，2017，42 (2)：190 -194.

[352] 段永蕙，景建邦，张乃明．山西省人口、资源环境与经济协调发展分析 [J]. 生态经济，2017，33 (4)：64 -68，79.

[353] Ozkan U R，Schott S. Sustainable Development and Capabilities for the Polar Region [J]. Social Indicators Research，2013，114 (3)：1259 -1283.

[354] Qingsong Wang a，Xueliang Yuan a，Xingxing Cheng a，Ruimin Mu b，Jian Zuo c. Coordinated Development of Energy，Economy and Environment Subsystems—A Case Study [J]. Ecological Indicators，2014，46 (6)：514 -523.

[355] 叶得明，杨婕妤．石羊河流域农业经济和生态环境协调发展研究 [J]．干旱区地理，2013，36 (1)：76 – 83.

[356] 李苒，曹明明，胡胜，等．县域生态环境与经济协调发展的时空演替分析——以陕西省榆林市为例 [J]．人文地理，2014，29 (5)：101 – 108.

[357] 邹辉，段学军．长江经济带经济——环境协调发展格局及演变 [J]．地理科学，2016，36 (9)：1408 – 1417.

[358] 任志远，徐茜，杨忍．基于耦合模型的陕西省农业生态环境与经济协调发展研究 [J]．干旱区资源与环境，2011，25 (12)：14 – 19.

[359] 刘桦，杨婷．工业园区能源、经济、环境协调发展影响因素研究 [J]．企业经济，2013，32 (3)：140 – 143.

[360] 周成，冯学钢，唐睿．区域经济—生态环境—旅游产业耦合协调发展分析与预测——以长江经济带沿线各省市为例 [J]．经济地理，2016，36 (3)：186 – 193.

[361] 胡国良．新疆地区人口、资源、环境与经济协调发展综合评价 [J]．新疆大学学报（哲学人文社会科学版），2009，37 (4)：23 – 26.

[362] 王维．长江经济带"4E"协调发展时空格局研究 [J]．地理科学，2017，37 (9)：1354 – 1362.

[363] 鹿晨昱，李文磊，李恒吉，等．区域经济—社会—资源—环境协调发展的综合测度研究——以甘肃省庆阳市为例 [J]．资源开发与市场，2017，33 (8)：916 – 921.

[364] 钱争鸣，刘晓晨．中国绿色经济效率的区域差异与影响因素分析 [J]．中国人口·资源与环境，2013，23 (7)：104 – 109.

[365] 世界环境与发展委员会．我们共同的未来 [M]．王之佳，柯金良，译．长春：吉林人民出版社，1997.

[366] Chow G C. Capital Formation and Economic Growth in China [J]. Quarterly Journal of Economics, 1993, 3 (8): 809 – 842.

[367] 单豪杰．中国资本存量 K 的再估算：1952 ~ 2006 年 [J]．数量经济技术经济研究，2008，25 (10)：17 – 31.

[368] 张军，吴桂英，张吉鹏．中国省际物质资本存量估算：1952—2000 [J]．经济研究，2004 (10)：35 – 44.

[369] Tone K. A Slacks – Based Measure of Efficiency in Data Envelop –

Ment Analysis [J]. European Journal of Operational Research, 2001, 130 (3): 498 –509.

[370] Hailu A, Veeman T S. Non – Parametric Productivity Analysis with Undesirable Outputs: An Application to the Canadian Pulp Andpaper Industry [J]. American Journal of Agricultural Economics, 2001, 83: 605 –616.

[371] Seiford L M, Zhu J. Modeling Undesirable Factors in Efficiency Evaluation [J]. European Journal of Operational Research, 2002, 142 (10): 16 –20.

[372] Fare R, Grosskopf S, Pasurka Carl A. Environmental Production Functions and Environmental Directional Distance Functions [J]. Energy, 2007, 32 (7): 1055 –1066.

[373] 黄建欢，杨晓光，胡毅．资源、环境和经济的协调度和不协调来源——基于 CREE – EIE 分析框架 [J]. 中国工业经济，2014 (7): 17 –30.

[374] 任保平．新时代中国经济从高速增长转向高质量发展：理论阐释与实践取向 [J]. 学术月刊，2018，50 (3): 66 –74，86.

[375] 徐慧敏，胡守庚，李熙．中国建设用地环境效率时空演变及其影响因素 [J]. 应用科学学报，2019，37 (1): 73 –86.

[376] 刘树鑫，杨森平，刘佳纯．地方财政自给能否提升公共产品供给效率 [J]? 财贸研究，2021，32 (3): 52 –68.

[377] 卜洪运，崔雪飞，李红莲．京津冀生态经济效率测度及内部视角下影响因素研究——基于全局参比的 US – SBM 模型 [J]. 生态经济，2017，33 (5): 88 –94.

[378] 魏楚，沈满洪．能源效率及其影响因素基于 DEA 的实证分析 [J]. 管理世界，2007 (8): 66 –76

[379] 刘啟仁，陈恬．出口行为如何影响企业环境绩效 [J]. 中国工业经济，2020 (1): 99 –117.

[380] 漆俊．基于 DEA 的江西省区域生态效率有效性研究 [J]. 萍乡高等专科学校学报，2018 (2): 31 –35.

[381] 黄建欢，杨晓光，胡毅．资源、环境和经济的协调度和不协调来源——基于 CREE – EIE 分析框架 [J]. 中国工业经济，2014 (7): 17 –30.

[382] 王浩宇. 新型城镇化进程中地方政府行为存在的问题及对策探析 [J]. 商业经济, 2018 (9): 42 - 43, 61.

[383] 陈昌兵. 新时代我国经济高质量发展动力转换研究 [J]. 上海经济研究, 2018 (5): 16 - 24, 41.

[384] 关兴良, 魏后凯, 鲁莎莎, 等. 中国城镇化进程中的空间集聚、机理及其科学问题 [J]. 地理研究, 2016, 35 (2): 227 - 241.